Nous sommes
des parents formidables

100 *clefs pour réussir l'éducation de nos enfants*

ISBN : 978-2-0812-2943-3
www.editions.flammarion.com

Nous sommes DES PARENTS FORMIDABLES

100 clefs pour réussir l'éducation de nos enfants

Jean Epstein
Cécile Desmazières-Berlie

Flammarion

À Sophie, ma femme, qui a toujours été formidable
et un très grand merci à Colette Gabbay pour son aide si précieuse !

Jean Epstein

Pour Laurent et N. M.

Cécile Desmazières-Berlie

SOMMAIRE

I – Vue aérienne de la planète enfance en guise de mise en bouche

Sans le savoir, nous sommes des parents formidables !

Avec nos enfants, nous vivons tous, à peu près, les mêmes choses, traversons des périodes semblables (parfois contre vents et marées ces périodes sont, chez chacun, plus ou moins longues, plus ou moins intenses). Nous improvisons des solutions qui, bien que contestables dans l'instant (notamment par notre enfant) s'avèrent souvent être les bonnes dans la durée.

Des solutions à la carte, non stéréotypées, mais adaptées à notre famille, dans son unicité et dans sa diversité.

C'est précisément dans le but de valoriser ces réponses que ce livre aborde, sans surtout apporter des clés figées et statiques, une foule de questions que tout parent est amené à se poser, parfois même sans oser l'avouer, qu'il soit en présence d'un bébé ou d'un adolescent.

Notons au passage que l'une des particularités de ce livre est de balayer délibérément toutes les tranches d'âges qui conduisent le nouveau-né à s'affirmer, un jour, en temps qu'adulte.

« Pari périlleux » nous direz-vous. Mais, pour cette raison et afin d'y voir plus clair tout au long des pages qui suivent, commençons par faire, côte à côte un voyage aérien survolant la planète enfance.

Nous appellerons ce voyage la « construction tuilée » et il nous aidera à visualiser les différentes étapes qui permettent à un enfant de « s'élever », de passer d'une séquence vers l'autre. Si nous voulons jouer aux psychanalystes, on peut nommer ces étapes les « passe-âge », signifiant ainsi que, peu à peu, notre enfant va grandir au fil des années, tout en se réservant le droit essentiel, à chaque moment, de régresser quand cela est indispensable à sa bonne progression.

En clair, cette « construction tuilée », à l'image d'une toiture constituée d'une série de tuiles juxtaposées, toutes dépendantes les unes des autres, symbolisera la construction de l'enfant. Elle nous permettra, par exemple, de comprendre pourquoi un adolescent (adulte en apparence) a parfois besoin de redescendre dans la « zone de tuiles bébé » pour y faire quelques travaux.

Nous verrons ainsi, dans le paragraphe traitant de l'adolescence, l'ineptie qu'il y aurait à prétendre que l'adolescent n'est ni bébé, ni adulte. En réalité, il est en permanence les deux et, parfois, il tient les deux rôles le même jour. Il peut se réveiller adulte et se coucher bébé, ou inversement. De plus, cet état de fait peut durer plus ou moins longtemps et parfois... très longtemps.

Vingt ans auparavant, on rencontrait en principe des adolescents âgés de treize à seize ans. Aujourd'hui, on peut dire sans trop se tromper qu'ils ont entre six et trente ans ! D'ailleurs, de nouveaux noms sont apparus dans le langage commun : pour les petits, on parle de « préadolescents » et pour les plus âgés d'« adulescents ». (Pour plus de précisions, revoir le film *Tanguy*.)

L'idée même de séquences plus ou moins précises quant au calendrier du développement représentant cette fameuse « construction tuilée » est donc à relativiser, à adapter aux réalités de chaque loupiot (garçon ou fille) et de chaque parent, d'autant qu'il y a des enfants que l'on empêche de grandir trop vite et d'autres plus vite ! (Vous voyez, toute ressemblance avec des personnes existant ou ayant existé est et sera possible dans le contenu des pages de ce livre.)

La construction tuilée

Pour bien comprendre la cohérence de cette série de séquences qui, de façon quasi-magique, va conduire et accompagner notre tout-petit vers l'âge adulte, il va nous falloir remonter aux sources et, dans ce cas, nous allons devoir reconnaître que l'histoire du nouveau-né commence très mal.

En effet, contrairement aux autres mammifères, le bébé humain naît prématuré : en émergeant à l'air libre, il est totalement nu, inadapté à son environnement, on peut même affirmer que, vu son incompétence, il risque de mourir. Mais, rassurez-vous, tout s'arrange illico car les fœtus, qui ont prévu le coup, se repassent avant la naissance de bouche à oreille (ou de ventre à ventre sait-on jamais !) une technique extraordinaire qui va leur sauver la vie : c'est la séduction !

Dès leur apparition, tout le monde est émerveillé : « Qu'il est beau ! Il a les yeux de... ! Regardez ses petites mains ! »

Grâce à cette séduction fatale, tous les adultes vont s'occuper de lui. On l'embrasse, on le lave, on lui donne à manger, on est attentif à ses moindres cris, à ses moindres besoins ! Ses parents, mais dans ce domaine plus encore sa maman, vont apprendre à parler sa langue et décoder tous ses messages, y compris les plus incompréhensibles.

On est chez des amis avec notre nouveau-né. Soudain, il prononce un bizarre « Tzzz ! tzzz ! ». Personne n'a perçu son message sauf maman qui, d'un coup, se lève de table en disant : « Il a faim. » Et miracle, elle a raison !

Donc revenons à la séduction exercée par notre bébé. Grâce à elle, il va jouir d'un confort affectif total, lui permettant à tout moment de vérifier ce principe dit « de plaisir » sur la base duquel il va construire, pour un temps, son identité, à savoir : « Je suis le centre du monde, j'ai tout, tout de suite ! »

Ces trois constructions vont lui être indispensables dans les premiers mois de sa vie afin qu'il développe la confiance, l'estime de soi, la résilience (ou plutôt ce que Boris Cyrulnik nomme « les testeurs de la résilience »), afin qu'il se sente aimé tel qu'il est...

Tout cela est très bien mais, il faut reconnaître que si, à vingt ou trente ans, notre ex-bébé est encore à ce stade de développement (« grâce à ma séduction j'ai tous les pouvoirs sur les autres ! »), cela va peut-être poser quelques problèmes, aussi bien pour lui qu'à son environnement.

Enfin, pour que cette « construction tuilée » que nous allons décrire dans les pages suivantes, puisse se mettre en marche, une fois passé cet état de grâce vécu par le tout-petit, les parents vont devoir jouer un rôle éducatif, parfois difficile à tenir. Il faut faire comprendre et accepter par l'enfant un autre principe (nommé principe de réalité) qui, à peu de chose près, se situe à l'opposé du précédent et peut d'ailleurs se résumer ainsi :

« Je suis quelqu'un d'important mais je ne suis pas le centre du monde. »

« J'ai des choses à moi mais je ne possède pas tout (je prête, je partage). »

« ...et j'attends ! »

Grosso modo, ces trois apprentissages peuvent être synthétisés par l'expression « accepter une frustration » et par là, constituent une des clés essentielles pour s'intégrer de manière équilibrée à toute vie sociale [que ce soit à la crèche, au lycée ou ailleurs].

Une telle affirmation est aisée à dire mais, pour tout parent, cette mission va supposer une sacrée dose de confiance en soi, de ne pas être obsédé par des interrogations telles que « Est-ce que mon enfant va m'aimer si je lui dis non ? »

Questions redoutables car tous les enfants connaissent les règles du jeu et, ainsi, peuvent le plus longtemps possible [voire pour certains très longtemps] obtenir ce qu'ils veulent :

« Tu veux pas me l'acheter ? J't'aime pas ! T'es pas belle ! »

Difficile à parer si le doute est installé dans la tête du parent.

En clair, cet indispensable apprentissage du « principe de réalité » va immanquablement conduire chaque parent à entrer en conflit avec son enfant et, vu la résistance extrême de certains loupiots, cela finit par être très fatigant.

Et pourtant ! L'un des buts ultimes de l'acceptation, par le petit, de cette frustration est, pour son bien, de lui donner une place dans la famille et même de le mettre à sa juste place.

Que signifie « juste place » ? On peut dire, par exemple, qu'il est bien que l'enfant soit roi mais qu'il ne faut surtout pas qu'il règne. On peut, tout autant, souligner que le seul rôle qu'un enfant peut avoir vis-à-vis de ses parents, c'est d'être l'enfant de ses parents et qu'aucun ne peut être le conjoint de ses parents, pas plus que leur parent, leur punching-ball, voire leur solution. [Aucun enfant ne peut être une solution mais, par moments, tous peuvent constituer un problème, aucun ne peut être le confident, *etc.*]

Une telle liste est infinie et chacun de ces éléments permet de voir apparaître en notre esprit des visages d'enfants connus de nous !

Enfin, après cette légère sortie de route, revenons à notre « construction tuilée » et, grâce à un rapide survol, à une vision globale des **six séquences** qui la composent :

La première séquence

Elle se situe avant même la naissance et pourrait s'appeler « Aider un couple d'amants à devenir un couple de parents. »

Or, dans beaucoup de cas, cette mutation ne s'improvise pas pleinement toute seule et suppose un accompagnement. Non pas en donnant des cours aux futurs parents afin qu'un jour ils sortent de la maternité avec, dans leur sac à dos, une méthode idéale !

Des temps de parole pendant la grossesse, des temps d'échanges entre futurs parents et avec des professionnels afin que chacun puisse mettre des mots sur les questions de toute nature qui se posent à lui, voilà une solution d'accompagnement.

Or, dans les maternités, pour des questions de temps, d'effectifs, de technicité, on est obligé de constater que, trop souvent, de telles actions sont négligées voire laissées pour compte. En milieu hypermédicalisé oblige, on prépare les femmes à l'accouchement ! On leur apprend à maîtriser leur respiration selon la technique « du petit chien », *etc.*

Au passage, comme nous venons de découvrir, de façon relativement récente (à peine quelques décennies), que certains papas souhaitaient être présents lors de l'évènement, on les convie aussi à ces séances d'apprentissage respiratoire. De toute façon, qu'ils réussissent ou pas, on s'en fiche vu qu'ils seront sans doute sous oxygène ou presque à la sortie du bébé ou que, contrairement à leur projet initial de participation, ils auront changé d'avis et attendront en trépignant dans la salle d'attente !

La seconde séquence

Il serait absurde de prétendre mesurer avec précision la durée de chacune des ces phases, mais pour avoir quelques repères au cours de cette vision aérienne, disons que cette séquence, dans l'idéal, couvre les 6 à 8 premiers mois de la vie du bébé et peut, parfois, se prolonger jusqu'à l'âge où il maîtrise la marche.

Là, nous sommes pleinement dans le chapitre de ce livre nommé : « Sa Majesté le Bébé ». Globalement, le tout-petit occupe beaucoup de place si ce n'est toute la place (y compris dans la tête des parents qui ont repris le travail) et, durant cette séquence fondatrice, c'est une histoire d'amour qui va se construire de part et d'autre.

Dans la tête du bébé, une question lancinante va tourner :

« Est-ce qu'ils m'aiment tel que je suis ?

Alors, moi, le tout-petit, je crie, je pleure pour tester l'amour de mes parents et leur degré de résistance. Parfois, je doute tellement que j'aimerais bien que ma mère aille consulter un spécialiste qui lui donne des conseils en la matière. Du coup, je pleure encore plus, sans arrêt, jour et nuit, pendant deux semaines ! Et, à la fin, je gagne. Ma mère finit par aller voir un pédiatre. Ça y est, je peux arrêter de pleurer. J'ai fait mon boulot. Maman est prise en charge par quelqu'un qui connaît bien les enfants et qui, heureusement, a compris mon message.

À d'autres moments, je teste mon rôle dans cette histoire d'amour en ne pouvant dormir que dans le lit de mes parents, entre eux ! J'ai même l'impression d'avoir une fonction conjugale. En effet, c'est bizarre comme certains soirs maman dit à papa en me désignant : « C'est bête qu'il y ait le petit entre nous ! Allez, bonne nuit ! » Mais, moi, je sens bien que ça l'arrange et, en même temps, je vois que papa il n'est pas content du tout. C'est bon, j'occupe le terrain !

La troisième séquence

Là, nous entrons de plain-pied dans une période beaucoup plus large de la construction tuilée qui, bien qu'extrêmement variable d'un enfant à l'autre, peut être située entre l'acquisition de la marche et six ans !

C'est la période où l'enfant, en tant qu'individu, va commencer à construire ses repères de tous ordres (individuels, sociaux, familiaux). C'est le moment où il va devoir réussir à quitter le principe de plaisir cité plus haut et intégrer celui dit « de réalité », accepter les règles, les lois, les interdits, le « code pénal » familial. C'est aussi au cours de cette séquence que vont s'opérer les premiers grands pas sur le chemin de la sexualité à travers le fameux « œdipe », c'est-à-dire en cherchant à séduire un parent (ou un adulte) de sexe dit « opposé ».

La construction des repères

Trois champs vont être à développer :

Repères individuels :

Là, il s'agit des compétences différentes de chaque enfant qui, individuellement, va devoir être valorisé et pris en compte à travers sa propre réalité. Par exemple, ses rythmes, ses rites, ses modes d'intelligence...

Ses rythmes :

Pour ne parler que du sommeil, nous sommes obligés de constater qu'il y a des petits dormeurs et des grands dormeurs, des lève-tôt et des lève-tard, et parfois des lève-tôt qui pratiquent même le dimanche matin !

Tout l'art de l'adulte va être de savoir progressivement amener l'enfant, à partir de ses rythmes biologiques, à s'adapter à des rythmes sociaux (apprentissage qui, par définition, ne pourrait pas se faire sereinement et dans de bonnes conditions si l'on imposait à un enfant des rythmes de vie incohérents uniquement déterminés par les obligations socioprofessionnelles des parents.

De même, dans le chapitre évoquant l'école et les apprentissages, on verra que tous les travaux scientifiques élargissent la notion de normalité. À quel âge, un enfant doit-il être propre ? À quel âge va-t-il marcher, parler, savoir lire ? La période permettant ces acquisitions est incroyablement variable d'un enfant à l'autre, ce qui rend insupportable et surréaliste l'idée selon laquelle, par exemple, cet enfant devrait avoir « tout acquis » à cinq ans, sur les carnets d'évaluation utilisés à l'école maternelle.

Tenant compte de la diversité des rythmes, un enfant a besoin, pour progresser, d'être évalué par rapport à lui-même et non en fonction de sa pseudo-conformité à la moyenne des autres !

Et ce serait pire encore si des parents, inquiets pour l'avenir de leur rejeton, voulaient dès son plus jeune âge le stimuler en ayant un « projet éducatif » très accéléré : il faut qu'il soit propre à deux ans, pour entrer tôt à l'école maternelle, pour savoir lire avant le CP, pour avoir une « bonne » sixième d'allemand, pour augmenter ses chances de décrocher une mention au bac S. Pour faire ensuite des études à Sciences Po, nom dont l'homonymie avec les « séances pot » exigées dès la crèche ne peut laisser personne indifférent !

Être des parents formidables c'est d'abord respecter nos enfants dans leurs rythmes et, plus difficile encore, savoir continuer à les regarder positivement, à leur témoigner de la confiance, surtout si, à l'école ou ailleurs, ils n'entrent pas dans le moule !

<u>Ses rites</u> :

Tous les enfants du monde (et les adultes) ont besoin de rituels, très liés pour chacun à ce que l'on peut appeler sa « sensorialité prioritaire ». En effet, chaque enfant, sauf handicap, naît avec cinq sens mais en possède un toujours prioritaire : il y a des grands renifleurs, des grands goûteurs, des grands voyeurs. (Attention, cela peut lui rester toute sa vie !)

Or, en rapport avec cette sensualité, notre loupiot va se fabriquer des outils lui permettant de grandir, de faire face à des situations nouvelles, il s'agit bien sûr des fameux « objets transitionnels » :

« Docteur, mon enfant a quatre ans et on n'arrive pas à lui enlever son doudou, sa tétine... ! À quel âge le lui supprimer ? »

La réponse la plus sage :

« Jamais ! Il apprendra tout seul, au contact des autres enfants, à s'en passer ! »

Ce petit garçon de deux ans est très attaché à son inséparable doudou qui contient toutes ses odeurs familières (un savant cocktail composé des

« phéromones » du père, de la mère, du chat, de la grand-mère...) En somme, un véritable sésame sans lequel la vie serait bien inquiétante. Pourtant, depuis quelques mois, il ne l'utilise plus, il le laisse à la maison. Victoire ! Il est grand maintenant !

Mais, un an plus tard, tout change ! En septembre, il entre à l'école maternelle et là, toc, une rechute : il a de nouveau besoin de ce doudou. Pourquoi ? Parce que, maintenant, à l'école, il va redevenir le petit ! Dans sa tête, une foule de questions inquiétantes va bourdonner : « Est-ce que la maîtresse va m'aimer ? Est-ce qu'elle va pouvoir me sentir ? » (Et là, on voit encore réapparaître les phéromones !) En tout cas, ce doudou providentiel va fortement l'encourager à partir à l'aventure.

Et l'histoire finit bien : la maîtresse est formidable, l'accrochage scolaire est réussi (étape capitale pour éviter les éventuels risques de décrochages ultérieurs).

Notre loupiot, à son tour, vient de réussir le « passe-âge » à l'école, maintenant, il peut vraiment être un grand ! Toutefois, par précaution, il gardera, sans doute, le doudou au fond de sa poche. Avant de sortir de l'école, il prendra soin de le renifler discrètement une seconde pour se donner de l'assurance vis-à-vis de ses parents qui, l'attendant à la sortie, ne manqueront pas de lui demander : « Alors, qu'est-ce que tu as fait aujourd'hui ? »

Là, le plus tranquillement du monde, il pourra leur répondre :

« Rien ! On a joué ! »

« Mais tu as joué à quoi ? »

« À rien... »

En langage clair, cela signifie :

« Lâchez-moi un peu ! J'en aime une autre ! La maîtresse, elle est super-gentille. »

Quel grand pas sur le chemin de l'autonomie !

Ses modes d'intelligence

Nous savons pertinemment, aujourd'hui, l'incroyable variabilité des modes d'intelligence, selon les enfants. Il y a des tout-petits « logiques » et d'autres qui sont « littéraires ». Les « logiques » vont aimer les jeux binaires simples, les emboîtements, les jeux dits éducatifs, seront appelés, au moment venu, à faire de « beaux dessins » ressemblant aux modèles. À deux ans, ils réussiront des puzzles prévus pour enfants de 4 ans !

Ces enfants-là, au sein de leur famille, auront bien de la chance car ils recevront en permanence les applaudissements du jury !

Mais les autres ! Ceux que l'on vient de désigner comme « littéraires ». Eux, ils risquent d'être regardés comme bourrés de défauts en raison du mode d'expression manifestant leur talent : la créativité !

À quatre ans, ils ne feront peut-être que des puzzles pour deux ans et même pas de puzzle du tout, leurs dessins auront un aspect bizarre. Ils risquent d'être très bavards et de poser sans arrêt des questions aux adultes (les « pourquoi » les plus dérangeants de préférence au moment où l'on n'a pas le temps de répondre), de plus, vu que ce sont de grands philosophes, il faudra qu'ils prennent le temps d'observer, de réfléchir, donc, contrairement aux enfants « logiques » qui se montreront très actifs, eux ils pratiqueront plutôt des « inactivités d'éveil » !

Les deux types d'enfants cités sont aussi intelligents les uns que les autres mais, placés au sein d'un système éducatif très nominatif, les « littéraires » risquent progressivement de se voir attribuer des qualificatifs différents : à la crèche, ils seront appelés très imaginatifs, à l'école maternelle on les dira très créatifs mais au cours préparatoire ils risquent d'être considérés comme rêveurs, inattentifs…

Or, notre société, en pleine mutation dans tous les domaines, a de plus en plus besoin de personnes porteuses de ce talent créatif leur permettant de s'adapter à des situations nouvelles, d'inventer des métiers… ! Les parents qui ont de tels enfants ont donc bien de la chance, sauf si leur loupiot, étiqueté négativement, perd confiance en lui !

<u>Les repères sociaux</u> :

Dans cette période allant de la marche à l'âge de 5 ou 6 ans, l'enfant va devoir apprendre les règles, les lois, les habitudes (entre autres familiales), les interdits…

(Petit exercice au passage pour jouer au psychanalyste : en coupant le mot « interdit » on en sort une version très intéressante : INTER-DIT (dit entre…) Ce qui signifie qu'à travers le respect des règles, du cadre, à travers les sanctions (au sens noble du terme) il y a quelque chose qui se « DIT » entre l'enfant et l'adulte et que, inversement, il n'est pas insensé de prétendre qu'un enfant-roi, un enfant à qui on laisse tout faire, à qui l'on n'impose rien est, avant tout, un enfant profondément seul !)

Nous allons donc ici entrer dans la zone des conflits, au sein de laquelle l'enfant va simultanément chercher des limites tout en les repoussant, provoquer l'adulte tout en attendant de sa part une réponse cohérente.

Et ceci va autant concerner le fait de refuser de dormir dans sa chambre que de prendre un bain, de rester assis à table !

Nous développerons ces apprentissages dans les pages qui suivent, mais, en soi, une chose est sûre : durant cette période chaque enfant a plus que jamais besoin d'adultes cohérents : cohérents entre eux et cohérents avec ce qu'ils interdisent.

Nous sommes là devant un passage difficile et, il faut bien l'admettre, certains enfants ont beaucoup plus de mal que d'autres à accepter les limites et sont prêts à dépenser une énergie folle pour occuper tous les terrains !

Les parents de tels enfants risqueront d'entendre dire autour d'eux : « Qu'est-ce qu'il est actif ! » « Il ne serait pas un peu hyperactif ? » « Peut-être qu'avec un peu de calmants... » Dans ce cas, quelle est la solution ? Il semble que la meilleure soit de prêter le loupiot pour le week-end à des amis et de se prendre, en tant que couple, sans lui, deux jours en amoureux. Par précaution, pour une première expérience, il est préférable de choisir parmi vos amis ceux que l'on a le moins peur de perdre.

Le samedi matin, on leur amène le gamin et on démarre en vitesse pour profiter un maximum de ces deux journées où, de nouveau, nous allons pouvoir à plein temps être homme et femme (il convient de noter que, le plus souvent, cette première expérience risque d'être plus difficile à vivre pour la maman que pour le papa).

Le dimanche soir, comme des panthères roses, on revient le chercher. Avant de pousser la porte de la maison des amis, on est pratiquement persuadés qu'ils ne vont plus jamais vouloir nous le reprendre mais, là, avec un grand sourire ils nous lancent :

« Il est super, votre gamin ! On a fait plein de choses ensemble. Qu'est-ce qu'il est sage ! Il faudra le ramener vite pour un prochain week-end ! »

« Surprise ! » « Qu'est-ce qu'ils lui ont fait ? Ce n'est pas possible ! Ce n'est pas le nôtre ! »

Rassurez-vous, cet enfant est bien le vôtre et vous pourrez le retrouver aussi agité qu'avant dès le retour en voiture.

Simplement, là, il viendra de faire une expérience sociale fabuleuse et multiple. Le fait d'être dans une autre famille lui aura permis de changer illico son comportement et, de plus, avoir vu ses parents partir, sans lui, ensemble, en amoureux, l'aura contrairement aux apparences en partie rassuré et contribué à le mettre à sa juste place.

<u>Les repères familiaux</u> :

Dans cette même période, parallèlement aux repères individuels et sociaux, l'enfant va devoir élaborer des repères familiaux qui vont se décliner sur cinq axes auxquels les parents vont devoir apporter des éléments de réponses lisibles et constructibles.

Ces cinq axes sont :

— Est-ce que je suis aimé tel que je suis ?
— Qui suis-je ?
— Je suis l'enfant de qui ?
— Quelle est ma place dans la famille ?
— Sexuellement parlant, suis-je séduisant(e) ?

Est-ce que je suis aimé tel que je suis ?

Dans cette famille, on a deux enfants : une grande fille de cinq ans qui a toutes les qualités (elle a tout bon sur les carnets d'évaluation à l'école, elle est sage, *etc.*) et un petit garçon de trois ans qui a tous les défauts ! Il met la pagaille partout, se réveille cinq fois chaque nuit, n'est pas encore propre ! Pourtant, on l'aime beaucoup. D'ailleurs, on l'aime tellement que l'on voudrait l'aider à progresser et qu'on lui dit régulièrement :

« Regarde ta sœur ! Elle, elle y arrive ! »

On pourrait à l'infini prolonger cette histoire mais ne soulignons qu'un point à travers elle : nous sommes potentiellement devant deux enfants fragilisés : la grande sœur, citée en exemple, parce qu'elle risque de ne se sentir aimée que lorsqu'elle est la meilleure et, de ce fait, a très peur de l'échec et le petit frère qui, quoi que l'on fasse et dise, ne pourra jamais être la sœur !

Qui suis-je ?

En 1984, le grand cinéaste documentariste Bernard Martino a réalisé un film révolutionnaire intitulé *Le Bébé est une personne*.

Ce film télévisé faisait écho à de nombreux constats et pratiques de spécialistes de l'enfant montrant de façon lumineuse à quels points les bébés étaient bardés de compétences et étaient capables d'entendre ou plutôt de percevoir une foule d'informations les concernant. Françoise Dolto disait : « Quand on explique à un bébé son histoire, je sais qu'il ne comprend pas mais je suis sûre qu'il en fait quelque chose ! »

Au cours de cette période de la construction tuilée, notre enfant va être en permanence en quête d'éléments sur son histoire, son identité propre.

Je suis l'enfant de qui ?

Nous abordons là la question que l'on nomme « identification positive ». Moi, l'enfant, l'individu, j'ai besoin pour me construire de connaître des éléments positifs sur l'homme et la femme qui m'ont donné la vie.

La plupart des enfants ont un père et une mère qui vivent ensemble, à la maison. Pour d'autres les parents sont séparés et les enfants vivent avec un parent seul (le plus souvent une mère, parfois aussi un « papa solo »]. Toujours est-il que, pour chaque enfant, bien qu'il soit possible de vivre sans père ou sans mère, aucun, au fond de lui, ne peut vivre sans avoir un papa et une maman. Et ceci toute sa vie !

À quel âge sommes-nous autonomes par rapport au papa et à la maman qui nous ont donné la vie ? En principe, nous ne pouvons découvrir notre réel niveau d'autonomie que lorsqu'ils sont morts et, parfois, nous ne sommes pas déçus du voyage !

Ainsi, notre enfant, pour construire sa propre image, va devoir être alimenté de « matériaux positifs » qualifiant son papa et sa maman, qu'ils vivent ou non ensemble. Pour en savoir plus sur ce point, il suffit de relire le fabuleux livre de Marcel Pagnol *La Gloire de mon père*, et notamment la scène des « bartavelles » dans laquelle l'oncle Jules prenant trop d'importance aux yeux du petit Marcel, l'enfant transforme une scène de chasse en un exploit qui place, aux yeux de tous, son père sur un piédestal !

Quelle est ma place dans la famille ?

« N'être que l'enfant de ses parents » écrivait-on au plus haut.

En citant cette phrase, je pense à Éric, un petit garçon de onze ans rencontré en banlieue lyonnaise, au sein d'une école dans laquelle je faisais une étude sur les violences scolaires. Dès mon arrivée dans l'établissement, la directrice m'avait d'emblée cité Éric comme étant le plus turbulent de l'école : à la récréation, il passait son temps à agresser les plus petits et les enseignants qui surveillaient ne le quittaient pas des yeux.

À l'heure du déjeuner, nous nous retrouvons avec cet enfant, seuls, dans une classe vide et il me parle de son histoire. Voici ses propos [enregistrés au magnétophone] :

« ... à la maison, c'est pas facile, parce que mes parents, ils sont tous les deux au chômage ! Et le matin, quand je pars à l'école, ils sont en pyjama, dans le canapé, en train de jouer avec ma GameBoy... et ils me disent : travaille bien à l'école et n'oublie pas de ramener le pain ! »

Aucune virgule de cette phrase n'a été inventée. Tout était contenu dans les mots d'Éric : il était le seul qui partait travailler et laissait à la maison deux gamins en pyjama, son père et sa mère !

Il était agressif à l'école avec les petits ? Évidemment : il leur reprochait d'avoir le droit de l'être, petits, lui il devait être un adulte, depuis des années !

Sexuellement parlant, suis-je séduisant[te] ?

Notre loupiot, garçon ou fille, a trois ans, quatre ans... Il a déjà compris que la séduction dont il s'était servi depuis sa naissance ne marche plus tout à fait aussi bien mais, maintenant, cette même question de la séduction se pose autrement.

Pour s'affirmer en tant que garçon, en tant que fille, il va falloir séduire le parent de sexe différent. La petite fille, alors se déguise en maman, attend le retour du papa Prince charmant le soir et lui fait un câlin interminable. Le petit garçon, de son côté, opérera dans l'autre sens.

Et, dans les deux cas, ils commenceront à imaginer que le parent de même sexe disparaisse un peu. Cette petite fille se dit :

« Tiens, ma mère, je ne vais plus l'appeler maman. Je vais l'appeler par son prénom pour bien lui montrer que maintenant, il y a deux femmes à la maison ! »

D'ailleurs, souvent, dans cette même période, des peurs nocturnes peuvent apparaître : l'enfant, qui imagine que l'un des parents disparaisse, se pose plein de questions sur la mort.

Mais, au final, dans la plupart des cas, fort heureusement, sa tentative de séduction s'avère être un échec ! Il est décidément condamné à dormir dans sa chambre et, frustration totale, dans celle de papa et maman il entend des bruits incroyables, des bruits d'homme et de femme et, le pire, c'est qu'il n'est même pas invité à la fête !

Attentif à tous ces bruits son imaginaire est à son comble (peut-être que grâce à cela, un jour il deviendra chercheur !). En désespoir de cause, il finit en tout cas par admettre cette évidence : son père et sa mère s'aiment et cet amour-là ne le regarde pas mais, par de nombreux côtés, il contribue à le rassurer en lui permettant de penser qu'un homme et une femme sont capables de s'aimer et que, lui aussi un jour, aimera quelqu'un d'autre, pour son propre compte et sera, également, aimé par cet autre !

À travers un tel constat, dans son esprit commencera à se construire sa vie personnelle, sa vie dite « privée » (privée de quoi ?) et, pour lui, une chose est sûre : quand il vivra, pour son compte, sa propre histoire d'amour, il n'en parlera à personne et surtout pas à ses parents mais ils s'en rendront quand même un peu compte parce que, à ce moment-là il deviendra beaucoup plus « aimable » !

La quatrième séquence

Avec toujours la même approximation, nous la situerons entre six et douze ans.

Souvent nommée « période de latence » cette séquence n'a de calme que son apparence. Que s'y passe-t-il ? Notre bébé a compris que la séduction avait des limites.

Notre enfant, qui vient d'avoir 5 ou 6 ans et à qui on a su faire accepter des lois, des règles a, à peu près, intégré dans son comportement le « principe de réalité ». Sur le plan sexuel, il s'est fait à l'idée de laisser ses parents s'aimer. Résultat des courses, dans cette période de latence, les repères de base étant intégrés, il ne lui reste plus qu'à les laisser « cuire à feu doux » pour les rendre digestes et pouvoir les appliquer dans quelques années, quand il sera adolescent.

Pour l'instant, il va en même temps profiter de son statut d'enfant mais, afin de préparer la suite, s'inventer un monde intérieur fabuleux.

Sur le plan sexuel, pour se sentir à la hauteur de la tâche qui l'attend, il va idéaliser ses parents : son papa est Batman, sa maman est top-modèle (même s'il n'a pas les deux à la maison).

Et puis, il va avoir des héros (des chanteurs, des sportifs...).

Et puis, il va y avoir les copines et les copains. Sans parler du meilleur copain et de la meilleure amie, et sans, surtout, mélanger les genres : les filles d'un côté, les garçons de l'autre ; de toute façon, pour les filles, les garçons ils sont obligés d'être presque tous nuls (sauf peut-être un qui est, pour celle-ci, son amoureux, mais là c'est autre chose !).

En rentrant de l'école, ce petit garçon de sept ans dit à son père : « J'ai une amoureuse, dans la classe ! »

Le père : « Comment tu le sais ? »

Le loupiot : « Ça se voit ! »

En tout cas, au cours de cette période de latence, afin de brouiller les cartes, il va falloir apprendre à mentir, à inventer des histoires, à se créer une histoire.

D'où la simple apparence de calme dans cette tranche d'âge car si l'histoire qui se déroule au fond de la tête est trop douloureuse et que l'enfant n'en parle pas, il peut rapidement devenir très fragile (en raison de son besoin de secret). Ceci dit, en règle générale, cette séquence est le plus souvent idyllique pour les parents.

L'enfant dessine à maman des magnifiques cœurs avec des flèches sur lesquels il est écrit « maman je t'aime ». Super ! Maman a quand même intérêt à garder les dessins car, à la fin de cette période de latence, une autre séquence va apparaître en quelques semaines : elle s'appelle la puberté, l'adolescence et, là pour ce qui est des cœurs dessinés, les parents pourront toujours attendre !

La cinquième séquence

L'Adolescence.

Elle débute de manière assez soudaine et variable, avec l'apparition de la puberté. Par contre, arrêtons de proclamer qu'elle est presque systématiquement une période de crise. Toutes les enquêtes réalisées en France auprès des jeunes montrent que près de 75 % des adolescents déclarent globalement « aller bien ! ».

Ce qui signifie, bien sûr, que 25 % d'entre eux sont dans le cas contraire.

Plus inquiétant encore, ce chiffre de 25 % se scinde approximativement en deux : chez la moitié de ces jeunes gens, on voit la souffrance qu'ils expriment, d'une façon ou d'une autre, mais chez l'autre moitié, cette souffrance, qui peut parfois être très profonde, ne se voit absolument pas !

D'où l'intérêt majeur d'un dialogue régulier installé par les parents, et ce dès la petite enfance, dans un climat d'échange et de confiance. Dans cette zone de tuiles, notre adolescent qui, plus que jamais, se sent homme ou femme, va s'employer à s'affirmer comme l'adulte qu'il veut être. En tout cas, un adulte différent de ses parents. Il faut avouer que de son point de vue il n'a pas de chance, car il est tombé sur des parents nuls ! Ses copains et ses copines, eux, ont des parents super mais lui c'est la catastrophe !

Attention, ne nous y trompons pas : lui va s'autoriser à critiquer ouvertement son père et sa mère, mais ses amis du collège ou du lycée ont tout intérêt à ne pas disqualifier devant lui son papa ou sa maman (parce que, contre vents et marées, ils restent pour lui des modèles !).

Une jeune fille de 13 ans, rencontrée dans un collège où je faisais une enquête auprès des élèves autour du thème : « Qu'attendez-vous de vos parents ? » m'a répondu :

« Ce que j'attends de mes parents, c'est qu'ils me donnent des conseils pour ne pas les suivre ! »

Pourrait-on mieux que par ces mots résumer l'adolescence ? Cette jeune fille, alors que je lui demandais des précisions sur le sens exact de sa phrase, m'a rétorqué :

« Si mes parents attendent que je suive leurs conseils, ils sont mal partis ! Par contre, s'ils ne m'en donnent pas, c'est moi qui suis mal partie ! »

Parents d'adolescents = modèles, quitte à être des modèles à ne pas suivre !

Ce qui caractérise avant tout l'adolescent (apprenti adulte) c'est qu'il teste ! Il teste ses peurs, le vrai du faux, le possible de l'impossible, le virtuel et le réel... (d'où l'extrême danger d'un enfermement de sa part dans un monde virtuel pour fuir la réalité.)

Combien de temps dure cette zone de tuiles ? En théorie, tout laisse à penser qu'elle se termine vers 17/18 ans mais, personnellement, je vois de plus en plus d'adolescents qui ont entre 6 et 30 ans ! En tout cas, pour revenir à des propos plus sérieux, il convient d'appliquer à l'adolescence une expression que je trouve magnifique et qui désigne, dès la naissance, chacun des progrès qui jalonnent le développement d'un enfant.

Cette expression est : « Un triomphe nostalgique ».

« Triomphe » car cette nouvelle acquisition marque, pour l'enfant comme pour ses parents, un pas en avant, mais « nostalgique » car chacun de ces pas empêche de revenir en arrière !

Là se trouve l'explication profonde de l'ambivalence, du paradoxe, de la fragilité liés à l'adolescence : envie d'être adulte, mais peur d'assumer ce statut.

Sixième et dernière séquence : Être adulte

Enfin, en toute logique, notre enfant va arriver vers cette zone décisive qui, pour être rendue possible, sera l'aboutissement d'une série d'acquisitions successives faites, comme nous allons le voir, dès la petite enfance.

On peut, sans trop se tromper, affirmer que pour être pleinement adulte, il faut avoir résolu six équations, franchi six étapes, toutes aussi importantes les unes que les autres.

Les noms de ces étapes sont :

— L'indépendance affective.

— La différenciation sexuelle.

— L'autonomie économique.

— L'acceptation de la frustration.

— La domination des peurs.

— L'établissement d'une identité propre, s'inscrivant dans un roman familial.

II – Devenir parent : Une révolution en perspective

Se lancer dans l'aventure

Est-ce le bon moment ?

Ce n'est *a priori* jamais le bon moment pour se lancer dans l'aventure sans précédent de la maternité et de la paternité. Les uns s'estimeront trop vieux, les autres pas assez. Ou encore la situation professionnelle semblera encore trop fragile, la maison trop petite...

Les conditions optimales ne sont, par définition, jamais toutes réunies.

Quel est le « meilleur moment » ?

Dans la mesure où le projet bébé peut être lancé, divers écueils méritent d'être considérés. À commencer par le désaccord affirmé d'un des deux amoureux : de quel droit trahir un partenaire clairement fermé au désir d'enfant ?

Un danger réside aussi dans l'utilisation du projet comme solution. Que ce soit comme solution à un problème de couple, ou encore comme solution à un problème personnel. Ainsi, compter sur un bébé pour sortir d'une mésentente entre les parents est illusoire et lourd de conséquence. Accorder un bébé à son partenaire pour acheter la paix n'offre pas, non plus, de base de départ favorable. Tout comme souhaiter un enfant dans n'importe quelle condition pour combler le vide de sa vie. Exister enfin, non par soi-même mais à travers son statut de parent ?

Être partants en même temps ?

Faut-il nécessairement que les deux amoureux soient totalement en phase ? Le partage synchrone du désir d'enfant relève de l'aspiration idéale, du rêve. Dans la réalité, ce rêve se réalise parfois mais, souvent, un décalage existe entre les calendriers du futur père et de la future mère. Est-ce un obstacle infranchissable ? Doit-on attendre avec dépit une éventuelle synchronisation ?

Au fond, ce qui importe, n'est-ce pas l'amour ? Le bébé est le fruit de l'amour de deux personnes. Il n'en est pas moins beau, s'il est, en premier lieu, le cadeau d'un parent à l'autre. Avec du recul on se dira certainement qu'en définitive c'était bien le bon moment, puisque l'enfant est là !

Est-ce que ça s'apprend ?

Il paraît qu'avant, toutes les femmes avaient « l'instinct maternel ». Comme cela, elles pouvaient se débrouiller et faire face avec brio à chaque circonstance nouvelle vécue avec leur bébé. C'était le bon temps !

Moi, rien qu'à l'idée d'être enceinte, je suis à la fois bouleversée mais persuadée que, cet instinct, je ne le possède pas. Et je ne dois pas être la seule, parce que les choses ont beaucoup changé.

L'autre jour, j'ai lu un article sur ce sujet. L'auteur disait que, voici quelques décennies, on utilisait des verbes différents de ceux d'aujourd'hui pour décrire la grossesse, l'accouchement et que tout semblait couler de source.

Un homme et une femme faisaient l'amour, la femme « tombait enceinte » (et, des fois, elle se faisait plutôt mal en tombant !), après, en accouchant, elle « avait » un enfant et, donc « était » parent. « Avoir, être... », comme s'il ne semblait pas nécessaire d'apprendre quoi que ce soit.

Maintenant, les verbes ont changé : on « devient parent » et le verbe « avoir » est plutôt attribué à l'enfant, de multiples façons : il nous a comme parent et, parfois, il peut même nous avoir au tournant.

En tout cas, vu mon pressentiment de manque d'instinct, dès l'annonce de ma grossesse je me suis mise à lire plein de livres sur la question, à dévorer des tonnes d'émissions à la télé, de sites sur Internet... Tout m'intéressait mais le seul problème est qu'il n'y en avait pas deux qui disaient la même chose !

Alors, au final, je me suis fait ma cuisine personnelle en glanant dans la forêt vierge des informations reçues les quelques-unes qui me paraissaient utiles et, maintenant, je n'ai plus qu'à attendre le jour J de l'accouchement en me contentant d'espérer que le fameux instinct surgisse au bon moment !

Longtemps la structure de la famille a permis une transmission des « choses de la vie », de génération en génération. Le savoir-faire s'acquérait simplement, par le fait de grandir dans des familles élargies où les bébés et les jeunes enfants étaient naturellement présents. Dans la famille nucléaire d'aujourd'hui, cette imprégnation spontanée fait défaut et les adultes se retrouvent désemparés lorsqu'ils s'apprêtent à devenir parents. Ne nous fions pas aveuglément à ce soi-disant « instinct » maternel ou paternel supposé doter d'un bon sens infaillible, le besoin d'apprentissage est réel.

Un apprentissage personnel

On ne se prépare pas à la venue d'un bébé comme au baccalauréat. Aucune méthode ne couvre tout le programme et il n'est pas question de « par cœur ! » L'enjeu est plutôt de réunir suffisamment d'informations pour se sentir à la hauteur, prêt (ou presque) à rencontrer la majorité des situations probables.

Dès lors, il s'agit d'oser aller glaner des informations, bien convaincu de son droit à se poser toutes sortes de questions, des plus simples aux plus inavouables.

Des ressources variées

Bien des livres et des émissions radiophoniques ou télévisées sont consacrés aux questions qui entourent la naissance. Ils peuvent être précieux. Des questions peuvent être aussi directement adressées à d'autres parents avec lesquels on se sent en confiance et dont on apprécie la manière d'être. Il est très rassurant d'observer dans son entourage d'autres parents auxquels on envisagerait de ressembler. Tous les professionnels qui accompagnent la naissance sont également des recours tout désignés. Ils mettront à disposition des outils simples et efficaces comme des brochures ou des adresses d'associations.

En somme, devenir parent n'a rien d'évident et de naturel. Cela s'apprend à la faveur d'un questionnement, fertile par nature.

Par qui me faire aider et comment ?

La question se pose car, trop souvent, les futurs parents sont isolés. Anticiper son désarroi ou même simplement sa perplexité n'est pas négatif ou fataliste, c'est prévenir d'éventuels moments difficiles pour mieux les dépasser.

Où trouver de l'aide ?

Il est utile de connaître l'existence d'associations et de groupes de contacts dédiés justement aux jeunes parents et à leur bébé. (Jeunes parents parce qu'ils entrent dans cette aventure, quel que soit leur âge.) On s'y adressera sans la moindre gêne ; et même à titre préventif, si l'on sent le besoin d'être rassuré. Un petit livre aussi simple que précieux va dans ce sens, vous le tenez déjà entre les mains : *Vous êtes des parents formidables !*

Les professionnels rencontrés dans l'accompagnement de la naissance sont aussi des interlocuteurs privilégiés. Ils seront des recours efficaces de même que des proches expérimentés qui seront honorés de partager leur savoir-faire. Le vrai danger est de s'enfermer dans des difficultés de peur de ne pas se sentir à la hauteur.

Une mine insuffisamment exploitée : la Protection Maternelle Infantile

C'est, en France, le lieu par excellence qui regroupe des professionnels spécialisés dans l'accompagnement de la petite enfance.

Cet outil extraordinaire est à la disposition de tous, sans avance de frais. Il mériterait d'être plus largement employé car il est trop souvent considéré soit comme une médecine de pauvres, soit comme un lieu pour enfants en difficulté ayant fait l'objet d'un signalement. Dommage que seules les classes moyennes y recourent ! Les parents de milieux aisés gagneraient à l'utiliser. Les parents de milieux simples aussi, sans redouter qu'on leur enlève leur enfant.

Certes, des problèmes pourront se poser mais de nombreux outils existent et des interlocuteurs compétents sont aisément accessibles. Osons simplement aller chercher ces aides.

Maman solo ? Papa solo ?

Je m'appelle Jean-Alexandre Leroux-Fruchard. J'ai six ans et demi, presque !

Hier, dans ma classe, il y a une dame de l'UNICEF qui est venue nous voir. Elle nous a dit qu'il y a des enfants, en Afrique, qui n'ont même pas de maison ! Moi, je le savais pas, mais après, j'ai pensé dans ma tête pendant la nuit !

C'est vrai que ça doit vraiment pas être drôle de coucher dehors, mais j'aimerais leur dire, à ces enfants-là, que c'est pas vraiment drôle non plus d'en avoir deux, des maisons !

Moi, j'en ai deux, avec deux clés accrochées avec une corde à mon cou. Je les cache sous mon tee-shirt, avec une tête de squelette en porte-clés pour pas les perdre ! Parce que mon père il aime pas ça du tout quand je perds quelque chose ! Surtout quand c'est sa clé ! Et il devient vite en colère contre moi !

Depuis qu'il va plus à son bureau parce que c'est fermé, il s'énerve encore plus vite qu'avant quand je fais des bêtises. Dans la journée, il est toujours devant la télévision, et même que des fois il dort en la regardant.

Ma mère, elle dit qu'il est « nul », parce qu'il ne fait rien de la journée ! Ma mère, elle, elle travaille tout le temps ! Tellement qu'elle a pas beaucoup le temps de s'occuper d'un « môme » de mon âge, comme elle dit !

Cette semaine, je reste chez mon père et la semaine prochaine il faut que je retourne chez ma mère, et la semaine d'après je reviens chez mon père... et ça continue comme ça !

Moi, je trouve que c'est fatigant d'en avoir deux, des maisons. J'aimerais en avoir juste une, une vraie, une qui sent bon la cuisine, une avec des fleurs et des chats qui ont un prénom et qu'on voit tous les matins quand on se réveille !

Moi, j'ai toujours ma valise rouge avec un Mickey au pied de mon lit. La fermeture Éclair est un peu cassée à force de l'ouvrir et de la fermer, mais je la trouve belle, ma valise !

Je l'emmène partout : chez mon père, et puis chez ma mère, et puis chez mon père...

Elle me quitte pas ! Souvent, j'oublie de mettre des choses dedans ! En tout cas, ma mère elle veut plus laver le linge que j'ai mis dans la maison de mon père. Elle dit que c'est lui qui doit la faire, la lessive, mais il la fait pas !

Ce soir, moi, je suis très fatigué ! Il n'y a plus de corn flakes dans le placard, parce que mon père il a dit que c'était trop cher et que ça servait à rien ! Il dort dans le canapé et moi j'ai faim.

J'ai faim comme les petits enfants d'Afrique dont nous a parlé la dame de l'UNICEF, hier. Peut-être qu'ils ont rien non plus dans leur frigo ? Des fois, j'aurais envie de disparaître, de m'effacer avec ma grosse gomme blanche qui sent bon ! Ce serait super, il n'y aurait plus personne pour me dire que je suis énervant, que je suis méchant et que je le fais exprès !

Ou bien j'aurais envie de m'envoler comme un oiseau ! Je laisserais juste les deux clés que j'ai même pas perdues avec la corde et la tête de squelette sur la table de la cuisine, pour être plus léger, pour m'envoler plus vite !

Je m'appelle Jean-Alexandre Leroux-Fruchard. Je te dis ça pour que tu t'en souviennes, parce que tu sais, moi, je suis tellement petit et maigre que si je m'envolais aujourd'hui, je suis sûr que personne s'apercevrait que je ne suis plus là.

J'ai cinq ans, je vis seul avec mon papa et il paraît que c'est presque un héros parce que les papas qui élèvent seuls des enfants c'est très rare et même très nouveau ; avant, si la maman s'en allait, son enfant était élevé par une grand-mère, une tante... enfin une femme, c'est-à-dire quelqu'un de compétent !

Pour de vrai, quand je dis que mon papa c'est un héros, c'est pas tout à fait sûr ! Dans le village où on habite, beaucoup de gens le regardent bizarrement. Il y a ceux qui l'admirent et qui disent : « Quel mérite a cet homme d'élever seul son enfant ! »

Il y a ceux qui le regardent en biais, qui tournent la tête et qui se posent plein de questions sur lui. Il y a aussi ceux (ou plutôt celles) qui viennent voir plusieurs fois par jour à la maison pour savoir si tout va bien, s'il me fait bien à manger, s'il m'habille suffisamment quand il fait froid ou pas trop quand il fait chaud, etc.

Alors, vous voyez, non seulement je vis avec mon papa héros mais, en plus, c'est un héros sous surveillance ! C'est super, comme ça on se sent moins seuls !

La réalité est là : de plus en plus d'enfants sont élevés par un parent seul. Pourtant, même si l'enfant ne vit à la maison qu'avec son père ou sa mère, dans son cœur et dans sa tête coexistent bien un papa et une maman. Dans son imaginaire, chaque enfant a besoin de deux parents.

Laisser sa place au parent manquant

Si le parent présent est brouillé avec le parent absent, la tentation est vive de partager cette blessure avec l'enfant. Soit directement, en en dressant un portrait décevant et amer. Soit indirectement, en gardant vide cette place. Le sujet peut alors même devenir tabou.

Toutefois la disqualification, le rejet et même le silence atteignent la confiance en soi de l'enfant. La filiation est une réalité, même si elle est délicate ou entravée.

Entretenir cette place

Quand l'absence de l'autre résulte de sa mort, il est plus aisé d'en cultiver le souvenir que lorsqu'elle témoigne d'un abandon ou d'un rejet. Quoi qu'il en soit, l'enfant a besoin de se vivre – ou de se rêver – comme le fruit d'une rencontre où l'amour a existé.

En parlant du parent absent, le parent présent permet à son enfant de se situer par rapport à deux personnes. Il écarte ainsi le danger de s'enfermer avec lui dans un duo qui peut prendre des airs de couple. Même libre, la place d'amoureux du parent doit être préservée ; elle poussera l'enfant à se détacher pour faire « sa propre vie ».

Éviter la fusion

Les paroles accordant une place au parent absent rappellent à l'enfant qu'il n'est pas « tout » pour ce parent restant, si omniprésent dans sa vie. Préserver l'image de celui qui est absent dans la réalité, mais présent dans la tête, rappelle l'existence d'une deuxième filiation. Un point d'appui précieux – voire nécessaire – quand il s'agira, à l'adolescence, d'attaquer le parent présent pour parvenir à s'en détacher.

Composer avec les regards extérieurs et s'affirmer

Autant le rôle de mère célibataire s'est banalisé, autant celui de père célibataire suscite toujours de la surprise. Considérés tour à tour comme des héros ou des incapables, ces pères doivent parvenir à se sentir légitimes dans leur fonction.

Se dégager d'attitudes de l'entourage apparemment protectrices mais souvent, de fait, dé-responsabilisantes pour parvenir à « assumer », tel est le défi qu'ils ont à relever.

Le temps des peurs et des doutes

J'ai peur de voir mon corps se transformer

Attendre un enfant suscite un bouleversement qui s'enracine dans le corps. Toutes les femmes se demandent comment elles vont vivre les modifications morphologiques d'envergure de la grossesse, animées par la peur des conséquences sur leur sexualité. Le futur père rencontre, dans le même temps, l'étrangeté des transformations profondes qui occupent sa femme et font d'elle une partenaire habitée.

Séisme à l'approche

La grossesse est par nature une période déréglée. Ce passage dans la vie du couple se traversera d'autant plus tranquillement qu'il sera possible d'en parler. Exprimer à l'autre son ressenti et ses questions allège bien des soucis. Bien entendu, l'intérêt des deux partenaires est de rester côte à côte, solidaires durant cette période extraordinaire.

L'amorce d'une nouvelle conjugalité

Le partage de cette aventure engage des relations nouvelles, enrichies de l'approfondissement de la féminité et de la masculinité de chacun. Cette expérience éminemment commune renforce le couple dans son intimité et en vérifie la solidité. Notons que les relations sexuelles pendant la grossesse ne sont pas contre-indiquées médicalement, bien au contraire.

Une période temporaire

Pour des raisons profondes, propres à chacun, la sexualité du couple peut être affectée ou empêchée dans cette période. Il est alors fondamental de se rappeler de ce caractère extraordinaire et transitoire. Le corps est appelé à retrouver un état normal et la relation aussi. Patience et confiance.

Mettre toutes les chances de son côté

Connaître la force et la délicatesse de ce moment invite à prendre un soin particulier de la relation. Cultiver la séduction mutuelle au lieu de la laisser en friche est important à bien des titres : pour soi, pour l'autre, pour maintenant ou... pour après.

J'ai peur de l'accouchement (elle)

Donner naissance à un petit être issu de soi et de celui qu'on aime est un événement extraordinaire et même phénoménal. Comment ne pas redouter ce moment si physique et si fort ?

Des conditions d'accouchement de plus en plus sûres

L'accouchement s'est longtemps inscrit naturellement dans le cours de la vie comme une étape « normale », risquée au demeurant. Actuellement, la médicalisation de la grossesse assure des conditions bien plus sécurisantes. L'accouchement s'est en définitive aujourd'hui « technicisé » au point que les petites maternités disparaissent au profit de grands centres hautement équipés. Accoucher à la maison est devenu une démarche exceptionnelle.

Une médicalisation qui peut aussi inquiéter

La contrepartie est la propension à faire du terme de la naissance un phénomène médical, comme si la grossesse s'apparentait à la maladie. L'intensité du suivi est susceptible de créer de l'inquiétude. Prenons soin de ce moment unique en étant attentif à sa préparation, à la fois sur le plan médical et sur le plan psychologique.

Se donner les moyens de la sérénité

On gagnera beaucoup à oser poser toutes les questions qui surgissent dans le cadre des préparations à l'accouchement conçues à cet effet. Les craintes s'estomperont d'autant mieux que la possibilité de réduire massivement la douleur sera connue. Rien ne contraint plus, aujourd'hui, à enfanter dans la douleur. Restons libres face aux discours qui défendent les vertus de la souffrance.

Une fois calmées les inquiétudes, on aura tout loisir de banaliser l'événement en s'adressant à des personnes rassurantes. Protégeons-nous des sources d'angoisse, y compris lors des séances de préparation à l'accouchement.

Place à la rêverie sur cette première rencontre merveilleuse.

J'ai peur de l'accouchement (lui)

Dès que ma femme a appris qu'elle était enceinte, elle m'a fait promettre d'assister à son accouchement et de venir avec elle aux séances dites « de préparation ».

Comme, pour elle, une présence semblait capitale, j'ai accepté mais, à vrai dire, je ne voyais pas vraiment quelle place j'allais occuper dans le film et, au fond de moi, j'avais plutôt la trouille !

Un beau matin, nous nous sommes retrouvés côte à côte, sur un tapis de gym avec d'autres futurs parents. En fait, nous n'étions que deux hommes, entourés de ventres qui, visiblement, commençaient à s'arrondir.

La première leçon était « la technique du petit chien ». Elle avait pour but d'apprendre à maîtriser sa respiration le jour venu. Contrairement aux apparences, ce n'était pas si simple que ça. La monitrice-infirmière nous faisait inspirer, puis souffler, puis haleter en rythme.

Ma femme avait l'air très à l'aise dans l'exercice mais, pour moi, ça paraissait plus difficile. Je suis quand même revenu aux séances suivantes, bien que mes progrès pour ressembler à un petit chien ne soient pas fulgurants.

Heureusement, en cours de route, j'en ai parlé à un collègue de bureau qui était devenu papa un an auparavant et il m'a rassuré. Lui aussi avait été obligé par sa femme de participer à la préparation de l'événement. Il m'a tout raconté et, surtout a conclu en disant :

« ... de toute façon, ça ne m'a servi à rien, parce qu'au moment de l'accouchement j'étais allongé sur le carrelage de la salle de travail avec un masque à oxygène ! »

Longtemps l'accouchement a été une affaire de femme et le père était scrupuleusement tenu à l'écart de ce moment si féminin. Désormais la présence du conjoint à l'accouchement est plus qu'envisagée, elle est même pour ainsi dire imposée. C'est pourtant une question à soulever : le père a-t-il envie d'assister à ce moment si fort et si étrange et en est-il capable ? La mère le souhaite-t-elle ?

Oser soulever la question

Le partage de cette expérience qui met le sexe de la femme en jeu sur un mode radicalement nouveau et différent enrichira-t-il leur couple ? Pourrait-il le fragiliser ? Il est utile de pouvoir affronter le tabou : quelles conséquences pour la sexualité future ? Cet enjeu demande à ce que le débat soit possible, à titre préventif. Évitons de nous sentir contraint et ne prêtons pas à l'autre des intentions qu'il n'a pas.

Une place paradoxale dans la salle d'accouchement

La mode a fait de la présence des pères à l'accouchement un devoir, le personnel des maternités s'y est conformé, sans enthousiasme systématique. Quelle place faire à ce monsieur, somme toute, plutôt encombrant dans une salle où son rôle n'est pas défini ? Un sentiment d'impuissance radicale peut aussi accompagner cette attente de plusieurs heures. (En cas d'évanouissement, là le personnel soignant saura comment s'occuper aussi de lui.)

Quelle liberté d'y assister ?

Une fois exprimés les points de vue des deux parents sur la question, reste le regard des autres. Les appréciations extérieures, qu'elles soient apportées par d'autres mères, des proches, ou le personnel de préparation à l'accouchement, peuvent être pesantes. Sans toujours s'en rendre compte, une maman qui se prépare seule à l'accouchement est susceptible de se laisser influencer par les regards qu'on lui adresse. L'absence du père signerait-il un déficit d'amour, de solidarité ou d'implication dans le projet ? Épargnons-nous des craintes superflues !

Plus que jamais il importe de se sentir vraiment libre pour trouver sa propre manière d'envisager ce moment hors du commun. Certains tiennent par exemple à pouvoir tenir la main de leur femme sans regarder nécessairement tout ce qui se passe.

Un moment profondément étrange et incroyable

L'étrangeté de la naissance d'un enfant par le sexe de la femme interdit de banaliser ce moment. Si on y réfléchit, l'appréhension est plus que légitime, c'est pourquoi il importe d'être à l'écoute de ses inquiétudes et de les considérer dans le choix retenu, bien en amont de l'événement.

Lorsque le grand jour arrive, osons être sincères avec nous-mêmes. Le moment est si unique que rien n'exclut une décision inattendue ou un superbe acte manqué. Pourquoi l'interpréter comme une incohérence ou une défaillance ?

En règle générale, le personnel qui accompagne la naissance est attentif mais comme les contraintes d'organisation sont lourdes, il est parfois nécessaire de faire entendre clairement la manière dont on souhaite vivre cette situation : la section du cordon ombilical par le père est optionnelle !

L'accouchement est un moment exceptionnel et même un peu fou, le père et la mère n'ont pas nécessairement la même envie ni le même besoin de le partager. En parler et se sentir libre donne les moyens d'apprécier ce si grand moment.

Notre enfant sera t-il normal ?

Qu'est-ce que je me sens bien au sein du ventre de maman !

Ça fait presque six mois que je suis là ! Au début, j'étais minuscule, je ne savais même pas d'où je venais, et puis j'ai vu mon corps grandir,

mes bras s'allonger, mes doigts apparaître, ma tête devenir de plus en plus lourde ! Heureusement que je vis dans l'eau ! D'une part parce que, du coup, je me sens plus léger et, en plus, je peux faire des pirouettes, pédaler, faire du saut à l'élastique accroché à ce cordon extraordinaire dont je ne vois pas la fin !

En plus, ils ne le savent pas à l'extérieur mais moi, blotti dans ma caverne, j'entends tout ! L'autre jour, on m'a promené dans une maison bizarre : ça s'appelle une maternité !

Là-dedans, on entend des pas, des sonneries, des voix... Visiblement, mes parents étaient en train de regarder ma photo grâce à un appareil spécial et avec un monsieur qui leur avait dit qu'il était un docteur, un spécialiste, qu'il avait tout vu et que tout allait très bien.

Mais, en même temps, j'entendais la voix de ma mère (depuis le temps que je vis avec elle, je reconnaitrais sa voix au milieu de mille autres !) Elle avait l'air très heureuse de me voir, mais, au fond, je sentais bien qu'elle était très inquiète, en tout cas pas rassurée.

Elle posait plein de questions : « ...et son dos... et ses mains... et ses pieds... ? » Moi, je n'en perdais pas une miette. Sans bruit, je vérifiais tout l'intérieur et, si on m'avait demandé mon avis, j'aurais confirmé tout ce que disait le docteur !

J'aurais confirmé ou peut-être pas, parce que c'est plutôt rassurant pour un apprenti-bébé comme moi de sentir que, dehors, tout le monde s'inquiète pour lui ! Ça veut bien dire qu'on est aimé et, ça, ça fait un bien fou !

En plus, le docteur a dit à mes parents que l'accouchement aurait lieu dans trois mois. C'est super, j'ai encore du temps pour en profiter ! Le temps de regarder mon corps se transformer et, surtout, de faire le plein d'amour, pour la route !

D'ici trois mois, je serai prêt à faire le grand plongeon, mais tout se passera bien car je sais déjà qu'on m'attend !

Angelot ou « Alien » ?

Attendre un enfant, c'est aller vers du nouveau, de l'inédit, de l'étrange. Pour imaginer la rencontre avec cet inconnu, des foules de questions surgissent et les nuits se peuplent de rêves surprenants où l'enfant figure tantôt comme une merveille tantôt comme un « Alien ».

Tous les parents du monde se demandent immanquablement si leur enfant sera normal, mais peut-être avec encore plus de force lorsqu'il s'agit de leur premier enfant ou d'une naissance longuement attendue.

L'ère du zéro défaut

Dans notre société, l'attente de conformité est très haute et l'idée d'imperfection de moins en moins recevable. La maladie et même la vieillesse en viennent à être vécues comme scandaleuses. (Au point que la médecine est parfois censée y remédier prochainement !)

Par essence, l'enfant à naître porte en lui tous les espoirs d'idéal des parents, aussi l'anormalité est-elle terriblement redoutée. D'autant plus encore aujourd'hui que les enfants sont moins nombreux et donc spécialement « précieux ».

Gestation sous contrôle ?

Le développement de la contraception s'est souvent accompagné du sentiment de contrôler la procréation. La venue de l'enfant s'inscrit ainsi souvent dans un véritable « programme » et ce qui pourrait y échapper fait peur. Le suivi médical de plus en plus rapproché, avec des étapes bien définies, comme les échographies, relance cette question de la normalité de l'enfant tout au long de la grossesse.

Confier son inquiétude et la calmer

Lorsque l'inquiétude sur la normalité de l'enfant devient lancinante, osons-nous l'avouer et la confier aux professionnels rencontrés dans le cadre de la préparation de la naissance ? Des examens supplémentaires sont envisageables. Apprivoisons l'idée que ceux-ci ne seront jamais totalement fiables et garantis.

Vais-je perdre ma liberté ?

La peur de perdre sa liberté, de « rentrer dans le moule » est certainement plus forte pour les hommes que pour les femmes. Devenir mère est, de fait, fort différent de devenir père et les aspirations féminines à la maternité sont particulièrement puissantes. Cette peur est absolument normale car elle découle de l'engagement que concrétise l'enfant. Celui-ci est d'ailleurs, de plus en plus, la première véritable occasion de mettre en gage durablement sa liberté. Totalement ? Avec ou sans contrepartie ?

Une peur légitime

On ne saurait nier les contraintes liées à un enfant, assurément sa venue réclame ce qu'il y a de plus précieux : du temps. Et aussi de l'argent et de l'espace. Que puis-je consacrer à un enfant ? Y aura-t-il de la place dans ma vie pour lui ? Ces questions demandent à être posées à l'avance. Une réponse négative doit aussi pouvoir leur être donnée, en toute sincérité.

Perdre pour gagner ?

À l'aube de la grande aventure, le saut vers l'inconnu n'est pas évident. Il comporte une part de folie douce de dépossession, de détachement. Quel serait le sens d'un calcul de gains et de pertes, alors qu'il s'agit d'accéder à une vie nouvelle ?

Se préserver un espace de liberté

Cultivons un espace de liberté, en tant qu'homme et en tant que femme, au-delà de la vie professionnelle ! Faite d'amitiés, de bricolage, de musique, de shopping ou de foot, cette ère est bienfaisante. Elle évitera de laisser toute la place au bébé tout en renouvelant les ressources des deux parents.

Ensemble, librement !

Est-ce que mon couple va tenir ? Et si cet enfant prenait ma place ?

Combien de temps faut-il à un homme pour pouvoir vraiment poser sa main sur le ventre de sa femme... enceinte ?

La place du mariage dans notre société a considérablement évolué ; désormais la question de l'engagement durable se concrétise avec le désir d'enfant. Nombre de mariages découlent de ce projet, comme si revenait à l'enfant d'incarner la réalité et la force du couple. Comment le couple résistera-t-il à cette épreuve ? se demande chacun dans son for intérieur. Rassurons-nous, ce doute difficilement avouable est souvent partagé.

Le couple à l'épreuve

Les deux adultes vont se découvrir eux-mêmes et aussi évoluer en devenant parents. Leur relation sera profondément sollicitée et renouvelée par la « mise en famille » qu'entraîne, de fait, la mise au monde d'un enfant. Inconnu et nouveauté sont au programme de cette mutation qui redéfinira la relation. Des interrogations fondamentales et dérangeantes surgissent.

Et si cet enfant prenait ma place ?

Vais-je continuer à être aimé(e) ? À l'aimer ? L'enfant captera-t-il toute son attention ? Comment partager l'amour avec ce charmant envahisseur ? Tout simplement : y aura-t-il de la place pour trois ? Autant d'interrogations sensibles qui ont leur raison d'être et qu'il est capital d'oser formuler. S'autoriser ces inquiétudes légitimes permettra de les partager et de les affronter. Ces craintes entraînent un questionnement fécond, légitime.

Faire preuve de vigilance et d'ouverture

Continuons à nous séduire mutuellement, la relation en bénéficiera. Gardons cet objectif charmant pour que l'enfant prenne sa juste place et n'affaiblisse pas, malgré lui, le couple qu'il scelle.

Se risquer à accueillir un enfant embarque les parents dans une aventure commune, c'est oser le mouvement, la déstabilisation, la vie.

Vie professionnelle / Vie familiale : Une équation acrobatique ?

Quel impact sur ma vie professionnelle ?

Avec mon mari, on forme un couple modèle. Depuis le premier jour de notre vie commune, on partage tout d'égal à égal : les décisions, les courses, la vaisselle…

Je suis une femme comblée, en ayant à mes côtés un homme aussi prévenant. Comblée… ou presque, car, depuis peu, les vents commencent à tourner. Il faut reconnaître que le sujet qui nous divise est crucial.

Dans trois mois, je vais accoucher et, d'ores et déjà, la question qui se pose est : comment répartir notre temps de travail quand le petit sera à la crèche ? Là-dessus, mon mari a été catégorique :

« Moi, mon patron ne pourrait pas comprendre que je parte plus tôt du bureau. Surtout que les autres gars font tous des heures supplémentaires ! Par contre, toi, tu arriveras bien à négocier avec ton employeur. Après tout, c'est normal qu'une jeune maman ne quitte pas son travail trop tard ! »

Là, j'ai tout de suite vu que, sur ce registre, il y avait une « légère » différence entre les hommes et les femmes. Nous, et surtout lorsque l'on a des enfants, on ne travaille pas de la même façon que les hommes.

On arrive au bureau le matin et on se met au boulot tout de suite. Le midi, on mange en vitesse pour avoir fini les dossiers à temps et pouvoir partir à l'heure, le soir, histoire de récupérer le gamin à la crèche ou à l'école.

Les hommes, eux, ils prennent plus le temps de déjeuner (ça peut même s'appeler « un repas de travail ») et, en fin d'après-midi, ils programment des réunions, toutes très importantes car souvent décisionnelles. Des décisions à prendre entre hommes.

Après cela le soir, ils peuvent rentrer tard à la maison, au moment où tout est prêt et, vu qu'ils croulent sous leur charge de travail, se mettre à table et nous raconter leur dure journée !

Depuis que la grande majorité des mères occupe un emploi, cette question se pose avec force... surtout aux femmes puisque leur implication dans la vie familiale demeure primordiale. De fait, la compatibilité entre la maternité et la vie professionnelle ne va pas de soi et dans de nombreux pays, y compris très développés comme le Japon ou les États-Unis, la naissance d'un enfant suspend ou achève la vie professionnelle de sa mère.

Une préoccupation légitime

Redouter les effets d'une nouvelle vie de mère, sur son activité professionnelle, est absolument normal et légitime. Cette inquiétude est d'ailleurs renforcée par une situation préoccupante du marché du travail qui fait craindre de perdre sa place et de ne pas en trouver d'autre lorsqu'on aura charge d'âme. Certains anticipent une dépréciation de la valeur professionnelle une fois le statut de mère de famille acquis ; pourtant elle est loin d'être systématique puisque la stabilité vient contrebalancer cette hypothétique « décote ».

Aussi n'est-il pas exceptionnel que le désir d'enfant soit freiné voire bloqué en grande partie par ces peurs. Certaines jeunes femmes éprouvent d'ailleurs une grande culpabilité à l'idée de prendre leur congé de maternité et tremblent en pensant à la manière dont elles pourront bien annoncer la « mauvaise nouvelle » (*sic*) à leur supérieur hiérarchique, comme si elles lui faisaient « un mauvais coup ».

Changer les paramètres de sa vie professionnelle sans la remettre en cause

Les contraintes de temps liées à la présence d'un enfant sont indéniables cependant, elles ne sauraient interdire d'exercer son activité professionnelle. Certes, certains métiers à responsabilité très prenants demanderont un aménagement plus important que des métiers plus classiques. Mais donner une place à son enfant dans sa vie, est-ce un sacrifice ou une chance unique ? Quel temps puis-je consacrer à un enfant est, indéniablement une question à se poser en amont d'un projet de maternité.

Il est désormais avéré que les femmes parviennent à travailler intensément en concentrant leurs horaires. Elles démarrent généralement plus tôt et bouclent leur journée également plus tôt que leurs collègues hommes. Il leur reste à parvenir à faire placer les réunions décisives à des horaires « moins masculins », autrement dit, pas le soir tard. Comptons sur la solidarité entre hommes et femmes !

Anticiper la situation pour la vivre au mieux

Plutôt que de trembler en pensant à d'éventuelles conséquences « catastrophiques » du congé maternité, allons en parler au plus tôt pour donner l'occasion de préparer sereinement cette absence. L'organisation du congé montrera que s'il faut, certes, bousculer quelque peu le fonctionnement habituel pour se passer du travail effectué, la terre continuera néanmoins de tourner. Une part de ces inquiétudes est aussi d'ordre psychologique, il n'est pas simple de réduire mentalement la place qu'on accorde à son métier.

Quoi qu'il en soit, laissons l'idée de sacrifice d'une dimension majeure de son existence au nom d'un supposé devoir. L'enfant – ou le métier – serait chargé d'un fardeau bien trop lourd.

Comment concilier travail et famille ?

Par définition, l'arrivée d'un enfant oblige à repenser le temps consacré à l'activité professionnelle. Mais laquelle ? Celle des deux parents ? Celle de la mère uniquement ! ? Gardons à l'esprit la révolution de la famille et de la société liée à l'accès massif des femmes au salariat, ainsi qu'à la poursuite de leur activité après la naissance d'enfant(s). Aujourd'hui, les femmes assument de concert une vie professionnelle et l'essentiel du travail familial.

Une interrogation légitime et vivement souhaitable

Prévoir la modification des emplois du temps est un exercice utile et instructif, à faire à deux. Quand bien même le temps consacré à l'enfant est assuré en majeure partie par l'une ou par l'autre, il serait dommage de manquer cette occasion toute désignée de réfléchir ensemble à la répartition plus générale des charges, notamment financières. Aborder ouvertement les questions d'argent, trop souvent taboues, offrira à chacun la possibilité d'exprimer ses attentes. Fermons la porte aux arrière-pensées !

On ne saurait d'ailleurs trop recommander cette « mise à plat » du fonctionnement familial et du couple à une époque où les unions sont moins durables et moins légalement encadrées.

Un assouplissement de la répartition des tâches à poursuivre

Spontanément, notre société n'envisage guère la réduction du temps de travail pour les pères et il semblerait que les femmes soient d'ailleurs aujourd'hui, en fin de compte, réticentes à cette idée. Comme si l'identité de l'homme et de la femme était en question et que l'impact sur la relation de couple était redouté. On peut toutefois attendre beaucoup de l'ouverture à un changement dans ce domaine. N'oublions pas le chemin parcouru ; qu'un homme puisse changer un enfant ou pousser un landau sans compromettre sa virilité est acquis et très nouveau. (Et d'ailleurs loin d'être international.)

Pensons aux femmes qui font tout elles-mêmes et ploient sous le poids d'une triple journée : professionnelle, familiale et ménagère. Le coût de la féminité ?

Faire place à des réévaluations périodiques

L'arbitrage retenu par le couple pour répondre aux besoins de temps engendrés par l'enfant gagne à être considéré comme régulièrement révisable. Ainsi, la période du congé de maternité est, par nature, une période largement (mais pas uniquement) dévolue à l'enfant. Une refonte de l'emploi du temps sera réclamé par la reprise de l'activité professionnelle de la mère ; l'anticiper facilitera l'ajustement.

Qui s'absentera du travail en cas de varicelle ? Intéressant à prévoir et à débattre ensemble.

Il est classique de dire que la naissance d'un enfant « redéfinit les priorités ». Le temps consacré à l'enfant entraîne nécessairement un réaménagement de l'emploi du temps mais peut-on en parler uniquement en termes de « charges » ? Ce serait nier le plaisir que comporte le fait de pouvoir s'occuper de son enfant et de sa famille. En outre, il n'est pas du tout certain que l'accomplissement de la dimension professionnelle passe par un investissement quasi exclusif, il s'avère en effet que les réussites remarquables s'appuient le plus souvent sur un épanouissement personnel et familial.

Confier mon enfant ? À qui ?

On m'a dit ...

On m'a dit que plus des trois quarts des mères travaillaient et que c'était un grand progrès social. Mais on m'a dit aussi que les jeunes enfants avaient énormément besoin de leur maman à la maison, surtout si, par chance, le papa gagnait bien sa vie ! ?

On m'a dit que, si je reprenais le travail, il vaudrait mieux mettre mon enfant dans une crèche collective parce que, là, au moins, il se socialiserait vite vu qu'il y en avait beaucoup d'autres.

Mais, on m'a dit aussi que, pour avoir une place en crèche, il était préférable d'y inscrire son enfant avant qu'il ne soit conçu et que, même comme ça, on n'était pas sûr du résultat.

Et puis, on m'a dit que, si on ne trouvait pas de place en crèche, il restait le « deuxième choix », c'était l'assistante maternelle ! Il paraît que les loupiots sont très bien chez une assistante maternelle mais que, des fois, on ne sait pas ce qui peut s'y passer dans la journée étant donné qu'on n'est pas là !

On m'a dit...

... Au secours ! Je n'en peux plus ! Quoi faire, Quoi choisir ? SOS... Je lance une bouteille à la mère !

Pour moi, ce matin, c'est le début d'une superjournée : je vais chez ma grand-mère ! J'ai cinq ans, normalement j'aurais dû être à l'école mais, aujourd'hui, c'est la grève. L'école est en grève ! Quand mes parents ils l'ont appris, ça a été la panique mais, aussitôt, maman a téléphoné à sa mère, qui est en retraite. Coup de chance, elle était libre ce jour-là !

C'était pas évident parce que mamie, depuis qu'elle est en retraite, elle fait plein de choses : de la gym, des promenades avec ses copines... On n'arrive plus à la voir !

Avant, quand elle travaillait, c'était plus facile parce qu'elle restait chez elle toute la journée, vu qu'elle était « nounou ».

En vrai, ça s'appelle assistante maternelle, mais « nounou » c'est mieux !

« Nounou », c'est un métier ! En plus, il paraît que c'est un métier nouveau, d'après ma mamie.

L'autre jour, j'ai entendu qu'elle en parlait avec maman.

J'ai pas compris grand-chose à ce qu'elle disait, mais j'ai tout entendu !

En fait, elles parlaient des femmes qui partaient travailler et qui étaient obligées de faire garder leur enfant.

Ma mamie, qui avait drôlement l'air de s'y connaître, disait qu'en 1970, les trois quarts des mères restaient chez elles pour s'occuper de leurs enfants... et qu'elles étaient comme la maman ourse dans Boucle d'Or *: elles n'avaient pas droit au grand bol !*

Le grand bol il appartenait à papa ours, maman avait le moyen... et les oursons n'avaient pas de bol ! Mais d'après mamie, les choses ont changé très vite dans les années 70, quand les mamans ont voulu le même bol que les papas !

Elles se sont mises à conduire des voitures, à partir au travail... enfin plein de trucs qui nous ont obligés à inventer des métiers et des maisons pour garder leurs enfants pendant ce temps-là ! Ça a commencé par les « nounous » (il paraît qu'elles ne sont considérées comme professionnelles que depuis 1977 ?), et puis les crèches, les haltes-garderies, enfin une foule de solutions qui n'ont pas arrêté de grandir et de changer.

Mamie elle a même dit que, maintenant, la mode c'était le « multi-accueil » : j'ai cru comprendre que c'était comme des grandes maisons où on pouvait mettre un maximum d'enfants, qu'ils viennent pour une heure ou pour la journée et que des gens passaient pour vérifier le taux de remplissage. Mais ça doit être plus compliqué que ça !

Enfin, vous voyez, ma mamie elle connaît plein de choses alors je suis supercontente d'aller passer la journée chez elle !

En plus, non seulement elle sait des choses mais elle fait de la magie !

Tenez, par exemple, pour manger le midi, quand elle n'a plus de boîtes de purée Mousseline, eh bien elle fait ça avec des pommes de terre ! ! ! Elle est géniale, ma mamie !

Tout le monde devrait essayer d'avoir une grand-mère... surtout quand l'école est en grève !

Pas simple du tout

Envisager de confier son petit est toujours un sujet délicat pour les parents, et surtout pour la mère qui a très souvent, dans le fond de son cœur, l'idée qu'une bonne mère est auprès de son enfant. L'idée de faire garder son enfant, avant même sa mise en œuvre, génère bien des états d'âme, y compris pour des femmes qui n'ont pas d'activité professionnelle. C'est terriblement normal.

De nombreuses alternatives en France

La France est le pays européen où les modes d'accueil des enfants sont les plus variés. De la crèche collective à l'assistante maternelle en passant par la halte-garderie et la crèche familiale. Sans oublier les grands-parents. Dans l'absolu, les parents sont face à un vaste choix, dans la pratique c'est moins net, compte tenu du nombre réduit de places dans les structures collectives.

Comment choisir ?

La recherche de ce qui serait le mieux pour l'enfant sera d'autant plus fructueuse que les parents seront sereins. Les critères subjectifs sont décisifs dans ces choix car des parents rassurés faciliteront beaucoup l'adaptation de leur enfant à cette première aventure en dehors de la maison. Le sentiment de la mère est capital, spécialement lorsqu'elle est culpabilisée ou triste de devoir exercer une activité professionnelle. Un mode de garde collectif est certainement moins difficile à accepter car il limite l'intimité de l'enfant avec une autre femme qui peut être enviée par la mère.

Le personnel de la petite enfance étant largement féminin, ce sera surtout pour la mère qu'il sera délicat de se forger une place confortable par rapport à ces nouvelles venues dans la vie de son enfant et la sienne. N'en sous-estimons pas la difficulté et l'enjeu.

Confiance

Quelle que soit la solution retenue, le principal est de se rassurer ; en commençant par penser les choses comme n'étant pas définitives. Gardons à l'esprit qu'il est toujours possible de reconsidérer la solution retenue, si celle-ci pose problème. Cela peut aller parfois jusqu'à remettre en question la reprise de l'activité professionnelle.

Le principal est de se faire confiance : à la fois dans sa capacité à vivre l'option retenue et dans sa capacité à en trouver une autre si besoin. Derrière un doute envahissant sur la capacité de son enfant à s'adapter, se cache parfois un doute sur sa propre capacité à supporter la situation ou une envie puissante et inavouée de s'occuper soi-même de son enfant. Si une marche arrière doit être faite, elle le sera d'autant mieux qu'elle ne sera pas regardée comme un échec mais comme une adaptation à un vécu inattendu.

L'entourage a son rôle à jouer pour tranquilliser et conforter les jeunes parents dans la formule qu'ils ont trouvée.

À l'évidence, l'amour des parents est unique et personne ne peut prendre la place de la mère. Tout le monde le sait, sauf les mères, bien entendu !

Comment se passera le retour de la maternité ?

L'arrivée d'un enfant dans un couple, qu'est-ce que ça change ?...

TOUT !

Vais-je arriver à m'en occuper ?

Le changement des modes de vie conduit actuellement à beaucoup plus d'isolement et l'on peut très bien arriver au seuil de la maternité ou de la paternité sans s'être familiarisé avec les soins prodigués aux jeunes enfants. La naissance de son propre enfant se présente alors comme une porte d'entrée vers un monde inconnu, éventuellement intimidant, une sorte de jungle habitée par un délicieux petit « Alien » édenté.

Coincés entre une artillerie lourde...

C'est une confrontation avec de la nouveauté : comment savoir ce qu'il faut faire, parvenir à le faire, se demandent très logiquement nombre de jeunes parents ? L'existence de tout un matériel spécialement dédié à cette étrange créature peut nourrir le sentiment de complexité : gigoteuse, nacelle, Kangourou, stérilisateur... Des mots nouveaux pour un équipement indispensable à acquérir et maîtriser ? Des magasins entiers y sont spécialement consacrés, en franchir la porte vous fait basculer dans « la galaxie » de la puériculture. Quel est l'équipement nécessaire pour vivre sur la planète bébé ?

et des spécialistes qui se contredisent...

L'univers de la petite enfance semble, de prime abord, gouverné par des gourous qui ne manquent pas, sinon d'annoncer l'apocalypse, du moins d'alarmer. Un allaitement à la demande est prôné par les uns... et vivement dénoncé par les autres. Il ne reste qu'à opter : entre soit rendre nerveux son bébé par une frustration superflue, soit lui inculquer de mauvaises habitudes alimentaires corsées de troubles digestifs ! Cette planète bébé est minée ! Des experts, médecins renommés pour la plupart, diffusent en continu des messages de prévention qui finissent par transformer l'inquiétude « normale » en angoisse.

...il manque le mode d'emploi du bébé

Le sentiment d'incompétence très légitime va se traduire par des interrogations concrètes : comment le porter ? Comment le tenir ? Est-il cassable ? Qu'acheter ? Face à cette foule de questions simples, il est utile de ne pas se laisser envahir. Chacune, aussi basique soit-elle, mérite d'être posée. Autorisons-nous simplement à la formuler ! Le suivi rapproché des naissances permet de rencontrer nombre d'interlocuteurs tout désignés mais parfois, une personne avisée et rassurante de l'entourage suffit.

Certes, l'aventure de la maternité et de la paternité fait entrer dans un monde inconnu. Mais il n'y a aucune raison de se déclarer inapte au voyage. Plutôt que de s'y lancer la peur au ventre en s'inquiétant de ne pas être à la hauteur, pourquoi ne pas plutôt faire confiance à ses capacités ?

En anticipant tous les problèmes de base, on verra que nombre de montagnes accouchent de souris. Si l'angoisse demeure, c'est qu'elle vient d'ailleurs, pourquoi ne pas saisir l'occasion pour la soigner ?

Est-ce que je vais l'aimer ?

Dans toutes les pages des magazines que je lisais avant d'accoucher, je voyais des bébés magnifiques : roses, souriants, la peau lisse... J'étais convaincue que les bébés étaient tous beaux et que le mien allait l'être encore plus que les autres !

Surtout, ne le dites à personne, je vais vous faire une confidence : quand il est né, je l'ai trouvé moche ! Il était tout rouge, tout plissé, en le regardant je ne voyais que des détails qui n'allaient pas !

Mais, autour de nous, tout le monde levait les bras au ciel : le personnel de la maternité, la famille... en s'exclamant :

« Qu'il est beau ! Il est formidable ! Il ressemble à... »

Moi, je conservais mon goitre au fond de la gorge ! Face à cette vague d'enthousiasme, à qui allais-je pouvoir confier ce que j'avais ressenti ? À personne ! L'idée même de l'évoquer m'était insupportable ! Peut-être que je n'avais pas ce fameux « instinct maternel » que toute bonne maman qui se respecte se doit de posséder d'entrée de jeu ? ? !

À propos d'entrée... au bout d'à peine trois jours on m'a fait sortir de la maternité vu que, sous l'angle médical, tout allait bien !

Alors, à la maison, avec ce bébé en face de moi, malgré la présence du papa qui, comme tout le monde, le trouvait superbe, je me suis sentie un peu seule !

Mais, rassurez-vous, l'histoire se termine bien car, au fil des semaines, j'ai fini moi aussi par penser la même chose et, aujourd'hui, je suis presque persuadée que mon petit est le plus beau du monde malgré ce démarrage plutôt difficile !

Longtemps l'amour n'a pas été le motif central du mariage. Il vient ensuite, disait-on. L'union de deux adultes par cet engagement a pu même, avant tout, un projet social d'alliance, une association d'intérêts, engendrant « naturellement » une descendance. La peur de ne pas aimer son enfant n'existait probablement pas dans les termes actuels. Cette peur peut surgir alors que l'enfant est vécu comme un projet très investi. Elle prend la forme d'une interrogation : « Aurai-je l'instinct paternel ou maternel ? »

Une question plus masculine

Pour le père tout particulièrement, la naissance s'apparente en quelque sorte à une rencontre avec une nouvelle petite personne inconnue. Il va à proprement parler « découvrir » son enfant. En s'y préparant, il peut s'imaginer avoir besoin d'un peu de temps pour entrer en familiarité, s'installer dans la relation et se reconnaître père. Cette « adoption » est une source de préoccupation normale car elle cristallise un questionnement plus vaste sur le fait de devenir parent.

Un doute soluble dans la réalité

Une fois le bébé devant soi, cette interrogation perd sa consistance et l'évidence du désir d'enfant s'impose : cet enfant est le sien, un point c'est tout.

Rassurons-nous, cette question est appelée à disparaître, inutile donc de s'y attarder. Il est préférable de s'atteler à celle qui lui répond, nettement plus vivace : est-ce qu'il va m'aimer ?

Est- ce qu'il va m'aimer ?

Cette question est nouvelle autant par sa fréquence que par son intensité. S'inquiéter de l'amour de son enfant à naître tient à une époque et une société où les enfants sont devenus extrêmement précieux. Une place sans précédent leur est donnée. Cette peur, impensable jadis, prend aujourd'hui une tonalité pour ainsi dire existentielle parce qu'elle touche, en fin de compte, au rapport au monde.

L'enfant au cœur du couple

De fait, la question même de l'amour a pris une place nouvelle et centrale. Jadis l'amour n'était pas nécessairement le propos déterminant du mariage, il s'agissait fréquemment de mariages arrangés ou favorisés pour des raisons de patrimoine. La transmission de terres, la garantie d'une situation, le maintien d'un statut social avaient fréquemment la priorité. Si l'amour accompagnait le projet, tant mieux. Dans ce cadre, avoir un enfant était « normal ». Il s'agissait de se reproduire, de poursuivre une lignée, pas nécessairement de couronner son amour. Les enfants naissaient et mourraient en bien plus grand nombre, « naturellement ». Les naissances arrivaient « logiquement » et souvent même un peu vite du point de vue des parents. On s'efforçait probablement de ne pas trop s'attacher à ce petit dont la survie n'était pas du tout assurée.

Aujourd'hui, les choses sont radicalement différentes puisqu'une place sans précédent lui est conférée, jusqu'à la haute mission de sceller le couple que le mariage ne remplit souvent plus à lui seul.

La venue d'un enfant dans le couple est largement vécue comme choisie et programmée en vue de constituer un événement majeur. « Va-t-il m'aimer ? » est une interrogation propre à ce nouveau contexte où le lien à l'enfant s'est extraordinairement intensifié... au point même de reléguer au deuxième plan le lien au conjoint.

Une porte ouverte au chantage affectif

Très vite, si ce n'est d'emblée, le bébé saisit cette attente anxieuse d'amour du parent. Elle lui donne un grand pouvoir qu'il peut prendre plaisir à exercer, en lui laissant croire qu'il ne l'aime pas. Le parent vulnérable peut se laisser douloureusement prendre à ce chantage affectif, y céder et... l'alimenter. On observe ainsi parfois des parents partageant leur lit pendant des années, incapables de résister à l'air si malheureux de leur petit qui « ne supporte pas de dormir tout seul » !

En somme cette question est très sérieuse mais on aimerait pouvoir en rire.

III – Au retour de la maternité : Une nouvelle vie ensemble à la maison

Faire sa place au bébé : surtout pas de ménage à trois !

Quelle place pour le bébé ?

Les adultes sont quand même bizarres ! Ils nous disent des choses à nous, les enfants, en pensant qu'on va les comprendre, alors que s'ils se les disaient entre eux, ça se passerait plutôt mal.

Tenez, un exemple : j'ai quatre ans et, depuis toujours, je suis « fils unique ». C'est super d'être unique mais, pour moi, hélas, ça ne va pas durer ! Le ventre de maman s'arrondit, bientôt on va être deux enfants à la maison.

L'autre jour, dans la cuisine, mes parents m'ont parlé de l'arrivée de la nouvelle venue en me disant : « Comme on t'aime beaucoup et qu'on ne veut pas que tu t'ennuies tout seul, on a fait venir une petite sœur ! ... » Bon, j'ai encaissé le coup, mais vous avouerez que, dit comme ça, c'est plutôt indigeste !

D'ailleurs, j'en ai eu la confirmation peu après, un soir, en surprenant une conversation entre mes parents également dans la cuisine (ils me croyaient dans ma chambre !). D'après ce que j'ai compris, papa était en train d'expliquer à maman le même truc que l'histoire de la petite sœur mais, là, ils parlaient d'eux.

Il essayait de lui faire comprendre qu'il l'aimait beaucoup et que, pour ne pas qu'elle s'ennuie, il envisageait de faire venir une deuxième femme à la maison. Enfin, c'était pas tout à fait ça, mais presque ! Aussitôt, maman s'est mise à pleurer et elle a été très en colère !

Moi, j'ai eu peur et je suis parti en vitesse me cacher dans ma chambre mais, quand même, je me suis dit que les adultes avant de dire des choses aux enfants, ils devraient se demander ce que ça donnerait si on leur disait à eux !

Dès le retour de la maternité, cette question s'impose, mais de façon très différente pour le père et la mère. Car, si le père peut estimer d'emblée que la place du bébé est dans sa chambre, il n'en va pas de même pour la mère, et pour cause. Le petit d'homme, lorsqu'il naît, est dans une dépendance immense, d'une certaine manière ; il est certes sorti du ventre de sa mère mais il n'est pas encore séparé de celle-ci.

Un temps de fusion nécessaire

À l'aube de sa vie, le bébé est en osmose avec celle qui lui a donné la vie. Il en va de même pour elle. Elle se préoccupe de son bébé immensément et semble polarisée sur lui au point de se détourner du monde habituel. C'est une période très particulière de fusion dans laquelle d'ailleurs la maman dit souvent « je » pour parler d'elle et de son bébé. Le « nous » ne viendra que dans un second temps. Cette période de profonde proximité risque de déconcerter voire d'inquiéter le père qui demeure à l'écart de ce rapprochement. Il est compréhensible qu'il ne ressente pas le besoin de sa femme de garder l'enfant tout près de lui et qu'il réagisse, au contraire, vivement à cette idée. Toutefois, il doit savoir que cette période très spéciale est non seulement absolument normale mais aussi indispensable au bon développement de son enfant. De la qualité de ces premiers moments partagés intimement avec sa mère dépend, précisément, la capacité de l'enfant à s'en détacher progressivement pour acquérir son autonomie.

Faire preuve de patience face à l'envahisseur

À peine le seuil de la maternité franchi, et le voilà omniprésent ce si petit bébé ! Il n'y en a que pour lui et il devient le centre du monde ! Il est fondamental de saisir le caractère transitoire de cette période pour garder en vue le moment où les deux parents vont se retrouver en tant qu'homme et femme. La durée de cette transition est variable mais les deux doivent accepter ce moment d'éloignement, convaincus de son caractère éphémère. La confiance en soi et en l'autre rendra l'attente des retrouvailles prochaines supportable. Cela épargnera certainement au père l'envie d'aller exercer ses talents ailleurs, comme si sa place était désormais prise par le bébé.

Fermer librement la parenthèse

L'horizon du rapprochement, la durée de l'éloignement appartiennent au couple, aucune idéologie ne saurait prescrire le moment où les deux se sentiront vraiment prêts à se retrouver. Invoquer le prétendu devoir du père de séparer la mère de l'enfant n'a pas de sens dans cette période, pas plus que le délai impératif à suivre pour des raisons soi-disant religieuses.

Lorsque les conditions le permettront, et qu'ils se sentiront prêts, les parents donneront au bébé sa juste place, en dehors de leur couple, ce qui se traduit, dans notre culture occidentale, par un lit en dehors de la chambre parentale. La parenthèse doit se refermer mais il est aussi fondamental qu'elle ait pu exister.

Qui fait quoi ? Les différentes manières d'être père et mère.

Cette question est relativement nouvelle et nos grands-parents ne se la posaient pas. Les tâches et les rôles étaient clairement établis et les divergences tenaient de l'originalité (personnelle ou sociale : un roi qui jouait avec ses enfants était chose si insolite et incongrue que cela a valu à Henri IV d'entrer dans l'histoire aussi pour ce motif). Désormais les rôles sont plus ouverts : la femme peut occuper un emploi et conduire, remplir la déclaration d'impôt, le père peut donner le biberon, se faire conduire, cuisiner.

Cependant, tout se passe comme si, lors de l'accès à la maternité, les rôles devaient être à la fois réinventés et répartis. À dire vrai, aujourd'hui, la référence aux modèles parentaux et familiaux ne va plus de soi ; elle n'est plus ni évidente, ni légitime. L'idée de faire comme sa mère ou son père est plutôt écartée d'emblée, consciemment tout du moins.

Une moindre différenciation des rôles dans le couple.

Les couples d'aujourd'hui se bâtissent à partir de rôles en partie indifférenciés du point de vue du masculin et du féminin, et ce, d'autant plus que l'un et l'autre ont déjà été vécus de façon autonome auparavant. Il a appris à repasser ses chemises et elle à bricoler. À la fois dans les mentalités et dans les conditions concrètes de vie, la mixité se développe. On observe à présent des couples de jeunes actifs qui s'établissent sur des bases largement unisexes. Cependant l'arrivée de l'enfant remet fondamentalement en cause la distribution des rôles et, plus intimement, le sentiment de féminité et de masculinité.

Par nature, la grossesse inscrit la femme dans sa féminité et la jeune mère a bien des chances de se sentir partagée entre un engagement professionnel modelé sur le masculin, le souci de ne pas se laisser enfermer dans un rôle féminin déprécié... et une aspiration à prendre une place clairement féminine sur le plan personnel. On notera d'ailleurs que les femmes elles-mêmes sont surprises des changements de cap qu'elles opèrent soudainement et radicalement une fois devenues mères. Incontestablement, l'accès à la maternité et à la paternité pose la question du féminin et du masculin avec une force sans précédent.

Richesse de la différence et de la liberté

« La femme qui se croit intelligente, se veut l'égale de l'homme. Celle qui l'est y renonce », assure malicieusement l'écrivain Colette. Certes, le danger d'écraser les pères sous les charges familiales paraît assez bien maîtrisé... et la vigilance impérative pour considérer, valoriser et alléger la part assumée par les mères. Cependant, évitons un piège puissant et pernicieux : faire du couple et de la famille un champ de la bataille homme/femme ! En rivalisant sur un modèle unisexe centré sur l'égalité on court le risque de se priver des richesses de la différence et de la singularité.

Il y a beaucoup à gagner à entretenir et approfondir la féminité et la masculinité dans le couple et la famille. Il reste à s'affranchir du regard extérieur pour s'autoriser son originalité : pourquoi pas un homme qui fait de la décoration et une femme de la menuiserie ?

La place qu'ils sont prêts à prendre... celle qu'elles sont prêtes à leur laisser

La distribution des rôles amène des questions de territoires et il est logique que cela suscite, de temps à autre, des frictions. Le terrain familial et parental a longtemps été à la fois le pré carré des femmes, il n'est pas si simple de le partager. La cuisine est un bon exemple, on ne saurait la regarder que comme une corvée. Pour laisser la place, une souplesse certaine est requise. À l'inverse, la place que les pères sont capables de prendre est aussi variable. On s'amuse souvent de la différence de menu lorsque papa est aux fourneaux !

C'est tout ce qui fait le charme, l'intérêt et la nécessité de la différence, sous réserve bien entendu de respect, reconnaissance et valorisation mutuelles.

Un séisme pour la sexualité.

Ouf ! Ça y est ! On est rentrés tous les trois de la maternité et je vais passer ma première nuit dans cette belle maison qui m'attendait depuis des mois !

J'ai vu en entrant que mes parents m'avaient même préparé une chambre pour moi tout seul, avec un lit et du papier peint qui sentent le neuf et des mobiles au plafond ! Tu parles ! Pour ce qui est de me faire dormir dans cette chambre, ils vont toujours pouvoir attendre, et je suis même armé pour les faire patienter le plus longtemps possible.

Il faut quand même être un peu sérieux : il y a quelques jours encore, j'étais dans le ventre de maman ! J'en suis sorti, d'accord, mais c'est quand même là que je dois être, tout contre son ventre, blotti dans son odeur. Papa et maman sont crevés par leur journée. Ça tombe bien, moi aussi.

Alors... on va au lit... tous les trois ! La seule place possible pour moi, c'est entre eux, dans ma bulle avec maman. C'est super, dans le lit, papa se coince au bord et nous laisse le terrain. Ça démarre bien et, en plus, ça ne fait que commencer !

Je sais que, dans quelques semaines, quand papa essayera de se rappeler doucement de maman avec un sourire au coin des lèvres, elle s'éloignera juste un peu de lui en disant : « Attends qu'il n'y ait pius le petit... »

C'est précisément pour cela que je ne suis pas près d'aller dans ma chambre toute neuve. Je suis tellement bien entre eux !

Les questions de sexualité ont longtemps été taboues, tout particulièrement pour les femmes qu'il s'agissait de « préserver » jusqu'au mariage. Rappelons-nous combien la virginité a pu faire l'objet d'un enjeu majeur ! Peut-être d'ailleurs autant pour la famille et la société que pour l'intéressée (si tant est que l'on puisse dissocier ces aspects). Une révolution des mœurs et des mentalités s'est véritablement opérée en France au point que le sujet de la sexualité, jadis soigneusement évité, est désormais, en apparence, sorti de l'intimité. La presse générale et, plus encore la presse féminine justement, s'est mise à en parler couramment, en des termes terriblement clairs. De secret, voire, dans certains cas extrêmes, interdit ou diabolisé, l'épanouissement sexuel paraît aujourd'hui pour ainsi dire.. obligatoire. Cette sphère éminemment personnelle est impliquée par essence dans la transformation du couple en famille, que l'enfant soit « biologique », adopté ou non.

À l'heure où une place de choix est reconnue à la sexualité, il est pour le moins légitime que la venue d'un premier enfant éveille de vraies peurs concernant les conséquences sur la vie sexuelle des deux parents. Celles-ci sont diverses et certainement différentes pour les hommes et pour les femmes, elles prendront d'ailleurs des visages variés pour chaque personne : peur de ne plus désirer, de ne plus être désirable, de ne plus en être capable, d'être délaissé(e) au profit du bébé, surtout s'il est de même sexe...

On a déjà abordé les inquiétudes liées à l'accouchement et aux transformations du corps de la femme au long de la grossesse. Penchons-nous désormais sur la période qui suit la naissance, un passage certainement sensible mais à même de bien se franchir.

Les tout-premiers temps : une période à part, pause prévisible

Le nourrisson mobilise le corps de sa mère, qu'elle l'allaite ou non ; il mobilise en fait son être tout entier. On a pris soin d'insister sur la nécessité et la fécondité de cette période d'osmose tant pour l'enfant que pour la mère (ou la personne qui occupe cette fonction). Le fait est que cette période est peu propice à la reprise de l'intimité des deux parents, d'autant plus qu'elle se teinte de fatigue et de chambardement.

Le père peut se sentir tenu à l'écart de l'étroit duo ou se sentir momentanément troublé par la facette maternelle que sa femme dévoile. Un peu de temps peut lui être nécessaire pour recontacter le registre féminin dissimulé, à ses yeux, par le nouveau registre maternel. Aller se faire confirmer ailleurs sa virilité n'est pas indispensable ! La connaissance d'écarts risque d'atteindre la confiance dans un moment où elle est le plus nécessaire.

Une pause ne signifie pas une rupture. Dans certains cas, l'allaitement a pu brouiller quelque peu les repères pour l'un comme pour l'autre, de même qu'un corps encore fortement sous le signe de la maternité. Un déphasage n'est pas impossible et l'un peut être très demandeur sans que l'autre le soit. En parler est essentiel pour déjouer le piège de l'incompréhension ou tout simplement des idées fausses. N'hésitons pas non plus à recourir aux professionnels croisés autour de la grossesse qui les démonteront très vite, ils aborderont sans gêne ce sujet parfois lancinant et prodigueront des conseils de bon sens.

Une parenthèse à refermer

Du temps est nécessaire pour que la pause se termine. Sa longueur est variable mais on ne saurait en faire l'économie. Reprise trop tôt, par devoir, pour se conformer au désir de l'autre, (parfois même au regard social intériorisé), la sexualité peut être bousculée et virer à la contrainte, comme le vin au vinaigre. Surtout lorsqu'elle est cantonnée dans sa fonction de procréation et que le but est atteint. À l'horizon se profile le « service rendu » en lieu et place du plaisir librement et généreusement donné. À l'inverse, interrompue trop longtemps ou sans perspective affirmée de reprise, elle peut alimenter un vécu d'abandon nuisible à la relation de couple et à la confiance en chacun de soi. Comme si la maternité et la paternité condamnaient la vie sexuelle. Il est bien connu que des couples se brisent sur cet écueil comme si la place prise par l'enfant se révélait inconciliable avec la poursuite de la vie amoureuse. Gare aux oiseaux de mauvais augure qui se consolent de leur échec personnel en le présentant comme une fatalité ! La vraie question à se poser est élémentaire : quelle est la place donnée à l'enfant, et non prise par lui. La réponse n'est évidem ment jamais simple mais elle a le grand avantage de souligner le rôle actif de chacun dans sa sexualité.

Retrouver ou trouver une vie intime en couple : mission possible et plaisante

On ne niera pas que la présence du bébé réduit les siestes langoureuses, les grasses matinées ou les escapades romantiques. Raison de plus pour faire preuve d'imagination et de motivation. Faire de la vie privée du couple une priorité n'a rien d'égoïste, bien au contraire, c'est un facteur de santé non seulement des deux parents, mais aussi, et peut-être même surtout, de l'enfant. Plutôt que de signer le déclin d'une relation profondément privilégiée, l'enfant incarne alors la réalisation d'un désir mutuel et bien vivant... même s'il n'est pas toujours synchrone. Une place autrement plus légère et enviable.

Pour la flamme du désir, qui comme la flamme du soldat inconnu s'entretient, l'imagination et le sens du jeu sont d'excellents combustibles. Rien n'empêche, le cas échéant, de se faire aider pour se pencher sur ses difficultés, avant qu'elles orientent le couple vers un compagnonnage amical subi.

De fait, l'impact de l'arrivée d'un enfant sur la vie sexuelle d'un couple est réel puisqu'une nouvelle vie s'ouvre et que de nouveaux repères doivent être pris. Les choses seront immanquablement différentes, pourquoi ne pas se faire confiance en en parlant pour les vivre ensemble, au mieux ? L'intimité du couple sera nourrie de cette expérience commune unique de la venue d'un enfant qui lie par définition sensualité et parentalité. Il est vivement souhaitable et tout à fait possible de préserver ce lien. Par définition, l'accès à la maternité et à la paternité permet un épanouissement de son identité sexuelle. Un séisme pour la sexualité : oui, tout en gardant à l'esprit la fertilité remarquable des terres volcaniques.

Bébé : mode d'emploi

Il pleure, qu'est-ce qu'il a ?

On dit spontanément que le bébé « pleure », ce qui indique bien l'interprétation spontanément malheureuse que l'on fait de ses cris. Pour être plus neutre on pourrait plutôt parler de vocifération. Comme il excelle ce tout-petit à donner de la voix ! Gare aux oreilles ! Et comme il est délicat de trouver la bonne réponse à ce qui prend la valeur d'un message. À moins que ce soit un appel au secours ? « Il pleure, qu'est-ce qu'il a ? » se demandent très justement les parents.

Un mode d'expression d'une insatisfaction

Les cris sont le premier moyen pour le bébé de communiquer que quelque chose ne va pas. La difficulté est précisément dans la variété des insatisfactions envisageables. Manque de compagnie ? Trop de bruit ? Soif ? Fatigué ? Mordu par un cobra ?... Les cris signifient toujours quelque chose, et parfois quelque chose de très grave, il est donc primordial d'y être vraiment attentif. La dépression du nourrisson existe et des pleurs prolongés peuvent l'indiquer.

Un mode d'expression à décrypter et moduler

Le cri est une manifestation, il est donc fondamental de l'entendre en allant toujours voir ce qu'il en est. Pas nécessairement à la seconde. Un écueil réside dans l'engrenage lorsque les cris fonctionnent comme signal d'alarme permanent. Si les cris sont tous entendus comme des signaux de détresse, le bébé se voit offerte la possibilité de transformer ses simples besoins en urgence sanitaire. Mais s'il crie uniquement de fatigue, une intervention d'urgence a toutes les chances de l'empêcher de trouver le sommeil, cela calmera cependant momentanément le feu de l'angoisse parentale. Le jeu du pompier pyromane n'est pas loin lorsque le parent s'affole tant aux cris de l'enfant qu'il ne lui laisse même pas le temps de les pousser. Il se précipite vers lui et sa présence anxieuse les redouble.

Préparer la voie de l'apprentissage de la frustration

La frustration fait grandir. Elle fait partie intégrante de la vie et commence avec elle. En laissant attendre, très peu, le bébé, on l'introduit doucement. Être bien attentif sans se laisser tyranniser évite les deux attitudes extrêmes. La première consiste à négliger les cris, au nom éventuellement de principes pédagogiques forts, la seconde à refuser la possibilité d'une insatisfaction du bébé.

Une astuce permet à chacun de trouver ce qu'il juge supportable et souhaitable. Après s'être assuré de la sécurité du bébé, on pourra se donner un petit temps avant de retourner pour une deuxième investigation ou action. Les cris du bébé peuvent être une simple expression de fatigue et ils s'arrêteront d'eux-mêmes avec le sommeil. En revanche, s'ils redoublent, alors il devient nécessaire de s'en préoccuper plus avant. Chacun fixera son nombre de minutes avant la deuxième intervention. Pourquoi ne pas les consacrer à une relaxation éclair, une tisane ou un chocolat. On fera mieux face à la pression du regard de l'entourage, qu'il soit adressé avec l'envie de vous faire un sermon sur les mérites de l'éducation à la dure, ou encore avec l'œil réprobateur d'un bon citoyen prêt à vous dénoncer aux organismes de protection de l'enfance.

Les cris de l'enfant nous renvoient, au fond, à notre impuissance, c'est peut-être pour cette raison qu'on a longtemps préféré les passer sous silence. On en connaît désormais la valeur de signe, de même qu'on a appris à reconnaître la souffrance que les tout-petits peuvent exprimer. Entendons-les sans nous affoler.

Est-ce qu'il mange bien ?

Les enjeux de santé et d'amour sont si intimement mêlés dans la question de l'alimentation que les parents y sont très sensibles. Cette préoccupation est peut-être d'ailleurs la première de toutes et elle traduit aussi la prise en charge par le parent de la santé du nouveau-né. La question « est-ce qu'il mange bien ?» recouvre très probablement une interrogation profonde du parent sur ses capacités à prendre soin de son enfant ; l'aspiration a bien assurer son rôle.

Chacun trouve sa réponse en fonction de sa propre histoire

Que signifie « bien manger » ? Assurément pas la même chose selon qu'on est périgourdin ou breton, d'une famille simple ou d'une famille de classe moyenne. Bien manger pour les uns équivaut à mal manger pour les autres. Respectons ces différences, personne ne saurait imposer aux autres sa manière de faire. Il n'y a pas une vérité en la matière.

Une information disponible qui permet de manger sainement

Le développement des connaissances de nutrition et leur large diffusion permettent aujourd'hui d'être conscient des enjeux de l'alimentation. La variété extraordinaire des produits alimentaires disponibles dans notre pays permet d'en tirer parti sans renier son style alimentaire, ce qui reviendrait à perdre une part importante de son identité.

Du fait de la dimension d'amour liée à la nourriture, l'inquiétude est souvent disproportionnée. La médecine l'a compris et le suivi du poids des bébés s'est beaucoup assoupli, tout en restant très sérieux. Rassurons-nous, l'organisation régulière du suivi des bébés saura détecter un éventuel problème.

Il existe de petits et de gros mangeurs, soyons certes attentifs mais détendus sur ce sujet essentiel. Il en va de la qualité du moment partagé à l'occasion du repas. Inutile de risquer d'être régulièrement dévoré par cette inquiétude.

Allaiter ? Le libre choix, la place du père.

Pensée du jour :

*Il vaut mieux donner un biberon avec amour
que le sein en téléphonant.*

Après tout ce n'est qu'une question de choix, fondé sur l'information qui nous est donnée (en espérant qu'elle sera ouverte et ne cherchez pas à nous influencer !)

Le ressenti de chaque maman, les moyens de tous ordres dont elle dispose… et, dans tous les cas, le vrai choix fait par une femme est toujours le bon puisque c'est le sien.

Inutile d'insister sur les grands avantages de l'allaitement, les lobbies proallaitement s'en chargent très bien… trop bien ! Même s'ils sont fondés, les arguments mis en avant risquent de culpabiliser profondément des femmes qui n'auraient pas la volonté ou la possibilité d'allaiter. Le cœur de cette affaire est et doit rester le libre choix. Un allaitement plus ou moins contraint est hypothéqué d'avance. Comment s'épanouir mutuellement dans ce corps à corps s'il n'est pas désiré ? Mais si la décision est prise, en toute liberté, l'affaire n'en est pas si simple pour autant.

Allaiter : ça s'apprend

Allaiter n'est pas facile et cela vaut d'être su. On part tellement du principe que l'acte est instinctif qu'on passe sous silence le besoin de formation. Les professionnels rencontrés autour de la naissance sauront prodiguer les conseils nécessaires. Aussi, est-il pleinement légitime d'oser demander de l'aide pour apprendre à allaiter. Si le temps passé à la maternité est trop bref, des sages-femmes pourront venir à domicile pour assurer cet apprentissage qui peut prendre un certain temps. La patience est probablement le secret de cette entreprise qui ne prend son sens que dans le plaisir.

Un regard ambigu du papa

L'allaitement permet une telle intimité entre le bébé et la mère qu'il brouille les repères antérieurs. Le sein, objet érotique par excellence dans notre société, se mue en garde-manger ! Qui plus est dans une intimité avec l'enfant dont le père est sorti. Sa place dans l'affaire n'est pas évidente alors qu'il se sentirait certainement beaucoup plus important en donnant le biberon.

Le spectacle du nourrisson se régalant avidement sans aucune retenue ne peut laisser indifférent. Pas encore question de décence à cet âge-là, mais quel spectacle quand même que ce nourrisson ivre de plaisir, bouffi, émettant des grognements de plaisir et laissant s'échapper un filet de lait de sa bouche goulue ! Difficile de ne pas comprendre le regard en coin, visiblement mitigé du **papa** ! Il se joue là des enjeux qui ont leur résonance dans la sexualité, ne nous voilons pas la face. Il est donc tout à fait compréhensible que le sujet préoccupe à l'avance.

Un choix fort qui ne signifie pas pour autant l'esclavage

Opter pour l'allaitement est engageant, ne serait-ce que corporellement. Cependant, il ne contraint en rien à l'extrémisme et rien n'oblige la mère à se sentir assujettie à son nourrisson. Le sein peut se donner à peu près n'importe où grâce à un châle. Le lait maternel se congèle, en le tirant on se donnera une souplesse appréciable. Les biberons peuvent prendre de temps à autre le relais. Quoi qu'il en soit, il est important de parvenir à une réelle fluidité dans cet acte qui doit devenir simple et agréable. Aucune raison, même médicale, ne justifie de serrer les dents pour tenir le plus longtemps possible ; lorsque le plaisir se tarit pour la mère, il est alors temps de penser à terminer l'allaitement.

Le moment délicat de l'allaitement : son interruption

L'arrêt de l'allaitement doit être décidé le plus sereinement possible par le père et la mère, il s'échelonne sur une période plus ou moins longue qui permet à l'enfant et à sa mère de se sevrer l'un de l'autre paisiblement. Attention aux décrets, l'impact psychologique est important ! Laissons les discours qui attribuent au père la mission de séparer la mère de l'enfant pour favoriser le repérage du moment adéquat par les trois intéressés. Le bébé peut signifier qu'il est prêt à passer à autre chose, la mère peut avoir ou non l'envie d'arrêter, le père peut souhaiter ou non que l'allaitement se poursuive...

C'est en somme une question de couple qui réclame d'être formulée et discutée, son importance ne doit pas être sous-estimée. Le père peut, par exemple, se sentir exclu, la mère brusquée... une tristesse ou un ressentiment regrettable peuvent résulter d'une interruption abrupte.

Gare aux regards extérieurs qui donnent à la mère le sentiment d'être jugée si elle n'allaite pas assez ou trop longtemps ! Pour s'en détacher il suffit de comparer les pratiques dans des pays différents : la diversité est la norme.

Allaiter est une expérience hors du commun qui se pose aujourd'hui comme un choix. Il est fondamental que ce choix soit libre pour tenter une aventure qui s'inscrira, immanquablement, comme un temps fort de la vie de la mère... et du père.

Je m'inquiète de tout ! Comment savoir si tout va bien ?

Quand je pense qu'il y a encore des gens qui croient que les pédiatres sont des médecins qui soignent les enfants ! Même moi qui suis une petite fille de six mois, je sais bien que c'est le contraire. Les pédiatres, c'est des médecins qui soignent les parents !

Quand on sent qu'ils s'inquiètent trop, on se fait un petit asthme, une petite rhinopharyngite ou encore plein d'autres choses pour les envoyer voir le pédiatre, histoire qu'ils aillent mieux.

Tenez, moi, je viens d'avoir le problème. Depuis plusieurs semaines je voyais ma mère de plus en plus inquiète. Alors j'ai eu une idée géniale. Je me suis mise à pleurer jour et nuit sans m'arrêter et c'était de pire en pire !

Un matin, enfin, maman a craqué. Il faut dire qu'elle n'arrivait même plus à dormir à cause de mes pleurs et qu'elle était au bord de la dépression. Elle m'a mise dans ma poussette et a filé chez le pédiatre.

Arrivée dans son cabinet, elle lui a dit : « Docteur, il faut absolument faire quelque chose. Je n'en peux plus. Ça va faire quinze jours qu'elle pleure sans arrêt et je n'arrive pas à savoir pourquoi ! ! ! »

... Calmement, le pédiatre a observé ma mère, vu son visage déconfit et, aussitôt, s'est tourné vers moi en me lançant : « Je te remercie du beau travail que tu as fait pour m'amener ta mère. Maintenant, je m'en charge, ça va s'arranger. Tu peux arrêter de pleurer ! »

Ouf ! Quelle chance ! Enfin un qui avait compris mon message. En quelques minutes, mes pleurs ont cessé. Ma mission était terminée. À présent, c'est à lui de se taper le boulot et il avait l'air très compétent !

Note des auteurs : Cette histoire peut vous paraître invraisemblable et totalement inventée, or, il n'en est rien. Avec d'autres du même tonneau, elle a été vécue et nous a été relatée par un très grand pédiatre exerçant à Roubaix : le docteur Maurice Titran (à qui nous tenons à rendre hommage à travers ces quelques lignes).

Le changement de mode de vie et de la structure des familles a coupé le fil d'une transmission des savoirs fondamentaux qui jadis était assurée, sans qu'on y pense, par le simple fait de vivre ensemble. On voyait tout bonnement comment on s'occupait des nombreux petits enfants. La question d'apprendre ne se posait pas. Désormais, le jeune parent, même s'il est déjà avancé dans la vie, se trouve fréquemment démuni face à son bébé. Tout est à apprendre et cela ne va pas sans une certaine angoisse car les informations nécessaires et basiques font défaut. Elles sont, de fait, si élémentaires que les spécialistes ne pensent pas à les diffuser.

De plus, les progrès médicaux et technologiques génèrent un discours savant, supposé rassurer mais, dans les faits, il peut également inquiéter parce qu'il fait apparaître des problèmes potentiels auxquels on n'aurait même pas songé.

En somme tout est susceptible de paraître compliqué et déroutant à propos de ce tout-petit si dépendant et si fragile, livré sans mode d'emploi. Cette inquiétude tous azimuts est très naturelle et compréhensible. Prévenons-la pour l'endiguer et la résoudre !

Anticiper toutes les questions qui peuvent surgir, aussi simples soient-elles

Comment le tenir, le nourrir, le changer, l'habiller, l'abreuver... ? Autant de questions primordiales qu'il est bon de s'autoriser à poser le plus tôt possible. Il suffit d'oser formuler tout ce qui préoccupe aux interlocuteurs croisés dès le début de la grossesse pour dissiper une bonne part de l'inquiétude. En allant chercher des informations simples qui permettent d'improviser des réponses à la carte, on évacuera nombre de questions qui, si elles demeurent sans réponse, risquent de devenir lancinantes.

Comprendre ce qui peut alimenter l'inquiétude

La reconnaissance de nos angoisses est importante car elle limite le risque de débordement. Il est salutaire que la personne concernée s'attache à identifier ce qui les nourrit, que ce soit dans sa personnalité, son histoire personnelle ou familiale ou dans le climat environnant. Une grande attention doit être accordée au tempérament, une personne anxieuse trouvera dans son bébé un objet privilégié et durable de focalisation de son inquiétude. Un pédiatre avançait avec humour que la bonne dose de sirop à prescrire... est celle qui calmera la mère.

Lorsque l'inquiétude prend des proportions démesurées, il est important de se faire aider pour la soigner et éviter l'effet boule de neige bien connu. Une personne fragilisée et hypervigilante peut très facilement induire une dynamique angoissante, dans laquelle tout devient source de problème.

S'épauler mutuellement

Rechercher les éléments anxiogènes de l'environnement et les écarter est un excellent pli à prendre et à garder. Il convient ensuite de veiller à se rassurer mutuellement dans le couple pour éviter de s'angoisser mutuellement... En se débarrassant de nombreuses questions superficielles, on libère la place pour aborder sereinement les vraies qui se posent.

On peut tout à fait se faire confiance. Dans les rares cas de réel problème, le danger s'impose au bon sens et l'on agit, au plus vite, sans s'encombrer de doutes superflus.

La méthode maison : élaborer sa propre recette

Je suis bombardée de conseils ! Au secours !

Face à l'inconnu que représente l'arrivée d'un bébé, les jeunes parents se sentent souvent désemparés. Ce sentiment d'incompétence est très normal compte tenu des changements multiples qui accompagnent cet événement historique de leur vie. Il était certainement moins présent jadis lorsque l'on vivait moins isolé, dans des familles plus nombreuses où l'on s'imprégnait, sans même s'en apercevoir, de la manière dont on s'occupe des petits enfants. Cette transmission de savoir-faire, de génération en génération, fait aujourd'hui défaut et il s'agit désormais de les acquérir. Cela ne va pas sans appréhension car la mission est belle, on ne peut plus engageante : prendre la responsabilité d'un autre être tout petit, dépendant et si aimable !

Un fort sentiment d'incompétence mis à profit par des spécialistes donneurs de leçons

À l'approche du challenge de la maternité et de la paternité, un fort sentiment d'incompétence s'abat trop souvent sur les athlètes. Curieusement, les spécialistes censés venir en renfort, nourrissent parfois ce manque de confiance en soi au lieu de l'apaiser.

De fait, le conseil aux parents connaît une expansion sans précédent et le doute des parents représente un véritable fond de commerce. Le « coaching parental », un des derniers-nés de cette déferlante indique bien, ne serait-ce que par son nom, la manière dont les parents sont considérés : comme des personnes à guider, orienter. Au fond, sans aller jusqu'à faire ouvertement la morale, ces conseils de spécialistes se donnent pour objectif de dire aux parents ce qu'ils doivent faire.

Des parents bons ou mauvais élèves

L'époque n'est plus à l'imitation ou à la reproduction de la génération précédente. La plupart du temps, les grands-mères n'osent plus présenter fièrement leur expérience comme une référence. Même si le produit magnifique est la femme ou l'homme exceptionnels dont on a l'honneur d'être le conjoint.

Il en résulte l'avantage de laisser au jeune parent la place d'inventer sa propre formule, de la créer, mais aussi le désavantage de le placer dans une situation où il est supposé réinventer son rôle à partir de rien. La question tend à se transformer en affaire de spécialistes, comme si les proches étaient par définition des interlocuteurs inadéquats.

Les jeunes parents, hésitants pour la grande majorité, vont alors s'exposer à une pluie de conseils autorisés. Dans ce domaine, le dogmatisme est pour ainsi dire la règle. D'innombrables conseils péremptoires sont, en effet, doctement délivrés par des personnes jouissant d'une grande notoriété (médicale ou scientifique de préférence) qui font en somme figure de maîtres à penser ou de théoriciens. Le parent en finit par élever son enfant selon les préceptes du docteur X ou du professeur Y, plutôt qu'à sa propre manière !

Les contradictions de discours péremptoires et culpabilisants

Quand bien même les arguments entendus emporteraient son adhésion, le jeune parent a peu de chances de trouver la sérénité et la confiance puisqu'il va, trop souvent, se heurter à des avis contradictoires défendus avec la même autorité. La tétine fournit un cas d'école : proscrite par certains car elle déformerait les dents ou retarderait le langage, elle est prescrite par d'autres. Elle serait alors un moyen de faciliter la digestion et d'apaiser. À quel saint se vouer ? On ne sait vraiment plus sur quel pied danser !

Comment ne pas être déconcerté face à ce défaut de cohérence et de convergence ? La plupart du temps, chaque théoricien est foncièrement convaincu de sa méthode et s'emploie à miner les méthodes rivales avec ardeur et habileté. Le parent attentif, en quête d'informations, se retrouve, en définitive, noyé dans des avis contradictoires au risque de perdre sa confiance en lui. L'interrogation initiale, légitime et fertile par essence, aboutit alors soit à la perplexité teintée de culpabilité, soit à la dépendance. Chaque nouvelle question réclame alors d'aller chercher l'avis autorisé.

Le parent est transformé en consommateur de formules toutes faites délivrées par des prescripteurs. Si vous vous trouvez dans cette attente, lâchez immédiatement l'ouvrage que vous tenez dans les mains, son but est l'inverse.

Il n'est, pour autant, pas raisonnable de nier le réel besoin d'information des jeunes parents au nom d'un prétendu « bon sens inné ». L'instinct maternel ou paternel tient de la chimère et il est bien utile de se documenter pour apprendre par exemple ce qu'il faut faire en cas de fièvre ou d'érythème fessier. Ou encore de glaner des idées pour faire face à un moment d'épuisement.

Ouvrir des pistes

Pour survivre au bombardement de conseils sans renoncer à ses questions, il est essentiel de chercher scrupuleusement à conquérir son autonomie et à la conserver. Le parent est le maître d'œuvre de son propre jugement et doit le rester. Il profitera de pistes auxquelles il n'avait pas toujours pensé et l'acquisition d'outils simplifiera l'élaboration de sa propre réponse. Il est vrai qu'aucune formule préconçue n'aura la pertinence de celle qu'il se sera composée sur mesure, en fonction de son histoire, sa personnalité, sa philosophie et ses convictions. En définitive, chacun fera ce qu'il pourra ou désirera. Si cette évidence doit être rappelée, c'est parce que l'aspiration à être le meilleur parent du monde tenaille bien des jeunes parents zélés. Le devoir qu'ils se font d'exceller dans leur nouveau rôle tourne vite à la mission impossible. Privons-nous d'un cercle vicieux d'insatisfaction défavorable à tous !

L'essentiel est que le parent parvienne à se sentir bien dans la manière qu'il adopte et qu'il s'y reconnaisse. Il pourra alors s'épanouir dans sa nouvelle identité, au plus grand bénéfice de son enfant, de l'autre parent et de l'environnement dans son ensemble.

Se faire confiance dans sa capacité à relever le défi

Avant toute chose, le jeune parent doit se convaincre de son potentiel à faire face à la situation nouvelle. Il dispose déjà de capacités et pourra en développer d'autres pour répondre à l'inconnu à traverser. « Croire dans son potentiel » est le socle sur lequel construire sa vie de parent... et sa vie en général d'ailleurs. Il est donc sage de s'éloigner de ce qui mine ce socle afin de se rapprocher de ce qui le renforce. Rien n'oblige à subir les mises en garde angoissantes d'une mère ou d'une belle-mère anxieuse, ni à se laisser déposséder de sa place toute neuve par un proche expérimenté qui se positionne en expert !

Si l'accès à la maternité ou à la paternité s'accompagne d'une crise majeure qui fait vaciller le jeune parent, il est salutaire que l'intéressé le reconnaisse et se prenne en charge en faisant la démarche de se faire aider.

Souplesse, humour et ouverture pour une autonomie souriante

Tels sont probablement les tours de main primordiaux de l'art de créer sa propre réponse. Devenir parent n'est pas sorcier, d'ailleurs, des milliards d'hommes et de femmes y parviennent ! Raison de plus pour se rassurer sur sa capacité à y arriver. Gardons à l'esprit la chance incroyable que cela représente !

Prendre sa place de parent auprès de ses propres parents.

Pensée du jour à décliner à l'infini :

Le rôle essentiel des grands-parents,
c'est de ne pas être les parents !

Devenir parent, c'est recevoir des responsabilités, adopter un rôle nouveau, tenu jusqu'alors par définition par ses propres parents. Comment alors trouver sa place de parent vis-à-vis de ses parents ? La question est à la fois simple, fondamentale et délicate, car elle signifie la recomposition d'un équilibre familial antérieur solidement ancré. Le jeune parent se trouve face au défi de conquérir, lui aussi, cette place de parent. Tout en restant aussi l'enfant de ses parents. Subtil.

Le risque de déléguer

Le jeune parent fragile peut reculer devant le cap à franchir et chercher une issue dans la délégation. Après tout, ses propres parents, expérimentés et avisés sauront, eux bien élever le petit !

Sans en arriver à cette extrémité, dans bien des cas, le jeune parent se soucie naturellement de devenir un « bon parent », le meilleur du monde *a priori*.

Face à des parents sûrs d'eux et débordants parfois de conseils, se sentir soi-même capable peut devenir à la limite du possible, surtout si les grands-parents ont du mal à céder du terrain.

Conquérir sa place d'adulte

Acquérir sa place de parent revient aussi à conquérir sa place d'adulte puisqu'il s'agit de se dégager de sa place d'enfant. Rien d'évident, notamment lorsque les grands-parents doutent ouvertement des capacités de leur enfant à accéder à ce statut de parent. Cela peut s'opérer ouvertement, sur le mode corrosif de la disqualification *a priori*, avec des propos comme « *Tu n'as pas la fibre maternelle* » ou « *Je ne te vois vraiment pas papa* ». Ou encore sur un mode plus insidieux de dépossession, sous couvert de protection : « *Tu n'as pas le temps de t'occuper d'un enfant* », « *Appuie-toi sur nous, toi qui es fragile...* »

S'affirmer sans inverser les rôles

La conquête de la place de parent est parfois si nouvelle et forte que les grands-parents se voient subitement transformés en élèves ignares auxquels conseils et mises en garde sont abondamment et vivement dispensés. Le jeune parent, nouvellement converti, risque d'oublier un peu vite qu'il a affaire à des personnes avisées, adultes de surcroît. L'humour de la situation peut même parfois lui échapper, tant la mission de veiller sur son enfant est jugée de la plus haute importance. Un cadeau inestimable que certains aimeraient pouvoir parfois refuser.

Souplesse et humour de part et d'autre préviendront le risque de s'infantilisation des grands-parents.

Répartition des rôles : qui commande ?

Comment rendre compatible la fonction nouvelle de parent et la place antérieure d'enfant ?

Par une délimitation des territoires et un accord sur les situations intermédiaires. Chacun gère ses affaires comme il l'entend dans ses domaines propres, aucune raison de se voir dirigé dans sa vie professionnelle, par exemple, ou ses choix de vie. À plus forte raison dans sa vie de couple.

Et pour les enfants justement ? En se rappelant tout bonnement que lorsque les parents sont là, c'est à eux que revient la fonction parentale. Les anciens parents sont devenus des grands-parents ! Leur confier les enfants signifie toutefois leur faire confiance pour exercer cette fonction, par procuration. Les grands-parents ne sauraient être du personnel de service dont le travail est contrôlé, téléguidé, inspecté. Gardons-nous aussi de la rivalité malsaine : « *Ton papa n'aime pas cela mais moi je suis gentille, je veux bien. Comme il n'est pas là j'en profite pour t'acheter le jeu vidéo qu'il te refuse.* »

Ni concurrence, ni dépossession mutuelle, mais une répartition des places ferme... et souple.

Trouver sa place de parent vis-à-vis de ses parents est bien un enjeu majeur.

Une nouvelle vie

Comment préparer la reprise du travail ?

Comme les mères, à une certaine époque, ont quitté leur emploi pour garder leur enfant, la reprise du travail est trop considérée comme un moment délicat. De fait, celle-ci implique de faire garder son enfant, ce qui soulève souvent de vraies questions. Pour la mère tout particulièrement. Mais, une fois l'idée adoptée, il reste à créer les meilleures conditions pour la réaliser. Il est d'usage de désigner ce cap comme un premier temps de séparation, ce qui est dommage car cela sous-entend une rupture nécessairement difficile et à laquelle aucune mère ne peut songer sereinement.

Confier son enfant : une mise au monde à accompagner

Mettre son bébé en nourrice signifie une seconde naissance. Prévoir l'anticipation et l'accompagnement permettront que cela se passe plus en douceur. Cela mérite d'y consacrer un peu de temps ; les professionnels de l'enfance le savent et proposent désormais aux parents et aux enfants « une période d'adaptation ». Cette acclimatation par étapes assure une transition progressive d'après un schéma élaboré en fonction du besoin d'accompagnement. Loin de « travailler la séparation », ce temps accompagne le lien : à la fois entre l'enfant et les personnes qui vont s'en occuper, entre les parents et celles-ci et entre l'enfant et les parents. L'existence des parents est rappelée à l'enfant lorsque celui-ci est chez sa nourrice ou à la crèche, lors de moments où on les évoque en commentant des photos de famille par exemple. Le lien entre l'enfant et ses parents est prioritaire et soigné par ces professionnelles.

En outre, rien n'empêche un parent inquiet (tant pour son petit que pour lui) de demander un programme progressif. Il aura peut-être beaucoup de difficultés à partir la première journée. Cela sera plus facile de jour en jour.

Un accompagnement singulier pour chaque histoire

Chaque enfant est unique et un parent peut rencontrer des difficultés à confier son deuxième enfant alors qu'il n'en a pas connu pour le premier. Une période d'adaptation est profitable pour chaque nouvel enfant.

Reconsidérer le partage des tâches

La reprise du travail entraînera des changements majeurs d'emploi du temps. Il faudra y penser à l'avance, en réajustant la répartition des charges. La souplesse des deux parents est une ressource précieuse à susciter dès que possible, pourquoi pas à cette occasion ?

Reprendre le travail représente un cap qui sera d'autant plus facile à franchir qu'il aura été anticipé. On sera alors en mesure de l'apprécier comme une étape de croissance et d'ouverture.

M'aimera-t-il encore si je le confie ?

J'ai de la chance parce que, comme ma mère a été obligée de reprendre le travail après son congé maternité, elle m'amène tous les matins chez une dame qui habite à côté de notre maison.

Son métier, ça s'appelle « nounou ». Il y a deux autres enfants avec moi et, tous les trois, la dame on la trouve supergentille. Elle nous sourit, nous chante des chansons, nous donne à manger... de quoi nous rendre la journée agréable.

Donc, pour moi, tout va bien, ou presque. Le seul moment difficile, c'est le matin, quand maman elle me laisse chez elle et qu'elle part au travail ! Là, je sens bien que, dans la tête de maman, ça ne se passe pas bien. Elle a les yeux rouges, me dit au revoir, moi, pour la rassurer je fais un grand sourire à la nounou et la porte se referme. Mais, cinq minutes après, maman elle revient en disant qu'elle a oublié son parapluie !

Et tout recommence : le « au revoir », le deuxième sourire à la nounou, la porte se re-referme... et, cinq minutes plus tard, maman qui réapparaît encore en disant qu'elle avait oublié de signaler qu'elle sera un peu en retard ce soir.

Moi, je ne comprenais pas pourquoi elle ne partait pas en une fois mais, heureusement, un des deux autres enfants m'a tout expliqué. Il m'a dit que sa mère aussi, elle faisait comme la mienne au début et qu'il avait fini par trouver la combine pour qu'elle s'en aille : il fallait pleurer au moment où elle allait fermer la porte pour qu'elle puisse partir rassurée en sachant que je continuais à l'aimer toute la journée et que je n'allais pas préférer la dame !

Et il avait raison... ! J'ai pleuré un peu, juste le temps que la porte se referme et tout est rentré dans l'ordre et on a tous passé un bon moment en attendant son retour.

Comme quoi, même quand on est bébé, il y a des trucs à savoir pour rassurer ses parents !

Confier son enfant n'a rien d'évident et une certaine préparation peut être nécessaire, on l'a vu. Toutefois, même une fois l'idée acceptée, sa réalisation est une petite aventure. La peur de perdre l'amour de son enfant est parfois chevillée au corps. La question est donc absolument normale.

Passer le cap à merveille : une réussite à double tranchant

Un doute pénible resurgira avec une vigueur remarquable lorsque la garde se passera au mieux. Le petit ne dit plus au revoir, il se jette au cou de la nounou, fait grise mine quand on vient le chercher : angoisse ! Comme s'il la préférait !

La subtilité de cette question tient justement au fait que le succès de cette étape pour l'enfant peut justement créer une difficulté pour le parent : il en aime une autre !

L'amour ne se fractionne pas

Dans le royaume de l'amour, les lois de la comptabilité ordinaire n'opèrent pas. Sortons donc du système mathématique de la division et de la soustraction. L'amour porté par l'enfant aux personnes qui s'occupent de lui n'est pas de même nature que l'amour porté à ses parents. Le premier ne retire rien au second.

Tout le monde le sait, sauf les parents, bien entendu ! Chassons l'inquiétude : non seulement l'enfant aimera encore sa maman et son papa lorsque sa garde se déroulera bien, mais son amour gagnera en liberté et donc en profondeur.

Comment concilier vie parentale, vie professionnelle et vie personnelle ?

Dans les articles consacrés au « Devenir parent », la question de la vie personnelle est rarement présente. Comme si cet aspect n'existait pas. Dès la sortie du travail, on serait d'emblée parent. Pourtant, la place réservée à la vie personnelle est à considérer soigneusement, sans culpabilité. Il en va, en effet, de l'espace que chacun préserve pour continuer d'être lui-même, en dehors de son rôle de parent. De là découle la possibilité de continuer à être une personne singulière avec ses centres d'intérêt et ses besoins. Or c'est précisément cette personne, passionnée de rock, de cuisine ou de marche en montagne, qui a séduit l'autre. Elle doit rester vivante pour nourrir la conjugalité du couple.

Les parents sont en premier lieu un couple et doivent veiller à le rester

Se soucier de sa vie personnelle évite de s'engouffrer dans la parentalité aux dépens de la vie de couple. Chacun en tire des bénéfices : l'enfant en premier lieu. Lorsqu'il a face à lui un homme et une femme qui s'aiment, prennent du temps ensemble, sans lui, il trouve sa juste place de fruit de cet amour. La force des liens familiaux pousse l'enfant à tenter de capter l'amour de chaque parent. S'il y parvient, car le parent ne résiste pas, c'est qu'une place trop grande et, surtout, trop centrale lui est accordée. Donner à son enfant une priorité qui devrait revenir à son conjoint le dessert et déstabilise le couple. L'enfant n'a pas à se situer sur le même plan que ses parents, encore moins à les porter. Il va sans dire que ce schéma lui octroie de prime abord un premier rôle flatteur mais, sur le fond, miné et minant pour tous.

Maintenir l'enfant à sa juste place

Il est nécessaire de mettre l'enfant à la place qui lui revient, ce qui demande de ne pas laisser inoccupée la place du partenaire, y compris, et peut-être surtout, lorsqu'elle n'est prise par personne. Un engagement vivant en dehors de l'enfant préserve une ouverture et un équilibre en cas d'absence de conjoint. Bien des choses peuvent tenir ce rôle qui empêche de faire couple avec son enfant : des amitiés, un engagement pour une cause, une passion pour la lecture, la nature...

Quoi qu'il en soit, les parents ne « laissent pas tomber » leur petit lorsqu'ils se donnent du temps sans lui. Bien au contraire, ils le tournent vers le monde et le préparent à grandir.

Un défi plus difficile pour la mère

Sans aucun doute, l'entretien de la vie de couple requiert motivation et créativité. Les contraintes professionnelles et familiales sont si envahissantes ! Raison de plus pour en faire une priorité.

La difficulté est certainement plus grande pour la mère car elle est pour ainsi dire aimantée par son enfant et surchargée de tâches familiales. Il revient alors au père de l'aider en favorisant la réalisation de moments privilégiés... et à la mère d'accepter de revoir ses priorités.

Le risque de se laisser envahir par son enfant est réel ; il est présent par essence, le cerner et le prévenir assurent des fondations solides tant pour le couple que pour l'enfant. Gardons-nous aussi de nous laisser dévorer par le travail ou quoi que ce soit d'autre. L'équilibre se cherche et se cultive !

Les prisonniers de la planète bébé : s'occuper aussi de soi en tant qu'homme et femme

Pour des raisons précédemment évoquées, les changements de mode de vie et la place de l'enfant ont considérablement évolué. Au point qu'il tendrait à devenir le pivot de la famille. Le risque de rester en orbite autour du bébé est d'époque mais bien réel.

Une planète bébé qui a sa raison d'être

La période qui suit immédiatement la naissance est très particulière. Un nouveau monde, centré sur le bébé, a pour ainsi dire révolutionné l'ancien. Il est normal et vivement souhaitable que les parents, et la mère en tout premier lieu, soient transportés dans cette nouvelle galaxie au point d'en perdre parfois le contact avec le cours ordinaire du monde. L'actualité du bébé a remplacé celle des agences de presse internationales : il a souri ! Il a bu son biberon d'un trait et fait son rot ! Les parents vivent si fortement cette phase d'osmose qu'un spectateur extérieur peut s'en amuser (ou s'en irriter). Cette période est passagère.

Se décentrer du bébé sans culpabilité

Découvrons aussi rapidement que possible que bébé n'est pas le centre du monde, ni du sien, ni encore moins de celui des autres. Accordons-nous du temps pour reprendre le fil de notre vie d'adulte. Gardons en les différentes facettes : amicale, sportive, associative, culturelle ou mycologique... à chacun les siennes. Quelques aménagements permettront de retrouver et d'entretenir à la fois un espace à soi et une ouverture relationnelle. Quoi de plus vivifiant ? Le bébé prendra sa juste place et les parents retrouveront leur identité propre. Ils restent M. et Mme Vigne, même s'ils sont devenus le papa et la maman de Constantin.

Même lors d'un congé parental !

Pour l'enfant comme pour les parents, l'ouverture est bienfaisante, que l'on exerce ou non une activité professionnelle. Savourons le plaisir d'un passage chez le coiffeur ou d'une promenade à bicyclette. Le fait de ne pas avoir de salaire ne justifie aucunement de s'interdire ces pauses salutaires dont toute la famille bénéficiera. D'ailleurs des haltes-garderies sont conçues pour les permettre. La solidarité de l'environnement s'active, instaurons au plus vite un réseau d'entraide sympathique.

La planète bébé est un espace-temps extraordinaire, la découvrir est une expérience fantastique. En revanche, y rester captif est problématique à double titre : le bébé est entretenu dans l'illusion d'être au cœur de l'univers et l'inévitable retour sur terre risque d'être chaotique. S'accorder un espace à soi, en tant que personne et en tant que couple est un objectif majeur.

IV – La première année : Sa Majesté le bébé

En orbite sur la planète bébé

Est-ce que je l'aime trop ? Je ne pense qu'à lui, même au travail !

Hier, à la maison, on a fêté mon premier anniversaire. Un an, c'est pas rien ! J'étais fier, et toute ma famille était là… même mon papa que je ne vois pas souvent parce qu'il travaille beaucoup !

Le matin, quand il s'en va, je dors encore et, le soir, au moment où il rentre, je dors déjà. Du coup, je me pose une foule de questions : Est-ce qu'il m'aime ? Est-ce que ce ne serait pas à cause de moi qu'il est tout le temps parti ?

En clair, comme tous les enfants, je passe mon temps à me demander si mes parents m'aiment et, vu l'absence de mon papa, j'en doute ! L'idéal, pour moi, pour me rassurer, ce serait de faire une vérification d'amour !

Heureusement, je vais à la crèche et je me suis fait un bon copain qui est vieux, il a deux ans ! C'est un redoublant ! Normalement il aurait dû partir à l'école maternelle mais comme cette année-là il n'y avait pas de risque de fermeture de classe, les enseignants avaient décidé de ne pas prendre les enfants avant trois ans ! coup de chance pour moi ! Le « vieux » c'est un sage, il a beaucoup d'expérience !

Quand je lui ai parlé de mon besoin de vérification d'amour à propos de mon papa, il a tout de suite trouvé une solution. Il m'a dit : « Moi aussi, je me pose souvent la question. Alors, pour être rassuré, c'est très simple, il suffit de lui faire peur ! S'il a peur pour toi, c'est qu'il t'aime, s'il n'a pas peur il faut recommencer l'expérience ! »

C'était lumineux mais, quand même ça manquait de précisions. Je lui ai demandé comment il s'y prenait, concrètement, pour faire peur à son papa, et il m'a répondu : « Chez moi, il y a un petit escalier qui mène au grenier. Quand je veux faire une vérification d'amour, j'attends que mon père soit là, je monte quatre marches, je m'arrête au milieu et je hurle ! C'est génial ! À chaque fois, mon père arrive en courant, me prend dans ses bras, me fait redescendre dans la salle de séjour et dit à maman qu'il faut absolument mettre une barrière au pied de l'escalier pour m'empêcher de tomber ! Comme je sais qu'ils n'auront pas le temps de mettre la barrière, je suis complètement rassuré : le mois prochain, je pourrai de nouveau me servir de l'escalier pour que mon père me montre à quel point il m'aime ! »

Son exemple n'était pas tombé dans l'oreille d'un sourd : moi aussi, à la maison, j'ai un escalier ; donc, le soir même, je pourrai faire la même chose ! Dès le retour de mon papa, j'ai fait comme mon copain : arrêt au milieu des marches, hurlements Illico, mon père est arrivé en courant, il a appelé maman et très fier lui a dit : « Regarde, c'est super, il arrive à monter tout seul ! » Un bide !

Le lendemain, à la crèche, j'ai traité mon copain de tous les noms en lui expliquant que sa méthode était nulle ! Mais comme il avait réponse à tout, il m'a répliqué : « C'est normal, c'est juste parce que les adultes, ils n'ont pas tous la même définition de la sécurité ! Ton père, c'est un sportif, donc, pour lui, assurer ta sécurité c'est te permettre de prendre des risques calculés, le mien il est très anxieux et il est prêt à déclencher un signal d'alarme dès qu'il me voit monter sur un petit banc ! Toi, pour faire ta vérification d'amour, il faut que tu essaie une autre technique ! Tiens, par exemple, quand ton père il rentre le soir à la maison, qu'est-ce qu'i demande à ta mère ? »

J'ai réfléchi, et la réponse est venue toute seule : « Il demande un seul truc, c'est : Est-ce qu'il a bien mangé ? »

Là, le copain a été catégorique : « Eh bien le problème est réglé ! La solution est simple : tu ne manges pas... quand ton père est là ! » De plus, il m'a apporté quelques précisions, quelques raffinements qui, à coup sûr, allaient rendre la méthode encore plus efficace. Il m'a dit : « Attention, surtout le midi, il faut bien manger à la crèche pour ne pas mourir de faim ! Et, l'idéal, c'est d'adorer manger à la crèche les plats que tu détestes le plus chez tes parents et t'arranger pour qu'ils s'en parlent ! Moi, par exemple, je déteste les tomates en salade ! À la crèche j'en prends deux fois ! Tu verrais la tête de ma mère, le soir, quand la "tatie" lui raconte ça ! ! ! »

Armé de toutes ces informations, j'ai renouvelé l'exercice le soir même. Ça tombait à pic : papa, pour se détendre, avait prévu de me donner à manger de la purée ! Il m'a installé dans ma chaise, mis un bavoir et m'a tendu une cuillère pleine à ras-bord ! En fermant résolument la bouche et en oscillant la tête de gauche à droite, j'ai montré que je n'en voulais pas, que je refusais sa purée !

Fabuleux ! Je n'imaginais pas qu'il m'aimait à ce point-là ! Il est presque devenu vert et, vidant en partie la cuillère, il l'a retendue vers moi en disant : « Juste une demi-cuillerée ! » De nouveau ma bouche s'est fermée et ma tête a oscillé, cette fois-ci de droite à gauche. De toute évidence : c'était niet ! Là, le visage de mon père a viré au vert olive et j'ai été pour longtemps rassuré : Il m'aimait ! ! ! Je n'imaginais même pas qu'il puisse m'aimer à ce point-là ! ! !

Par prudence, afin d'en être totalement convaincu, j'avais quand même bâti un projet : j'allais faire la « grève de la faim » pendant trois jours. Ça me paraissait jouable et efficace. Mais il y a eu un rebondissement dans l'histoire ! Le lendemain, ma grand-mère est allée chez le docteur pour faire renouveler son ordonnance contre le cholestérol et, dans la salle d'attente, elle est tombée sur un article de journal qui avait pour titre : « L'anorexie mentale ».

Comme mon père, la veille au soir, lui avait téléphoné pour lui faire part de son inquiétude, suite à l'affaire de la purée, elle s'est empressée de découper l'article (en toussant, pour ne pas que le docteur entende ! coup de chance, elle était seule).

Après la consultation, elle est arrivée en trombe chez mes parents en brandissant le précieux document, et ainsi, confortablement installé dans mon fauteuil, j'ai pu voir simultanément mon père, ma mère et ma grand-mère lire avec avidité l'article sur l'anorexie étalé sur la table de la cuisine !

Un nouveau monde s'ouvrait à moi : maintenant, j'étais convaincu qu'ils m'aimaient tous et, surtout, je venais de prendre conscience du pouvoir extraordinaire que donnait sur ma famille le fait de refuser de manger !

Je m'en souviendrai longtemps et, dès qu'une vérification d'amour sera utile, je ne manquerai pas d'en faire usage !

Il fut un temps où la question de l'amour occupait une place très différente dans la formation de la famille. Elle est devenue centrale, pour le couple en premier lieu, mais aussi par rapport à l'enfant. À tel point qu'à l'époque actuelle l'attachement par excellence serait celui qui lie les parents à l'enfant.

La mise au monde d'un enfant initie une nouvelle vie autour de cette rencontre extraordinaire. On se découvre alors sous un autre visage. S'ouvre habituellement une période, très particulière et primordiale, d'osmose, tout spécialement entre la mère et l'enfant. Cette phase transitoire a pu être qualifiée par des spécialistes de « folie maternelle primaire ». Sa puissance et son étrangeté ont toutes les raisons de surprendre le parent. Intéressons-nous à la démesure des sentiments que nous inspire le bébé.

Excès d'amour ?

Il y a quelque chose de fondamentalement troublant dans cette passion inaugurale qui fait figure, à certains égards, de coup de foudre. Mais, gardons bien présent à l'esprit que cette période absolument « normale » est passagère. Demeure la question de la force de l'amour qui, heureusement, subsiste. Peut-on trop l'aimer ? Rassurons-nous, on n'aime jamais trop un enfant à condition de lui laisser une part d'autonomie convenable et donc adaptée à chaque âge. L'autonomie affective de l'enfant et celle du parent est la priorité.

L'amour se heurte à une vraie limite : la dépendance. Aussi, cherchons d'emblée à ne pas le rendre dépendant. Le besoin d'amour mutuel toxicomaniaque enferme en ouvrant la porte au chantage affectif dont la dynamique redoutable n'est pas près de s'épuiser.

Le bébé est passionnant, laissons-nous emporter, pas enfermer.

Concilier son rythme et celui de la famille.

Une naissance pose logiquement la question de conciliation des rythmes du nouveau-né et de la maison. Le bébé a son rythme et la famille en a d'autres, comment mettre au point l'alchimie qui les rendra compatibles ?

Au tout début : priorité aux besoins biologiques du bébé

L'aube de la vie est un moment très particulier où le bébé est dans l'urgence de besoins biologiques impérieux. Cela requiert de se conformer à cette primauté en adaptant la vie des parents de manière à les satisfaire. Ah, les nuits et leurs pauses restauration ! Cependant, s'il est normal que, dans un premier temps, les rythmes biologiques du bébé dictent le tempo de la vie des parents (de la mère surtout), cette période est vouée à s'effacer à la faveur d'un mode de vie conciliable avec les rythmes sociaux de la famille.

Harmoniser les rythmes biologiques et les rythmes sociaux

Assez vite, les rythmes biologiques du bébé trouvent leur place dans la vie de la famille. Le sommeil est une affaire de santé pour le nourrisson, prenons en grand soin en allant vers une répartition régulière. Visons la bonne humeur et une socialisation précoce évitant les décalages qui compliquent l'existence. La nuit est un temps de repos et le jour un temps d'activité, l'enfant va s'y inscrire. Cette structuration du temps est essentielle, on en oublie qu'elle ne va pas de soi (sauf peut-être quand les adolescents prennent leur petit déjeuner à 14 heures). Elle inaugure d'autres cadrages fondamentaux.

Respect mutuel et non dictature

Pourquoi caler une famille entière sur un nourrisson sous prétexte que son besoin de téter tombe au même moment que le dîner ? Le couvre-feu est-il de rigueur pour toute la maisonnée à l'heure de la sieste ? Considérons conjointement les besoins du bébé et de la vie familiale, on trouvera des compromis harmonieux. Le risque d'isolement des jeunes parents est en jeu. Rendre compatible des veillées animées d'adolescents et le sommeil d'un bébé requiert réflexion, créativité et souplesse... de part et d'autre.

Passé le tout début de la vie, le rythme du bébé est appelé à se fondre dans les rythmes sociaux, sans jamais oublier sa spécificité. Une alchimie respectant ses besoins et ceux des autres existe. Ni pestiférés, ni dictateurs, les petits ont leur merveilleuse place dans la vie de famille.

Bébé, nombril du monde : la vie passionnante de bébé...

Pour toutes les raisons que l'on a déjà vues, dans notre société, l'enfant est devenu à la fois si rare et si précieux qu'on lui attribue une place sans précédent. Il tend à devenir le nombril du nouveau monde de ses parents. Pourtant si, dans un premier temps, l'immersion dans la « planète bébé » est primordiale, indispensable et normale, elle doit cependant être passagère. Gare à l'envahissement de soi et de son couple en premier lieu, mais aussi des autres et du reste du monde !

La vie de mon bébé est-elle passionnante ? Voilà une question à se poser, tant dans son intérêt que dans celui de l'enfant. Jetons les bases de sa juste place.

Lorsque la préoccupation tourne à l'envahissement mental de soi... et des autres

L'enfant tient une place importante dans notre cœur et dans notre esprit de parent ; néanmoins, il faut éviter de se laisser envahir. Une fois passés les tout premiers temps, la vie doit pouvoir reprendre son cours. De la sortie de cette période de fusion initiale dépend la possibilité de donner sa juste place à l'enfant. Veillons aux difficultés que peut éprouver le parent – la mère le plus souvent – à opérer cette transition.

Libre à chacun(e) de trouver, à l'occasion, des interlocuteurs bienveillants pour débattre des avantages comparatifs des petits pots et de la purée maison ou entendre les derniers épisodes palpitants de cette relation. Respectons la disponibilité de l'entourage, la lassitude n'étant pas à exclure. Amusons-nous avec cette dame qui souriait des sempiternels « bulletins quotidiens de la couche-culotte » dressés par sa chef de service ! Gardons-nous du soliloque, il nourrit l'isolement.

Prévenir l'enfermement... dans l'intérêt de l'enfant, aussi

Soyons sincèrement à l'écoute de la disponibilité et de la réceptivité des collègues, amis et parents ; le risque d'importuner et de lasser est réel. Les fausses interrogations d'une jeune maman destinées à susciter l'admiration : est-ce normal qu'il saute déjà aussi haut ? Est-il précoce, surdoué, ou hyperactif ?... (Vivant tout simplement... mais j'ai mon train à prendre !).

Veiller à rester ouvert au monde

Protégeons nos proches, évitons les questions qui pourraient, éventuellement, les lasser. Peut-on encore parler d'un autre sujet ? Peut-on envisager une sortie ou un dîner sans l'enfant ? S'autoriser à en profiter sans nécessairement ressentir le besoin de parler encore de lui ? N'est-ce pas vivifiant ? Je ne l'ai pas abandonné ! Pas de culpabilité, l'autonomie est à l'horizon.

Tendons alors l'oreille aux signaux que ne manqueront pas d'émettre ceux qui profitent de l'invasion : responsables hiérarchiques, collègues, parents, amis... et conjoint !

... Même la nuit !

Un drame dans ma vie vient de se produire, peut-être un deuil : papa a décidé de récupérer sa femme ! Depuis plus d'un an, pour moi, tout allait bien : mes parents avaient installé mon lit dans leur chambre, à côté du leur et même, de temps en temps, j'avais le droit de revenir dormir entre eux, comme au début !

Mais, aujourd'hui, c'est un vrai cataclysme ! La décision de papa semble irrévocable : à partir de ce soir, je dors dans ma chambre, un point c'est tout ! Bien sûr, en me mettant au lit, ils m'ont fait le coup de la petite histoire, de la lampe bleue qu'on laisse allumée, de la porte entrouverte... mais quand même, je n'en menais pas large !

En plus, pas longtemps après, j'ai entendu des bruits bizarres qui venaient de leur chambre, des bruits que je ne connaissais pas avant ! Vous avouerez qu'il y a là de quoi être inquiet ! Heureusement, comme je vais à la crèche, quand je traverse des situations difficiles, je peux prendre conseil auprès des copains. Surtout qu'il y en a des plus vieux qui ont déjà fait beaucoup d'expériences.

J'ai profité d'une réunion où on nous avait tous installés côte à côte dans un Baby Relax pour exposer mon cas. Aussitôt, l'un des vieux (je crois qu'il a presque deux ans !) m'a confié avoir été confronté au même problème et trouvé une solution formidable pour que les choses rentrent dans l'ordre : pleurer !

Il m'a dit : « Tu vas voir, c'est très simple, pour retrouver ta place dans la chambre de tes parents, tu pleures et ça marche à tous les coups ! C'est obligé, parce que c'est une question de "zoreilles". Papa et maman, ils n'ont pas les mêmes "zoreilles" : maman, elle a des "zoreilles" faites pour ne pas entendre un marteau-piqueur dans la rue, mais entendre quand tu te retournes dans ton lit... alors que papa, lui, il a des "zoreilles" faites pour dormir ! Pleure dans ta chambre le plus longtemps possible et, après, il n'y a plus qu'à attendre ! »

Je n'étais pas vraiment sûr du résultat mais, après tout, ça ne coûtait rien d'essayer ! Ce que j'ai fait le soir même. J'ai accepté d'aller dans ma chambre, je les ai laissés faire les bruits bizarres, j'ai attendu un quart d'heure pour qu'ils se reposent... et je me suis mis à pleurer très fort !

Eh bien ça a été un succès immédiat ou presque ! Maman avec ses « zoreilles » en éveil a tout de suite entendu, elle a réveillé papa qui dormait déjà et lui a dit : « Tu entends ? Le petit, il pleure ! ! ! » Mais, à ce moment-là, l'affaire a failli mal tourner car papa a juste ouvert une paupière et a répondu :

« Quand il en aura marre, il s'arrêtera ! », puis il s'est rendormi.

Coup de chance, mon conseiller, à la crèche, avait envisagé cette situation et m'avait prévenu : « Si ça se produit, continue le combat, il y en a des plus résistants que d'autres mais ils finissent toujours par lâcher. »

J'ai donc persévéré dans l'effort, pleurant de plus en plus bruyamment, et le fait est qu'au bout de dix minutes maman a re-réveillé papa mais, là, elle n'a pas réussi : il ronflait ! Illico, maman a eu une excellente idée : « Je vais le faire dormir entre nous, ça va le calmer ! » Initiative géniale car dès que je me suis retrouvé dans leur lit (c'est-à-dire à ma place !) j'ai arrêté de pleurer et je me suis assoupi.

Mais, quelques minutes plus tard, alors que je ne dormais pas encore tout à fait, j'ai assisté à une scène étonnante : papa s'est réveillé de nouveau, a ouvert l'autre paupière et, en me voyant a dit : « Qu'est-ce qu'il fait là ? »

Papa est quelqu'un de très important, il travaille beaucoup, et le lendemain il avait une réunion capitale à son bureau ! En clair : il fallait qu'il dorme ! Alors, il est sorti de son lit et a grommelé : « Je vais dormir dans le canapé du salon !... »

J'ai failli crier de joie, mais je me suis retenu, pour ne pas trop attirer l'attention ! De toute façon, j'avais gagné... et pas qu'un peu, parce que le lendemain, après dîner, papa, qui est quelqu'un de très prévoyant, a dit à ma mère : « Je suis sûr que ce soir il va encore recommencer son cirque, alors je préfère dormir dans le salon pour bien me reposer ! Demain matin, réveil à cinq heures ! »

Ma jubilation était à son comble mais, une fois encore, je me suis contenté de savourer ma victoire en silence... en attendant la suite !

La nuit est une question délicate pour tous les parents qui doivent traverser une période où leur sommeil est interrompu par les réveils de leur bébé. « Quand va-t-il enfin faire ses nuits ? », s'interrogent, impatients, les jeunes parents. Des cernes autour des yeux, des gestes au ralenti et maladroits en disent long sur leur fatigue. Un sentiment aigu de dépendance colore cette expérience dont la fin n'est pas particulièrement redoutée mais vivement attendue un certain temps. Que faire ou ne pas faire pour que les nuits du bébé ne virent pas au cauchemar des parents ?

La nuit : rythme biologique et social fondamental

Le rythme biologique du bébé est une priorité absolue à respecter pour une croissance harmonieuse et sereine. Les besoins de sommeil sont grands mais peuvent varier selon les enfants. Ainsi, il existe de petits et de grands dormeurs. De fait, le petit humain a besoin, au tout début de sa vie, d'être alimenté et changé à intervalles rapprochés. Les ouvrages de puériculture fournissent les informations utiles à ce propos.

Sur le plan social, la nuit apporte aussi un rythme fondamental qui marque des moments bien différenciés. Ce repérage nuit/jour participe à l'organisation de la journée et de ses activités et dégage un temps réservé aux adultes. Il est capital que l'enfant s'y inscrive pour structurer son rapport au temps et à l'espace (les adolescents ne manqueront pas d'en rappeler l'enjeu).

Vers de vraies nuits : les conseils de grand-maman gardent leur actualité !

Il pleure ! Qui y va ? Après les soins appropriés et la vérification que tout est en ordre, le parent regagne son lit. Mais voilà bébé qui pleure de nouveau ! Il n'est pas simple de trouver sa manière d'être et de faire. Le prendre dans son lit ? L'endormir dans ses bras ? Voilà une pause assurée mais terriblement temporaire. Un jeu relationnel glissant a de fortes chances de s'établir : bébé pleure et obtient la présence de ses parents, ceux-ci tentent de s'esquiver mais ils sont rattrapés, une fois encore, par les pleurs. Certains se débarrassent du problème en adoptant la curieuse théorie du lit familial. Forfait déclaré !

Avant de s'échiner à sortir de cette ornière, autant s'efforcer de ne pas s'y engager en utilisant de vieilles astuces qui ont fait leurs preuves.

La chambre doit être identifiée comme un lieu calme, ne la transformons pas en terre d'exil. C'est un lieu de repos qui doit être considéré comme tel, l'enfant l'associera alors non à la punition, mais à l'apaisement et à la détente qui préparent au sommeil. Les rituels de transition vers le sommeil ont leur importance, mais ils doivent tolérer une certaine souplesse. Le jour où l'on reçoit de la visite, par exemple, le plaisir de chanter une chanson, de lire un livre ou d'aller chercher un verre d'eau, risque de devenir un réel problème.

Prévenons les peurs nocturnes en quittant la chambre alors que l'enfant est encore éveillé. La nuit est apprivoisée et ne signifie pas l'abandon.

Les pleurs du bébé doivent être entendus afin de s'assurer que tout va bien. Trouvons ensuite un compromis entre notre propre capacité à supporter les pleurs et le besoin de l'enfant. Se donner quelques minutes permet souvent de trouver une issue dans le sommeil.

Le vide de la nuit, un espace pour développer la capacité à être seul et grandir

La nuit est en creux par rapport au jour, on peut la regarder à la fois comme un vide et comme une enceinte sécurisante. Vue sous ce premier angle, il s'agira de le combler indéfiniment, au risque de voir l'angoisse surgir. La nuit est, certes, propice à de nombreuses peurs, toutes légitimes : le noir, l'abandon, la mort. Ces peurs se modulent grâce à l'ingéniosité de parents confiants.

La nuit est aussi un temps où la créativité peut se déployer dans la rêverie et le rêve. L'enfant qui s'approprie ses nuits fait un grand pas vers l'autonomie, il différencie son rythme et celui des adultes et apprend à se les représenter en leur absence. Il se construit en somme son espace intérieur propre dont il aura tant besoin pour grandir.

La nuit prend, petit à petit, sa place de temps d'apaisement et de séparation temporaire, aussi indispensable que bénéfique. C'est une question de santé, d'équilibre et de liberté des enfants comme des parents.

Prendre soin de son enfant

S'improviser infirmier et pédiatre.

Une devinette :

Quel est le métier qui oblige celui qui l'exerce à être à la fois :
Infirmier,
Pédiatre,
Nutritionniste,
Restaurateur,
Hôtelier,
Blanchisseur,
Chauffeur,
Gardien de nuit,
Garde du corps,
Agence de voyages,
Éducateur,
Enseignant,
Conteur,
Psychologue,
Avocat, etc.
et en même temps juge ?
Une seule réponse : ÊTRE PARENT !

Aux parents revient de prendre en charge la santé de leur enfant, cette fonction de soin n'est pas évidente. Même s'ils ont eu la chance d'observer les soins donnés aux petits, cette mission prendra un relief particulier dans la mesure où elle s'exercera sur leur propre enfant. Ce nouveau rôle concrétise la responsabilité du parent par rapport à un tout-petit extrêmement dépendant auquel les moyens d'exprimer ses besoins et ses ressentis font défaut. La mission est sérieuse. Autant s'y préparer pour l'endosser sereinement.

Faire son apprentissage

Certes, on ne s'improvise pas infirmier ou pédiatre mais des moyens simples permettent d'acquérir à la fois le savoir-faire de base et, avant toute chose, une capacité d'évaluation des situations. Le véritable enjeu est là : repérer les vrais problèmes. Cela s'apprend en posant, à froid et à l'avance, le plus de questions possible à un interlocuteur du champ médical compétent. S'il a de la fièvre, faut-il le couvrir ? S'il n'a pas de selles pendant plusieurs jours, faut-il consulter ?

Que faire avec les fesses rouges ? À chacun sa liste. Des livres et des émissions de télévision fournissent déjà de nombreuses informations.

Apprenons à discerner la gravité d'une situation et à acquérir des connaissances basiques de puériculture : traiter la fièvre, surveiller la digestion, prendre la température, *etc.*

Avec une bonne supervision

L'identification d'un interlocuteur privilégié, de confiance et d'accès facile, préviendra nombre d'inquiétudes superflues. Il peut s'agir d'une personne, de l'entourage, expérimentée, une amie infirmière ou une mère de famille avisée. Au moindre doute, on se tournera vers elle pour avoir son avis, calmement. Le cas échéant, la consultation d'un professionnel sera envisagée. Inutile de se ruer aux urgences pour un petit roulé-boulé sans conséquence repérable ; pour une chute suivie de vomissements et de perte de conscience, si.

Notons que les services de Protection Maternelle et Infantile sont à la disposition des parents pour toute question relative à la santé de leur enfant. Profitons de cette ressource précieuse et gratuite.

En somme, prendre soin de son enfant s'apprend simplement. L'anticipation des questions les plus courantes suffira à faire face : les situations graves sont exceptionnelles et il faut indéniablement apprendre à les détecter. Apprécier la banalité de la très grande majorité est en fin de compte une priorité... soulageante.

Le jeu

J'ai une super grand-mère : elle adore jouer ! Alors quand je suis avec elle, moi qui suis une grande fille de cinq ans, elle en profite !

L'autre jour, par exemple, on attendait l'avion à l'aéroport toutes les deux, pour partir une semaine en vacances ! Du coup, mamie, en prétendant que c'était pour que je ne trouve pas le temps trop long, a inventé un jeu rigolo : il fallait sauter sur un pied ensemble, en se tenant par la main et n'avancer comme ça que sur les carreaux jaunes (par terre, il y en avait un sur deux, les autres étaient gris).

On s'est mises à jouer, en sautant d'un bout à l'autre de la salle d'attente. Pour parler vrai, ce jeu-là m'embêtait un peu, mais ça faisait tellement plaisir à ma grand-mère que je l'ai laissée faire et que j'ai continué à sauter avec elle pour qu'elle ne s'ennuie pas !

À un moment donné, on est passées devant un banc où une dame était assise, près d'une valise rouge. Quand elle nous a aperçues, elle a fait un grand sourire et a lancé à ma mamie : « Voilà une bonne grand-mère comme tout le monde voudrait en avoir ! ! »

Mais, aussitôt, j'ai entendu ma mamie lui répondre : « Vous dites cela parce qu'il y a la petite, si elle n'était pas là vous diriez que je suis folle ! »

Après, moi, j'ai réfléchi et j'ai trouvé qu'elle n'avait pas tort : dans un aéroport, une mamie qui joue à sauter sur un pied avec sa petite fille, c'est une bonne grand-mère, alors que si elle fait ça toute seule sans tenir un enfant par la main, on appelle une ambulance !

Comme quoi, nous, les enfants, on sert à quelque chose : notre simple présence permet aux adultes de faire des bêtises qu'ils n'oseraient pas faire si on n'était pas là !

La créativité en matière de jouets est admirable, comment ne pas être sensible aux charmes de ces oursons aux pelages les plus fous et les plus doux, à ces cubes de toutes sortes, à ces mobiles de contes de fées ? Tous nous rappellent la magie de l'univers du jeu, un espace de création active sur fond de rêverie.

Le jeu : bébé au boulot ?

Un enfant qui joue se fait du bien, il expérimente, aiguise son sens de l'observation, ses gestes, ses sens... Une balle en mousse qui roule lui fera découvrir une texture, un mouvement, une forme, une odeur. Le jeu est, par essence, un terrain de reconnaissance, de découverte, récupéré parfois malheureusement au profit d'une course au développement grotesque. Le jeu devient un devoir de stimulation et d'éveil et voilà les bébés au boulot sur leur tapis : faire « pouêt ! pouêt ! » avec le canard, froisser le tissu rigide, faire teinter la cloche, rouler le cylindre... Le plaisir de la découverte tourne au programme scolaire avant l'heure. N'oublions pas les livres pour bébé à mettre dans le bain, ils sont supposés donner le goût de la lecture à un bébé dont la maîtrise du langage est encore très discutable ! Heureusement, lorsqu'ils sont percés et gorgés d'eau savonneuse, ils deviennent des biberons !

Le potentiel du jeu se développe dans le fait de parvenir à jouer, ce qui n'est pas forcément lié à la splendeur du jouet.

La maison est un espace de jeu

Le jeu est une création que l'enfant génère de façon souvent imprévue : la ficelle du paquet est intrigante, laissons là ce doudou kangourou pour mordiller cette ficelle qui brille, se tortille, remonte... Jouer réclame du temps disponible, libre d'activité. Autant que faire se peut, laissons l'enfant décider de ce qui sera matière à jeu. Les épluchures des concombres ? Les colliers de sa grand-mère ? L'exploration et l'expérimentation sont spontanées, pourquoi se ruiner en accumulant les jeux d'éveil ?

Plutôt que d'acheter des jouets, ouvrons la porte au jeu en dégageant un espace propice dans la maison mais aussi dans nos têtes : pourquoi se priver de jouer avec les franges du tapis, qui font une minisavane étonnante ? Donner la priorité au jeu, dans la liberté et la gratuité, c'est semer l'enfance.

Que du bonheur ? Le droit d'être épuisé et déstabilisé

La cause profonde des difficultés ressenties, aujourd'hui, par bon nombre d'enfants et de parents n'est-elle pas, avant tout, liée à ces véritables fléaux que sont l'isolement, la solitude ? Ou plutôt « les solitudes », de diverses natures, engendrées de toutes pièces par les silences d'une société qui ose se prétendre « de communication » !

Solitude, face à ce bébé dont on avait tant rêvé, que l'on avait tant idéalisé et qui, un beau jour, vient au monde avec sa réalité à lui, garçon ou fille, petit dormeur, pleureur de nuit, suscitant la jalousie de ses frères et sœurs, de son père ou de sa mère, porteur parfois d'un handicap..

Comment adopter cet enfant si différent de celui imaginé ? Comment s'adopter mutuellement ?

Solitude, au sein de ce quartier où l'on vient d'arriver, où l'on ne connaît personne et où personne ne semble vouloir nous connaître.

Solitude du parent célibataire explicitement jugé, implicitement culpabilisé, bourré de l'angoisse de « ne pas être à la hauteur de la tâche ».

Solitude de l'enfant écartelé entre des parents qui se déchirent. Solitude de cet enfant à qui l'on demande de choisir entre l'Amour et l'Amour.

Solitude de la mère, du père, qui prennent peur d'eux-mêmes, de l'image que les autres leur renvoient (ou de l'image qu'ils croient être la leur).

Solitude de la jeune femme jugée par sa propre mère quant à l'éducation qu'elle donne à ses enfants (« heureusement que je ne t'ai pas élevée comme ça ! »).

Solitude des parents face à cette professionnelle (assistante maternelle, puéricultrice, institutrice...) qui prétend que leur enfant « manque de maturité », est en « retard psychomoteur », ou se montre « agressif », voire « mordeur » !

Solitude de l'enfant jamais à la hauteur des attentes de sa famille, tant à l'école qu'à la maison.

Solitude de cette jeune mère inexpérimentée qui, au sortir de la maternité, prend peur de son bébé parce qu'on ne s'est pas donné le temps, après son accouchement, de lui expliquer les quelques rudiments essentiels qu'elle ignore et qui, voici seulement quelques décennies, lui auraient été transmis par son entourage.

Solitude de chaque adulte, en mesure ou non d'assumer son propre passé d'enfant.

Solitude de cet adolescent, ni battu, ni mal nourri, mais quotidiennement en proie aux quolibets, moqueries et dénigrements de son père, de sa mère...

Solitude aux multiples visages, par manque d'amour.

Portes ouvertes sur le silence, la violence...

Fort heureusement le temps où « être grosse » (on disait aussi parfois « être prise ») était fréquemment vécu comme une nécessité, une contrainte, voire une catastrophe, semble largement révolu. La légalisation et la vaste diffusion des moyens de contrôle des naissances ont porté l'idée du bébé désiré, « choisi » et profondément « voulu ». Comme le nombre de bébés par famille s'est fortement réduit, la venue d'un enfant est désormais regardée comme un moment de réalisation « à ne pas rater », impérativement, une sorte de bonheur obligatoire. Peut-on cependant dépasser cette vitrine pour faire une place au côté bouleversant et fatigant de cette aventure ?

Sortir de l'illusion du contrôle et se déculpabiliser

Non, la conception des bébés n'est pas toujours « sous contrôle », sa maîtrise complète est une illusion qui peut rassurer certains, néanmoins la vie et ses aléas la dénoncent. Bien des enfants arrivent encore à l'improviste. Inutile donc de se sentir fautif d'une naissance « hors programme ». Il en est ainsi.

Oui, une naissance imprévue n'est pas toujours simple à accueillir, on touche là à des questions très personnelles et profondes qui méritent d'être tenues dans l'intimité dont elles font partie. Reconnaître la situation pour soi et s'autoriser à la mettre en mots avec discrétion dispenseront de se voiler la face et d'en faire un problème douloureux. Une naissance très attendue n'interdit pas, non plus, des moments de doute.

Bonheur obligatoire : se dégager de l'illusion du « tout rose »

Assurément la venue d'un enfant est un moment unique et exceptionnel dans la vie, mais pourquoi masquer sa part de difficultés et des peurs qui peuvent surgir ? Reconnaissons-nous tranquillement le droit à la fatigue et à la déstabilisation. Oui, devenir parent, c'est se diriger vers l'inconnu, se lancer dans une nouvelle vie. De nouveaux repères sont à construire, cela passe logiquement par un moment de rupture de l'équilibre antérieur. Un temps de transition plus ou moins serein est absolument normal. Par définition la grossesse est un temps fort, d'émotions et de questionnements vifs. Accordons aux parents le droit de ressentir, par moments, des doutes, du découragement et de l'épuisement. N'est-ce pas le lot de toute grande aventure ?

Prévenir l'épuisement en évitant l'enfermement

L'épuisement est le produit d'une accumulation de fatigue physique et mentale. Le sentiment de solitude y contribue beaucoup et il peut être très fort en présence d'un tout-petit qui ne parle pas, mobilise son parent et le tient donc, malgré lui, à l'écart de ses activités habituelles. Cette difficulté a été identifiée depuis longtemps par certains spécialistes de l'enfance et des lieux de rencontre ont été spécialement conçus pour rompre l'isolement des jeunes mères. La première Maison Verte de Françoise Dolto a déjà près de quarante ans.

L'isolement est un danger réel et prévenons-le en créant des occasions d'entraide, de rencontre et de lien. Un cours de gymnastique pour jeunes mamans ou de bébés-nageurs peut s'avérer une mine de contacts.

En outre, prévenir l'épuisement demande de retrouver des moyens de se ressourcer et de les cultiver. Un temps de course sans le bébé, une sortie au cinéma ou avec une amie apporteront l'oxygène nécessaire à ce qui s'apparente aussi à une course de fond. La solidarité s'exercera d'autant mieux qu'elle aura été sollicitée. Osons demander de l'aide et du soutien !

Aujourd'hui, les naissances ont la chance d'être très rarement subies. Cela n'empêche que devenir parent reste une vraie aventure qui comporte ses difficultés et ses doutes. Ils sont légitimes et fertiles par nature car ils traduisent une ouverture au changement. Sachons les recevoir non comme des signes de faiblesse mais comme des parties intégrantes de la transformation en parent. Les partager avec des interlocuteurs rassurants permettra de les dissiper. S'ils persistent, il est toujours possible de trouver de l'aide grâce aux nombreuses ressources disponibles. Quant à la fatigue, elle fait partie de l'expédition. Acceptons-la pour mieux la gérer et continuer à s'émerveiller.

À table !

Ce soir, comme d'habitude, tout va bien pour moi ! J'ai fini les devoirs de l'école (j'ai huit ans et demi, je suis en CE2, c'est pas rien !), j'ai pris ma douche et, pour regarder les dessins animés, à la télé, je suis blotti, tout seul, tranquille, au fond du canapé avec mon Coca et mes paquets de gâteaux ! J'en prends tous les jours, même que maman elle est pas vraiment d'accord et qu'elle me dit : « Ne mange pas avant de manger, sinon tu ne mangeras plus en mangeant... » Et ça m'amuse ! Surtout quand elle ajoute : « En plus, tu vas devenir gros à force de dévorer des cochonneries pareilles ! »

Moi, je m'en fiche, parce que je le suis déjà, gros, et puis tout le monde est gros dans ma famille, parce qu'on mange « bien » !

En vérité, je vous dis que ça m'amuse mais ça le fait pas toujours !

Surtout quand on marche dans la rue avec maman ! Parce que non seulement elle est grosse, mais je crois qu'elle est très très grosse ? ! Et tous les gens la regardent avec un petit sourire que j'aime pas du tout ! C'est pas que j'ai honte, mais un peu quand même ! Et ça me fait du mal, au fond ! Des fois, ça me rend même méchant !

La semaine dernière, à l'école, les autres ils m'ont appelé « le gros » ! C'est parce que le prof de gym il l'a dit, une fois, devant toute la classe !

Ce jour-là, il fallait monter à la corde à nœuds. Les copains y arrivaient, en vitesse... et presque jusqu'au plafond, mais, moi, je suis resté accroché en bas, cramponné en me balançant ! Impossible de grimper à plus d'un mètre !

Le prof a crié : « Bouge-toi un peu, le gros, ça va te faire maigrir ! » Et tous les élèves ont rigolé.

À la récréation, ils ont recommencé à m'appeler comme ça et puis il y en a un qui m'a arraché ma casquette et qui l'a lancée à un autre, qui l'a aussi relancée à un autre... et moi je courais après, mais pas assez vite pour la rattraper ! Ça m'a mis très en colère !

J'en ai chopé un, le plus petit, et je lui ai donné plein de coups de poing, ça m'a fait du bien ! ! ! Je pleurais en le frappant ! Il saignait du nez. On m'a rendu ma casquette et j'ai été puni par la maîtresse qui surveillait.

Elle a même prévenu les copains qu'il ne fallait plus jouer avec moi parce que je les tapais tout le temps !

En vrai, c'est mon secret : j'en ai un peu marre d'être gros ! J'ai vu à la télé, il paraît que c'est une maladie !

J'aimerais bien que mes parents ils me fassent soigner pour ne plus l'avoir ! Mais les parents, maintenant, ils ne savent plus guérir leurs gamins. Ils font n'importe quoi ! Heureusement que les enfants ils connaissent tout et que, comme ils sont sympas, ils en parlent à leur famille !

Tenez, dans les pubs, à la télé, on voit des « enfants-docteurs » partout !

Une petite fille qui démontre à son papa qu'il peut boire le lait, parce qu'il n'y a pas de lactose dedans et que c'est bon pour sa santé ! Une autre petite fille qui explique à sa maman que, contre les virus, il ne faut surtout pas prendre d'antibiotiques !

Et même, dans les bras de son père, un bébé qui, avec sa belle voix d'adulte, fait comprendre à ce papa nul qu'il faut régler au plus vite la température de sa chambre !

Pour être franc, quand on y réfléchit bien, être gros, ça a quand même du bon ! Regardez, par exemple, Magalie, à Star Academy ! D'accord, on n'a pas eu le droit de dire qu'elle était grosse, ça aurait été un peu comme du racisme, mais tout le monde l'a pensé et tout le monde a été persuadé que c'est pour ça qu'elle a gagné, et c'est peut-être vrai !

Alors je crois que je vais rester comme je suis ! Pour la suite, on verra plus tard.

Quoi de plus essentiel que de nourrir son enfant ? Dans cet acte de donner et de recevoir de la nourriture se croisent d'emblée la vie et l'amour, le plaisir et la santé. Impossible de réduire le repas à sa fonction unique de prise alimentaire, une dimension sentimentale l'accompagne par nature. Le repas est un moment viscéralement sensible dont l'enjeu relationnel gagne à être mis en relief. Il n'y a donc rien de surprenant à ce que le temps de nourrissage focalise l'attention et l'inquiétude des parents. Rien de surprenant non plus à ce que l'enfant s'en saisisse comme moyen privilégié pour s'affirmer et s'assurer qu'il est aimé.

Une histoire d'amour

Que le nouveau-né tète le sein de sa mère ou le biberon, il reçoit bien plus que du lait. Enveloppé par le regard, enlacé dans un corps à corps, le bébé découvre le plaisir, idéalement dans la tendresse. Le spectacle du nourrisson ivre de plaisir après « l'orgie de la tétée » (cette belle formule est de Winnicott) ne laisse pas indifférent. On a ainsi entendu un grand monsieur très sérieux lâcher du fond du cœur un « il en a de la chance celui-là ! », fortement teinté d'envie. Le regard mitigé du papa sur son bébé qui tète avidement le sein de sa femme et s'en régale sans frein... a bien ses raisons.

Dès l'aube de la vie, nourrir est l'occasion de témoigner de l'amour, un témoignage dont le potentiel de sensualité s'épanouira tout au long de la vie, jusqu'à la passion des grands vins, des fromages ou des pâtes de fruits et autres délices ouverts aux tout-petits. Éveil aux saveurs, appétit de vivre, goût de la vie.

Dans la majorité des cultures, partager la nourriture ou la boisson est bel et bien l'entrée en relation par excellence : « On se téléphone, on se fait une bouffe ? »

Une histoire de santé

L'alimentation – de par sa composante liquide en priorité d'ailleurs – est le premier moyen de se soigner, c'est l'acte de survie et de santé le plus évident. Les connaissances en la matière se sont considérablement accrues et on ne s'est jamais tant préoccupé de la santé liée aux repas.

La facilité de « l'alimentation plaisir » demeure un piège, d'autant plus redoutable et durable que les aliments sucrés sont les plus accessibles. Aimer ne se limite pas à nourrir. Que dire de cet amour qui grignotte la santé de l'enfant ? L'enfance fournit le terreau des habitudes alimentaires ultérieures, l'enjeu est authentique.

Oui, mais gare aux excès ! S'il convient d'être attentif, l'hyper-vigilance est un autre écueil. L'attention démesurée vire à l'obsession à la faveur d'une nouvelle forme d'intégrisme. Inutile de diaboliser le sucre et les graisses et de traquer le péché dans l'assiette ou le cornet de frites. Une réelle vigilence est nécessaire mais attention au repas-médicament, le menu n'a pas à être une ordonnance ! Les progrès en matière de diététique sont importants, profitons-en pour les appliquer avec souplesse, sans oublier le plaisir.

Une histoire de pouvoir : pouvoir de gavage contre pouvoir de refus

L'adulte détient un pouvoir colossal concernant l'alimentation de son enfant : c'est à lui que revient de choisir la nourriture (en fonction de son budget), de la préparer d'une certaine manière et de la donner de la façon qu'il souhaite, aux horaires qu'il décide. Le plaisir de nourrir comporte une pente glissante de punition et de séduction. Il semblerait qu'aujourd'hui le second travers ait largement balayé le premier. Affamer un enfant ou le contraindre à ingérer des aliments détestés est désormais passé de mode, bien que cette arme éducative ait été employée avec force et bonne conscience bien longtemps. Désormais, la dérive est plus du côté de l'incohérence du point de vue de la santé et du risque de corruption et de séduction. Un enfant peut « s'acheter » si facilement avec des douceurs ! D'ailleurs on recommande bien aux enfants de faire très attention aux inconnus qui proposent des bonbons !

Toutefois, au pouvoir de gavage du parent répond le pouvoir de refus de l'enfant, le jeu peut tourner au match !

L'enfant saisit immédiatement ce qui est susceptible de préoccuper voire affoler ses parents. Un jeu relationnel puissant se joue en sous-main du moment de don et d'acceptation de la nourriture, une occasion de choix pour l'enfant de mettre à l'épreuve l'amour de ses parents en s'affirmant. En s'arrêtant de manger l'enfant opère un test : « Jusqu'où se soucient-ils de moi ? » Si le test fonctionne à merveille et que les parents réagissent en paniquant, il pourra être tentant d'en expérimenter l'efficacité plus avant : pourquoi ne pas tenter une mini-grève de la faim ou des vomissements ? La porte s'ouvre à toute une gamme de raffinements : le petit ne peut manger que certaines choses, avec telle personne et pas telle autre, seulement dans son assiette à vaches ou avec sa cuillère bleue... uniquement sur les genoux de son papa ou avec sa maman en tête à tête... à condition de faire l'avion avec une cuillère ou si on met du ketchup... sans oublier d'enlever toutes les petites herbes.

La liste est longue et poétique, vue sous un certain angle ! Gare aux usages excessifs que l'enfant peut faire du repas comme moyen d'affirmation. Il est vrai que cela peut être la seule échappatoire restant lorsque l'enfant est contraint de toutes parts.

Il en va de la liberté profonde et du respect de l'enfant de refuser le gavage et le forçage mais il n'y a pas de raison d'accepter la tyrannie. Ne parlons pas trop vite d'anorexie ou de boulimie, il existe de petits et de gros mangeurs, en toute normalité.

Aborder le repas en étant détendu, soucieux de cohérence et de respect mutuel, désamorce son potentiel extraordinaire de bras de fer.

Une histoire de temps

Fondamentalement, le repas est un temps passé ensemble ; un temps où l'on s'arrête pour se retrouver. Cette dimension précieuse mérite d'être préservée car elle offre l'occasion de s'écouter, et d'échanger ; elle tisse le lien familial par excellence. Même le monologue apparent du parent et de son bébé est un moment primordial d'attention mutuelle puisque les gazouillements, les grimaces et les sourires sont un langage avant l'heure que le parent interprète, à très juste titre. La qualité de cet échange privilégié tient à la disponibilité des interlocuteurs. Il est donc judicieux de créer des conditions propices en favorisant des moments calmes dans un environnement serein. Inutile d'envahir systématiquement l'espace sonore ou visuel par la télévision, la radio ou le téléphone. Inutile aussi d'attendre le dernier moment, un bébé affamé et fatigué savoure difficilement son repas et encore moins lorsqu'il est proposé par un parent exténué. La régularité a son importance, elle structure la journée en fournissant des repères.

Une histoire de transmission culturelle et d'identité

La richesse du repas réside aussi dans l'héritage de l'immense patrimoine qu'il véhicule. À travers des goûts, des odeurs, des textures, des habitudes, l'enfant reçoit sa culture qu'il modèlera pour créer son identité. Les enfants se définissent d'ailleurs volontiers par leurs goûts et dégoûts alimentaires qui les singularisent : « Moi, j'aime pas le fromage » (comme mon père, par exemple ou encore : pas comme ma sœur).

L'alimentation transmet des repères de tous ordres : affectifs, familiaux, régionaux, sociaux et religieux. Quoi de plus profondément ancré en soi que l'odeur du chocolat préparé par sa grand-mère ou encore le goût familial pour les couennes de jambon ? Même lorsque les affiliations se raréfient, manger du gigot à Pâques ou éviter le porc marquent un sentiment d'appartenance à un groupe. Les repas de l'enfance gravent dans la mémoire et le corps toute une culture.

À la fois affectives, relationnelles, sociales et diététiques, les facettes du repas sont multiples et fondamentales. Cependant, est-ce une raison pour faire un drame d'une simple histoire de brocolis ? Ou plus sérieusement de faire tourner sa vie – et celle de son enfant – autour de repas interminables ? Une fois l'aspect santé considéré, le cœur du repas c'est le plaisir, savourons-le.

La dictature de la puériculture

Tétine *or not* tétine ?

Bien que n'étant qu'une petite fille de vingt mois, j'ai plein de trucs à dire ! J'ai des tonnes d'idées qui trottent dans ma tête et autant de mots qui se forment derrière ma bouche mais qui n'arrivent pas à sortir. Pourtant, j'ai beaucoup d'expérience ! Depuis que j'ai trois mois, je vais tous les jours à la crèche et je me suis fait beaucoup d'amis.

Au début, comme ils avaient mon âge, on était entre bébés. On se voyait vivre mais on n'avait pas grand-chose à se dire ! Et puis on a grandi côte à côte.

Un matin, il y en a un qui a prononcé un mot : il a dit « papa ». Son père était superfier et il l'a répété à tout le monde ! Après, le copain, vu qu'il s'est senti encouragé par son exploit, il s'est complètement branché sur le langage tellement ça lui donnait du pouvoir sur le monde ! Et les mots ont jailli de sa bouche. Ça partait dans tous les sens !

Il a dit « maman ... tatie ... manger ... » et encore une foule d'autres mots que, même nous, on ne connaissait pas ! C'était un sacré bavard ! Presque un héros ! Malheureusement, très vite, les vents ont tourné.

Étant donné qu'il n'arrêtait plus de parler, ça a fini par agacer les adultes et, un beau matin, il est arrivé à la crèche avec une tétine entre les dents. La tétine, ce n'était pas son envie à lui. En tant que grand renifleur, lui il était plutôt porté sur le doudou !

Aussitôt, il nous a expliqué son problème : comme ses parents avaient fini par trouver qu'il parlait trop, ils lui avaient mis une tétine pour le faire taire. Comme un bouchon, si vous voyez ce que je veux dire ! ? Nous, on était tristes à sa place. En plus, au cours des semaines qui ont suivi, il y a eu une épidémie de tétines : elle a touché plusieurs autres enfants à la crèche, à qui les parents ont également vissé le même objet entre les lèvres pour avoir le calme.

Alors, moi qui ai toutes ces choses à dire, je commence à avoir peur de la tétine ! Je sens bien que, si je commence à parler, ça risque de m'arriver aussi. Du coup, je ne dis rien, comme ça je suis tranquille.

Pourtant, au fond de ma gorge, les mots sont prêts à sortir et me chatouillent. Je sens bien que c'est avec ma bouche qu'il va bientôt falloir m'exprimer. Mais je continue à attendre... le plus longtemps possible.

Faute de mots, je me sers quand même de ma bouche pour communiquer. Par exemple, quand je vois passer près de moi un copain que j'aime bien et que je trouve « à croquer », je croque ! Je commence par lui faire un petit sourire, je m'approche de lui et hop, je lui mords l'épaule ! Mais, aussitôt, tout se gâte !

Les dames de la crèche arrivent en courant et elles crient : « C'est encore elle ! C'est une mordeuse ! Elle est très agressive ! Que vont encore dire les parents de l'autre soir ? »

Un jour, il y en a même une qui, afin de me punir, m'a mordue pour me faire comprendre que ça faisait mal ! Ça, à vrai dire, j'en n'avais pas besoin, je le savais déjà. Une autre fois, par contre, j'ai bien rigolé parce que, dès que j'ai mordu mon copain, une des dames nous a attrapé tous les deux par la main et lui a dit :

« Mords-la ! » Illico, il a fondu en larmes et a refusé de me mordre ! C'est normal, c'était moi la mordeuse, pas lui !

Décidément, certains jours, même les professionnelles de la crèche ne comprennent rien au film qui se joue entre les enfants !

La tototte est vieille comme le monde et ses détracteurs aussi véhéments que ses partisans. Longtemps accusée de déformer le palais et de retarder le langage, elle en vient aujourd'hui à être parfois « scientifiquement » recommandée par d'autres études qui en louent les effets préventifs sur la mort subite du nourrisson. Mais laissons là l'habit de juge dans le procès passionné de la tétine pour faire le profil de l'accusée.

Bouchon ou pacificateur (pacifier disent les Anglais) ?

Qu'elle soit dite ergonomique, pédiatrique ou encore mélodique, elle a fondamentalement deux visages. D'un côté elle est le substitut apaisant du sein nourricier, le pacificateur bienfaisant qui réconforte, soulage, calme. De l'autre, elle est le bouchon ou le bâillon qui fait cesser les pleurs et les cris.

Celle dont il a besoin ou celle qu'on aimerait lui mettre ?

Quel accessoire magique que ce simple objet qui peut faire taire un bébé hurleur ! Mais s'agit-il de la tétine que l'adulte aimerait mettre au bébé ou de celle que demande le bébé pour se sécuriser ? À quel besoin répond cette tétine ? À celui de l'adulte, désireux de clouer le bec du bébé ou à celui de l'enfant réclamant de suçoter pour se tranquilliser ?

Et si le bébé en a besoin, pourquoi l'en priver ?

La preuve irréfutable d'un retard de croissance ?

Lorsque grandir est compris comme une course d'obstacles, la suppression de la tétine peut devenir un objectif important pour le parent soucieux que son enfant « ne prenne pas de retard ». Si l'enfant n'est pas prêt ou résiste, une véritable lutte antitétine peut s'engager. Une prohibition au nom de quoi ? « T'es plus un bébé ! » Pourtant, le besoin et le plaisir de suçoter ne disparaissent pas à un moment précis. Interdit les machouillages divers qui peuvent persister tout au long de l'existence ? Les bouchons de stylo, le chewing-gum, les ongles et la cigarette ?

Un petit cap de maturité

Si la tétine reste longuement appréciée, nul doute que l'enfant choisira de lui-même de l'abandonner quand il s'en sentira capable. Le regard moqueur des camarades aura tôt fait de l'en convaincre. C'est avec la fierté d'un grand qu'il renoncera alors à cette tutute qui faisait encore de lui « le bébé à sa maman ».

Le credo du bain quotidien.

La toilette est un des soins fondamentaux du nouveau-né, c'est un acte de santé mais aussi d'amour. Pourquoi ne pas déployer le potentiel relationnel de ce moment ?

Priorité à la qualité du moment

Dans un emploi du temps bien chargé de parent, le bain fournit une occasion de partager un moment privilégié. Pour le père en particulier, moins souvent directement impliqué dans les soins du bébé, il peut offrir un temps précieux de rapprochement. La qualité relationnelle du moment est certainement au moins aussi importante que la performance de lavage. Attention au bain transformé en mission impérative d'hygiène, il risque de devenir une corvée !

Une proximité appropriée à l'âge

Le corps du bébé a besoin d'être porté et manipulé avec tendresse, tout en étant fondamentalement respecté. Lorsque l'enfant grandit, il s'approprie progressivement son corps et le rôle de l'adulte est d'accompagner ce mouvement pour écarter le danger de la séduction. L'intervention de l'adulte sera de moins en moins nécessaire. Le temps de l'osmose s'éteindra au profit de la construction d'une intimité personnelle de plus en plus affirmée jusqu'au cap important de la fermeture de la porte de la salle de bains !

Doudou obligatoire ?

Nous, les bébés, on a tous nos petites manies, nos objets préférés. Le mien, c'est la tétine. Depuis que j'en ai vu d'autres, à la crèche, qui suçaient la leur toute la journée, je rêve d'en avoir une. Mais c'est pas gagné d'avance, parce que mes parents ils sont contre.

Leur truc à eux, c'est le doudou. À eux et à toute ma famille ! À ma naissance, j'en ai eu une douzaine en cadeau. Chacun y est allé de son doudou, tous différents et, d'après les acheteurs, plus beaux les uns que les autres.

Certains doudous étaient très simples, juste un bout de chiffon avec des dessins, d'autres avaient la forme de pieuvre avec plein de tentacules à mâchouiller un par un...

En fait, je me suis retrouvé sous une pyramide de doudous et chaque personne qui m'en avait offert un était sûre, en son for intérieur, que le sien allait avoir beaucoup plus la cote que celui des autres.

Manque de chance, moi je n'en aimais aucun, alors je ne m'en servais jamais. En secret, je continuais de rêver à une belle tétine en couleurs.

Heureusement, maman était complice et, à chaque fois qu'un des acheteurs de doudous venait à la maison, je l'entendais lui dire : « C'est extraordinaire ! Il en a plein et pourtant, c'est le vôtre qu'il préfère ! »

On en a tant parlé qu'ils sont devenus célèbres ces modestes morceaux de tissu ou vieilles peluches promus au rang de doudous ! Toute une gamme de petites peluches neuves sont désormais proposées dans le commerce dans l'objectif précis de devenir « le doudou ». Le doudou acheté et choisi par l'adulte tend d'ailleurs à supplanter celui que le bébé se créait, le vrai, celui qui sent fort. Sa capacité à rassurer et calmer a été sérieusement analysée dans de nombreux travaux. Les professionnels de l'enfance s'en sont si bien convaincus qu'il est désormais l'attribut « normal » du tout-petit. Obligatoire ?

Un enfant sans doudou ?

Le développement du bébé ne passe pas nécessairement par ce besoin. Pourquoi alors chercher à lui en attribuer un ? Lorsqu'un parent se voit demander très sérieusement « Où est son doudou ? », il doit pouvoir répondre sereinement que son enfant n'en a pas, sans redouter d'avoir failli à son rôle. Le doudou n'est pas obligatoire, la chasse au doudou, par voie de conséquence, non plus.

Pourquoi l'en priver s'il en éprouve le besoin ?

Un petit enfant qui trouve du réconfort dans son objet transitionnel officiel doit-il être rationné ? Faut-il faire du sevrage du doudou un indicateur infaillible de maturité ? Qui prononcera l'arrêt de mort du doudou et exécutera cette sentence ? Plutôt que d'entrer dans des négociations houleuses, pourquoi ne pas laisser l'enfant trouver son propre tempo ?

Cette histoire est la sienne, elle a toutes les chances de se terminer sereinement lorsqu'il sera prêt.

Honte de « faire bébé », plaisir de grandir et droit de se ressourcer

C'est avec fierté et plaisir que l'enfant renoncera de lui-même à son doudou, gêné par le regard condescendant de ses camarades qui, eux, ont déjà franchi le cap.

Mais s'il peut faire le grand pas et s'en passer à l'école, faut-il mathématiquement l'en priver à la maison, alors qu'il en manifeste l'envie ?

Au nom de quoi prohiber ce moment de repli protecteur ? Le développement n'est pas linéaire et réclame des retours en arrière pour puiser la confiance d'aller affronter une nouvelle étape.

Les adultes ont bien, eux aussi, des doudous qui ne disent pas leur nom. Ne les voit-on pas se raccrocher parfois à des parcelles de leur environnement familier pour mieux affronter ensuite des moments délicats ?

Le doudou est une affaire très personnelle.

La panoplie du parfait bébé.

Ai-je tout ce dont mon bébé a besoin ? Cette inquiétude est largement partagée par les jeunes parents, si désireux d'être les meilleurs parents du monde. Il est vrai que le marché de la puériculture propose une multitude d'accessoires et d'équipements attrayants dédiés aux tout-petits. Même le choix du biberon peut s'avérer subtil : coudé ? À vitesses ? À fond amovible ? Décoré avec des agneaux ? Par six avec goupillon et stérilisateur adaptés ?

De quoi demeurer perplexe.

Un commerce florissant

Cette perplexité est subrepticement transformée en besoin d'achat par des campagnes promotionnelles d'allure scientifique. L'invocation de la caution de médecins spécialistes a tôt fait d'ébranler le libre arbitre parental.

De fait, la consommation de quantité de matériel, vêtements et autres babioles « pédiatriques », représente fréquemment un poste de dépense significatif. Tant de choses sont désormais jugées nécessaires que certains changent même de voiture pour pouvoir se déplacer avec tout l'attirail… d'un nouveau-né de quelques kilos.

100 % sécurité

L'inflation des besoins d'équipement reflète certes un progrès de la sécurité. Nul doute que les enfants sont mieux protégés aujourd'hui dans leurs sièges-auto « aux normes » qu'autrefois dans un couffin, sur le plancher de la voiture, (éventuellement à côté du chat). Néanmoins, le souci de prévention tend à virer à l'idéologie sécuritaire. Les moindres risques sont traqués et exhibés.

Qui continuera à tranquillement masser son bébé à l'huile d'amande douce, comme l'a fait sa grand-mère, après avoir appris par un article ou une émission alarmiste « le risque allergisant de tous les fruits à coque » ?

Le souci de prévention s'est mué en obsession du risque, au point que les législations se multiplient et se radicalisent. Il est désormais illégal d'apporter un gâteau maison dans une crèche ! « Pas aux normes ! »

Du plaisir à gâter son petit à la course à l'équipement

Doter le bébé de jolies petites choses est un plaisir de toujours dont l'intensité varie avec les moyens et les goûts. La mode enfantine le cultive avec une grande créativité. Voilà les nouveau-nés délicieusement emmitouflés dans des combinaisons à oreilles de lapin, des turbulettes brodées et des berceaux somptueux... et des parents tout fiers et admiratifs.

Une soif intarissable peut volatiliser ce plaisir lorsque le besoin d'acheter pour l'enfant devient constant. Quel sentiment de manque le parent cherche t-il à combler ?

Besoin que son enfant ait toujours « tout ce qu'il faut » pour se sentir un bon parent ? Besoin qu'il soit au moins aussi bien équipé que les autres (ses cousins, camarades d'école, enfants des collègues du bureau, des voisins) ? Qu'il ait ce que le parent n'a pas eu ? Qu'il montre l'aisance de ses parents aux yeux du monde (à commencer par les grands-parents) ? Dans quelle compétition le parent s'inscrit-il par poussette haute performance interposée ?

La panoplie du parfait bébé n'est jamais complète. Dans notre société riche, elle est souvent une occasion de se faire plaisir, cependant elle peut aussi être vécue comme un besoin par des parents fragilisés. Plaisir pour qui ? Besoin pour qui ? Jusqu'où ?

Trouver son cap malgré des vents contraires.

Savoir s'y prendre avec son bébé ne va pas de soi, c'est un parcours toujours singulier que chacun inventera. À l'aube de ce cheminement, des craintes gagnent les parents, tant ils sont désireux d'être les meilleurs parents du monde.

Le doute est normal et fertile

Il est heureusement rare d'aborder l'aventure bardé de certitudes et de principes. Loin d'être des signes de fragilité, les questions et les doutes sont des signes d'une ouverture à la nouveauté profonde d'une rencontre sans précédent avec un bébé unique.

Bien des questions peuvent surgir, tant sur le plan pratique que sur le plan affectif. Comment faire quand le bébé ne prend pas son biberon ? Lorsqu'il ne dort pas la nuit ? Ou encore : comment faire alors que sa maman ne laisse personne l'approcher ? Alors que son père tient à le sevrer au plus vite ? Faut-il le laisser pleurer ?

Un déluge de questions peut s'emparer des jeunes parents, qu'ils se rassurent, il existe des sources d'informations et des interlocuteurs accessibles.

Gare au dogmatisme des conseils

On n'a jamais tant reconnu l'importance et les enjeux de l'enfance ; encore plus de la toute petite enfance. Dans cette perspective, la pédiatrie et la puériculture se sont considérablement développées pour produire des connaissances de plus en plus fines. Il en découle un savoir d'allure scientifique propice à l'établissement de véritables dogmes auxquels les parents sont priés de se conformer, malgré les revirements notoires.

L'allaitement à la demande en offre l'illustration remarquable. C'est avec la même force de conviction qu'il a été tantôt prohibé, tantôt recommandé. Aujourd'hui, c'est tout juste si elle n'est pas prescrite par certains professionnels alors que d'autres la condamnent sévèrement.

Des parents infantilisés

La contrepartie de ces doctes conseils, entendus ou lus, est une accusation implicite et une infantilisation des parents.

Le foisonnement de recommandations contradictoires – motivées parfois par de puissantes entreprises commerciales – peut achever de déstabiliser un parent attentif, soucieux de bien faire. Impossible de reprendre la route avec son vieux siège auto sans se sentir un meurtrier en puissance !

Filtrer ses interlocuteurs pour se composer sa propre méthode

Afin de parvenir à trouver son cap face à des vents contraires, il est sage de se concentrer sur des sources de conseil rassurantes et mesurées. Comment sélectionner ces sources ? Simplement, en privilégiant celles qui ouvrent des pistes grâce à des recommandations nuancées. Le but est de se voir indiquer des possibilités auxquelles on n'avait pas toujours pensé sans se laisser enfermer. On usera alors de son discernement en toute quiétude. Les sources d'idées rassurantes et compétentes abondent.

Se reconnaître dans son cap et accepter d'expérimenter

Pour se faire son avis, qu'il s'agisse d'opter ou non pour l'allaitement, la crèche ou la sieste, un seul principe à respecter : se sentir profondément en accord avec son choix et s'y reconnaître afin de se donner les moyens de bien le vivre. Aucune option n'est idéale mais il est confortant d'avoir pu choisir celle qui paraissait la plus correcte à ce moment-là, de l'essayer et de s'autoriser à en changer si elle ne convient plus.

En somme, trouver son propre cap de parent, c'est apprendre à naviguer avec souplesse en choisissant ses propres instruments de navigation.

Ouvrir l'horizon

Le confier, est-ce risqué ?

Confier son enfant n'est pas évident. Le souci de la sécurité de son enfant est primordial et il est fondé de s'assurer des conditions de sécurité dans lesquelles l'enfant sera gardé. Une fois la dimension pratique assurée, la dimension psychologique pourra être abordée sereinement.

Canaliser ses craintes en les exprimant le plus ouvertement possible

Par définition, toutes les peurs sont légitimes. Verbalisons-les... La tranquillité du parent en dépend, ainsi que la confiance dans le mode de garde retenu. La relation engagée avec la personne qui garde l'enfant sera plus fluide, sans arrière-pensée. Il sera aussi plus simple pour les assistantes maternelles de travailler pour des parents qui osent confier leurs inquiétudes sans pour autant se prendre pour des inspecteurs en hygiène et sécurité.

Les petits sont-ils susceptibles de se faire malmener par les grands de la crèche ? Le chien de la nounou est-il toujours attaché ? L'escalier n'est-il pas glissant ?... Aucune question n'est interdite.

Les dégâts du « risque zéro »

Le risque zéro n'existe pas et la polarisation sur les dangers potentiels a ses limites. Poussée à l'extrême, l'obsession de la sécurité engendre une attitude procédurière de la part des parents. Les professionnelles de l'enfance peuvent être tentées d'y faire écho en surprotégeant les enfants. Dommage, la piscine c'était super ! Fini les graines car un enfant pourrait se coincer un haricot dans l'oreille ? Plus question d'avoir un lapin dans une cage, il pourrait confondre un petit doigt avec une carotte ? Plus de bonbons, les risques d'obésité et d'étranglement sont trop grands ? Faisons confiance aux enfants, ils apprendront à estimer les risques progressivement.

Les normes de sécurité des modes d'accueil des petits enfants se sont beaucoup élevées, ce qui est réellement rassurant. Faire part aux personnes en charge des enfants des dangers réels qu'on aura repérés ou imaginés est le meilleur moyen de les prévenir et de faire entendre son propre besoin d'être rassuré.

Bébé en balade.

Une nouvelle vie démarre avec le bébé et certains parents craignent de voir leur liberté de mouvement entravée. Cette inquiétude normale soulève la question simple de l'ajustement du mode de vie. Rien ne contraint à se retirer du monde à la naissance d'un enfant. Évitons le piège d'une organisation anxieuse qui fermerait nombre de possibilités au nom du bébé. Bébé en balade ? C'est non seulement possible mais utile pour ouvrir l'horizon de la famille.

Simplicité

Très vite, le bébé peut partager les petites escapades ordinaires : chez le boulanger, au marché, à la Caisse d'allocations familiales, chez une cousine, *etc.* Sa poussette sera d'ailleurs une alliée précieuse pour porter les courses glanées à l'occasion de ces sorties. Sa grande soif du monde s'en trouvera nourrie et le plaisir de sortir sera manifeste. Inutile de s'encombrer d'un équipement sophistiqué qui risquerait de transformer la promenade en expédition. Une couche et un biberon donnent une marge de manœuvre appréciable qui laissera le loisir de prendre un café en terrasse pour profiter d'éventuels rayons de soleil impromptus.

Découvrir le monde avec un petit enfant est une expérience merveilleuse à savourer. Une décoration de Pâques, un beau radis, un caniveau et son torrent deviennent autant de petits spectacles. Sans compter le regard soudain attendri du monsieur très strict des impôts. Le bébé sollicite tant le monde qui l'entoure qu'il crée des entrées en relation inattendues, dans lesquelles le règne animal est remarquablement représenté. En effet, peu de portes restent fermées à ce petit nouveau si fort à briser la glace, instantanément.

Souplesse

La vie du bébé n'exclut pas une certaine latitude, la sieste peut se faire sous un arbre et pourquoi pas un pique-nique dans le train ? En se risquant à tenter progressivement des expériences nouvelles avec le bébé, on découvrira que nombre d'activités peuvent continuer à se faire en sa compagnie : aller dîner chez des amis, passer un week-end dans la famille ou aller à la piscine. Rassurons-nous, le bébé sait exprimer sa fatigue et sait aussi faire un petit somme en voiture. Dans la mesure où ses besoins fondamentaux sont respectés, en matière de sommeil, de repas et de rythme, il prendra un vif plaisir à toutes ces petites aventures... les parents aussi.

La diversité des expériences partagées sereinement initient son entrée dans le monde. L'habitude se prend alors, petit à petit, d'aller à la rencontre de l'inconnu rendu progressivement moins inquiétant. Un pas vers la liberté qu'il s'agira de poursuivre sans tarder, en franchissant le cap de confier l'enfant. On en a longuement souligné les enjeux.

La confiance dans la nouveauté s'enracine profondément dans les débuts de la vie. Ouvrir l'horizon du bébé ouvre l'horizon familial et initie agréablement la conquête du monde extérieur. Raison de plus pour ne pas s'en priver.

Premier week-end en amoureux

Aujourd'hui, mes parents ont un grand projet : prendre une journée en amoureux et aller se promener en forêt. Comme ils ont réussi, tous les deux, à avoir leur journée de repos, ils ont imaginé me laisser à la crèche le matin et venir, comme d'habitude, me récupérer le soir.

Vers 8 heures, on est arrivés tous les trois dans la crèche et ils ont fait part de leur projet à la directrice : « On vous l'amène quand même aujourd'hui parce qu'on ne travaille pas, alors on va un peu en profiter pour être ensemble ! » Et papa, dans son élan , avec un grand sourire, a même ajouté : « ... Alors, ce soir, on sera peut-être un tout petit peu en retard !... »

Vous auriez vu la tête que faisait la directrice en entendant ça ! La veille encore, dans la cuisine, avec ses collègues, elle avait eu une conversation sur le thème : maintenant, les parents démissionnent ! « C'est pas qu'on juge, mais il faut reconnaître que, certains parents, si on gardait leur enfant la nuit, ils nous le laisseraient ! ! »

Hier, ce n'était qu'une conversation mais là, elle avait devant son nez la preuve vivante de la « démission parentale ». Un homme et une femme qui mettent leur enfant à la crèche alors qu'ils ne travaillent pas ! Quelle honte ! En plus, elle était obligée de me prendre, vu que mes parents paient au mois !

En désespoir de cause, elle a saisi ma main et, en l'agitant en direction de mes parents, a dit : « Au revoir papa ! Au revoir maman ! Amusez-vous bien sans moi ! » puis elle a ajouté : « Pourvu qu'il ne pleure pas trop ! »

Ça y est, elle avait réussi son coup. Sans même s'en douter, mon père et ma mère qui lui demandaient simplement de les aider, pour une journée, à se retrouver en amoureux, en tant qu'homme et femme, avaient été subitement transformés par sa phrase. Pourquoi ? Parce qu'ils n'avaient pas entendu la même chose.

Papa avait entendu : « Amusez-vous bien ! » et dans sa tête d'homme, ça faisait sacrément écho : il était parti pour !

Maman, elle, n'avait entendu que la fin de la phrase : « Pourvu qu'il ne pleure pas ! » et elle se la passait en boucle.

En clair, en montant dans la voiture pour rouler en direction de la forêt, mon père croyait naïvement qu'il était avec sa femme ! Pas du tout : il était avec ma mère, celle qui n'arrêtait pas de penser au drame que j'allais sans doute vivre toute la journée à la crèche.

Pour vous rassurer, moi, au bout de cinq minutes, j'étais en train de jouer avec mes copains et j'avais déjà oublié leur histoire de promenade. Mais maman, elle, ne le savait pas !

D'entrée de jeu, en démarrant, papa a mis dans l'autoradio la cassette qu'ils avaient ramenée de leur voyage de noces : c'était Espana. Il était certain de l'effet qu'il allait produire sur sa femme en faisant revivre toutes ces belles sensations de l'époque, quelque peu négligées et oubliées depuis mon arrivée.

Maman restait silencieuse ! Papa était persuadé que la magie du souvenir opérerait ! Mais, en réalité, maman n'entendait même pas le son de la cassette. La seule musique qui tournait dans sa tête était : « Pourvu qu'il ne pleure pas. »

Arrivés en forêt, mes parents ont commencé leur balade côte à côte. En guise d'approche, papa a pris la main de maman dans la sienne en lui disant : « On est vraiment bien tous les deux, chérie... » Mais là encore, la « chérie » n'a pas entendu. Qu'importe, mon père avec cette finesse qui caractérise les hommes (à vérifier !) a senti dans le silence de la mère l'acceptation de la femme. Il s'est dit : « Je suis un super mec ! Dès que je prends sa main, elle ne peut même plus parler ! »

Quelques minutes plus tard, au pied d'un grand arbre, il l'a tendrement enlacée en lui susurrant à nouveau à l'oreille : « Qu'est-ce que ça fait du bien d'être tous les deux en amoureux... »

Mais à ce moment-là, une phrase bizarre est sortie du fond de la gorge de ma mère et elle a dit : « Tu ne crois pas qu'on aurait dû emmener le petit ? »

Une fois de plus, rappelons que la construction de la famille autour de l'amour est récente. Ce changement profond suscite des attentes d'épanouissement affectif au sein du couple qui en font à la fois sa force et sa fragilité. L'idéal amoureux culmine dans l'aspiration à se réaliser soi-même dans cette relation à la fois comme parent, conjoint et partenaire : un vrai défi à relever. Le premier week-end en amoureux est une étape-clé dans la mesure où c'est un pas vers la fermeture d'une parenthèse où le bébé a largement empiété sur la vie intime du couple.

Une occasion à trouver ou créer

Concrètement, les circonstances peuvent être plus ou moins propices mais l'essentiel est d'avoir cet objectif de prendre un temps à deux, sans le bébé, « comme avant ». On pourra saisir une occasion : un engagement professionnel éloigné, la grande braderie de Lille, la fête des abricots dans le Roussillon, voire une proposition de garde du bébé par les grands-parents. Cette étape forte peut, en effet, aussi se vivre tout simplement à la maison si l'on parvient à mettre en œuvre son imagination et sa motivation pour suspendre la routine et s'octroyer un véritable air de vacances. Si aucune perspective ne se dessine, une question s'impose : suis-je ouvert(e) à cette idée de week-end ?

Un projet commun, pas une prescription

Accepter de confier le petit n'est pas toujours simple pour les jeunes parents, la mère le plus souvent. Un temps en amoureux suppose, en effet, d'accepter de confier l'enfant, ce qui peut susciter une véritable appréhension, on l'a vu. Cette peur est normale et doit pouvoir être formulée ; toutefois, si elle interdit le projet, elle demande à être apprivoisée.

Certes, un peu de temps peut être nécessaire pour s'acclimater à l'idée de se séparer de son enfant. Il faut en tenir compte et rien n'empêche de s'y préparer progressivement. Confier son enfant le temps d'un rendez-vous médical, puis le temps d'un marché, puis toute une matinée. À chacune d'établir son parcours de sevrage.

Quoi qu'il en soit, un week-end vécu comme imposé – ou accepté à contrecœur – a peu de chances de permettre une véritable pause, favorable à l'intimité. Il arrive que, sous prétexte « qu'il faut se retrouver » de jeunes parents se voient prescrire des escapades dont ils n'ont pas envie et qui peuvent être vécues comme des exils.

Ajuster le calendrier de l'un et celui de l'autre

En cas de difficulté à former ce projet, la question est peut-être plus : Suis-je ouvert(e] à ce désir ? Aussi, il n'est pas évident que l'un et l'autre soient prêts en même temps. Prendre en considération le calendrier de l'autre est primordial, ce qui ne signifie pas, non plus, s'y plier ou attendre indéfiniment. L'heure du compromis constructif est arrivée.

Le premier moment où le couple retrouve une intimité après la naissance d'un enfant est un cap qui ouvre sur la réinstallation de celui-ci dans une conjugalité vivante bénéfique pour les parents en tant qu'homme et femme, évidemment, mais aussi en tant que père te mère. L'enfant est dirigé vers la place qui lui revient : celle de fruit de l'amour du couple. Ce projet peut demander un peu de temps pour se réaliser pleinement, il serait cependant préoccupant de ne pas l'envisager… et surtout dommage.

Comment faire pour les vacances ?

Mes parents, pour faire des économies, ils ont réussi à louer une maison pas chère pour le mois d'août. C'est mon père qui a trouvé le bon plan : grâce à un ami qui connaît un ami qui, lui aussi, connaît un ami qui connaît très bien un agent immobilier sur la Côte d'Azur !

D'après ce qu'il nous a dit, c'est une super affaire : une grande maison avec quatre chambres et d'où on voit la mer !

Le samedi soir, on a pris la route pour arriver tôt le lendemain matin. Huit heures de voyage, c'est long, surtout que ma sœur elle a eu sans arrêt mal au cœur et que mon grand frère il n'a pas arrêté de faire des bêtises !

Une fois sur place, tant bien que mal, on a vite compris que ce n'était pas tout à fait la même maison que sur l'annonce.

Elle avait bien quatre chambres mais sur deux étages, même que maman elle a eu très peur de l'escalier en pente raide et qu'elle voulait tout de suite rentrer à Paris.

Pour la rassurer, papa il s'est mis aussitôt à bricoler. Les tables de nuit et les chaises sont devenues des barrières... mais pas infranchissables, car notre premier jeu a été d'essayer de passer en dessous. Moi, j'ai deux ans et demi, alors mes parents ils ont longtemps discuté sur mon cas, sur ce qu'ils allaient ou non me laisser faire.

Papa a commencé par dire que, vu mon âge, c'était normal que je m'entraîne à monter et à descendre !

Alors j'ai essayé illico et je suis tombé dès la quatrième marche !

Maman est revenue à la charge en me disant : « Je t'interdis de monter sans moi ! »

Mais dès qu'elle a eu le dos tourné, j'ai recommencé ; et repatatras ! Cette fois-ci, je me suis étalé depuis la sixième marche. J'ai beaucoup pleuré.

Après la pose du Mercurochrome, les directives ont donc de nouveau évolué : « Si tu remontes tout seul c'est la fessée ! »

Mais papa et maman n'avaient pas vraiment l'air d'accord là-dessus !

C'est prévu, dans les prochains jours, j'essayerai à nouveau le jeu de l'escalier pour voir comment ils réagissent !

Il est 10 heures du matin ! Après avoir rangé les valises, on est prêts pour partir tous ensemble voir la mer. Mais, rapidement, quand on s'est rappelés que le monsieur de l'agence avait dit qu'elle était « tout proche », on a compris qu'il n'avait jamais eu d'enfants avec lui !

Papa a dû marcher pendant près d'une heure en me portant sur ses épaules, maman et les deux autres suivaient péniblement en tenant le matelas de plage gonflé, le parasol et un énorme sac bourré de serviettes, de seaux, de pelles, de gâteaux, de bouteilles d'eau...

Vu ma hauteur, les mains posées sur la tête de papa, c'est moi qui ai vu la mer en premier !

Les jours d'après, on s'est organisés : papa allait le matin avec nous sur la plage pendant que maman rangeait la maison et préparait le repas de midi, et puis elle nous rejoignait pour que papa puisse aller faire la sieste, tout seul, tranquille, l'après-midi !

Finalement, nous, les enfants, on a passé de bonnes vacances, mais, pour mes parents, ça n'avait pas l'air pareil. Ils étaient souvent en colère l'un contre l'autre !

Enfin, au bout de trois semaines, on est quand même tous rentrés contents à la maison ! Même que maman, au retour, dans la voiture, elle a dit : « Au moins, on a mangé des légumes et des fruits frais, on a fait le plein de vitamines ! »

Les vacances ont une histoire, peut-être même une date de naissance car elles commencent, pour la majeure partie des Français, avec la conquête des congés payés sous le Front populaire en 1936 : la réduction du temps de travail marqué de nouvelles étapes. Ces aménagements très appréciés sont, finalement, récents. Globalement, le temps travaillé a beaucoup baissé pour laisser une grande place aux loisirs. Dans la mesure où s'est imposée l'idée qu'il fallait « partir pour les vacances » l'occupation de ce temps tourne parfois au « problème ». Avec un enfant, les données de l'équation sont plus nombreuses. Très logiquement les parents ou futurs parents se demandent comment faire.

Partir impérativement ?

L'industrie touristique s'est considérablement développée et offre désormais des possibilités sans précédent, aussi diverses que variées : des locations dans des campings plus ou moins luxueux jusqu'aux séjours fastueux « au soleil », à l'autre bout de la planète. Les vacances deviennent un bien de consommation désirable dans la vitrine alléchante des catalogues ou des sites Internet. Les familles ressentent parfois une vraie pression : Pourront-elles s'offrir des vacances ? Lesquelles ? Une ou plusieurs fois dans l'année ? Faire du ski en hiver ?

Dans certaines conditions financières et sociales, cette pression peut susciter une tension jusqu'à atteindre l'estime de ceux qui ne « pourront pas partir en vacances ». Rien n'oblige pourtant à se laisser prendre par un mouvement qui réclame une consommation de séjours dont le prix finirait par prédire la qualité. De bonnes vacances sans se ruiner ?

Être en vacances sans consommer du loisir ?

Et si l'on passait un moment agréable rompant avec la vie ordinaire… chez soi. Il est loisible de s'octroyer le temps de vivre paisiblement à un rythme différent, en créant les vacances. Des ingrédients insoupçonnés sont à notre portée : une baignade inhabituelle, un pique-nique en forêt, et pourquoi pas, selon les goûts et la saison, une choucroute ou des fraises Melba (ou les deux). Autant de petits moments précieux que le bébé partagera avec d'autant plus de délice que ses parents seront détendus. En dehors de toute contrainte, pourquoi ne pas profiter de la présence d'un jeune enfant pour explorer les richesses locales ? Un élevage de truites ou le musée départemental sont des mines rarement exploitées.

Vacances et famille

Les vacances signifient une possibilité rare de partager du temps en famille, « autrement ». C'est d'ailleurs le principal intérêt pour le petit enfant si désireux de savourer la disponibilité de ses parents, gardons-le à l'esprit. S'organiser de manière que l'enfant ait les vacances les plus longues possibles, en mettant bout à bout un premier séjour avec un parent puis un autre avec le second paraît généreux mais fait l'impasse sur le besoin profond de régénérer les relations familiales.

Les séjours en famille donnent l'occasion de tisser des relations avec les grands-parents, les oncles et tantes, la sœur de la belle-mère, la cousine du fils du mari de maman… Ils trament en fin de compte le lien familial. Pour les familles recomposées, de plus en plus nombreuses, ils font encore davantage appel à un cocktail subtil de créativité et de souplesse.

Ces moments favorisent l'ancrage dans la communauté agrandie de la famille, ils élargissent l'horizon de l'enfant avec une constance rassurante. Veillons cependant à cultiver le plaisir en se gardant de la systématisation.

S'autoriser des moments sans les enfants ?

Le besoin d'intimité des parents est-il compatible avec les vacances ? Pourquoi ne pas s'accorder aussi un temps sans enfant, à un rythme adulte propice à des « retrouvailles » ? Les vacances sont une excellente occasion de confier les enfants, ils découvriront beaucoup de choses à vivre différemment, selon des coutumes et des règles inhabituelles. La sacro-sainte émission télévisée du grand-père sur les animaux, la messe avec mamie, l'interdiction de faire du bruit car la tante fait sa séance de yoga sont des expériences qui colorent l'enfance. Jugées ennuyeuses sur le moment l'enfant s'en souviendra probablement... non sans nostalgie. Supprimer les vacances sous prétexte que l'enfant s'ennuie retire la possibilité de rencontrer un autre mode de vie et, ce faisant, d'apprendre à s'adapter. En outre, l'ennui n'est pas un ennemi puisqu'il pousse à déployer bien des ressources inexplorées.

Apprenons alors sans tarder à confier l'enfant sans culpabilité, pour que cela devienne « normal » ; il en va de la possibilité de préserver aussi sa vie d'adulte... et donc de parent épanoui. Les vacances sont un temps ouvert, gare au risque de le boucher à tout prix par une consommation de loisirs obligatoires, alourdis par la présence de l'enfant ! Donnons-nous la liberté de ne pas toujours « partir ». De plus en plus longs et fréquents, ces temps hors routine sollicitent notre capacité à nous retrouver en famille pour tisser le lien. La créativité est de rigueur pour réinventer des formules toujours nouvelles que les mutations de la famille encouragent vivement.

Quand va-t-il marcher ?

Un beau matin, une honorable famille de mille-pattes donna naissance à un splendide bébé à qui, malheureusement, il manquait une patte !

Rien de grave à cela, me direz-vous : nous, humains, avec seulement quatre pattes, accomplissons depuis l'aube des temps les merveilles que chacun connaît !

Mais, tout de même, dans cette famille-là, avoir engendré un 999 pattes faisait brouillon et semait le doute sur l'ensemble de la descendance !

En un mot : on ne pouvait laisser les choses ainsi !

Ses parents firent donc appel aux plus grands spécialistes de l'époque pour, grâce aux techniques rééducatives d'avant-garde, combattre son handicap.

Et, chaque jour un peu plus, l'éclairage fut mis sur cette patte absente qui faisait défaut au petit.

Tellement et tellement que, au fil des mois, on finit par oublier toutes les qualités qu'il possédait, en ne voyant que ce qu'il n'était pas.

Alors il arriva ce qui devait arriver : peu à peu, ne pouvant développer ses véritables capacités qui, pourtant, étaient fort nombreuses, il se paralysa totalement !

Et, faute, comme dans les contes, de voir arriver une bonne fée, il devint interne dans un institut médico-pédagogique.

Triste histoire...

La marche signifie un tel progrès que les parents l'espèrent vivement, comme si cette grande étape engageait, à elle seule, la croissance. Elle est attendue comme la preuve de la capacité du petit à se développer le mieux et surtout, bien souvent, le plus rapidement possible. Tous les parents du monde guettent ce moment, impatiemment. Ce cap réel est aussi symbolique car il dresse le petit humain. Rien d'étonnant à ce qu'il revête une importance extraordinaire. Il est donc entièrement normal que les parents s'en préoccupent.

Une « norme »... particulièrement variable

Peut-on véritablement parler d'âge « normal » de la marche alors que, de fait, cette acquisition s'effectue généralement entre dix et seize mois et, parfois, à neuf ou vingt mois ? La marche requiert plusieurs acquisitions de base dont la combinaison prend du temps. Avant tout autre chose, le bébé doit disposer d'assez de force et d'équilibre, son squelette doit donc être devenu suffisamment solide pour qu'il se tienne debout tout seul. Ensuite il doit en avoir l'envie et se sentir prêt à affronter verticalement les autres. Il faut aussi qu'il accepte de quitter son état de tout-petit qu'on porte systématiquement dans les bras.

Des décalages normaux entre les acquisitions nécessaires

Il est banal qu'un enfant se mette debout à dix mois mais qu'il lui faille encore plusieurs mois pour trouver son équilibre et la maturité de se lancer dans l'aventure. Cette différence de tempo dans les acquisitions reflète le rythme propre de l'enfant. Il est important d'en tenir compte. Il est, certes, possible d'obliger le bébé à marcher prématurément mais ce passage en force n'est souhaitable ni physiologiquement ni psychologiquement. Tôt ou tard, l'enfant se mettra en marche, rassurons-nous et respectons-le.

Faciliter le progrès en lui donnant envie de marcher

Bien que le déclenchement de la marche appartienne à l'enfant, au moment où il se sentira prêt, il revient aux parents de donner de l'intérêt à cette évolution. Inutile de s'affoler en s'inquiétant beaucoup trop tôt d'un éventuel « retard ». Inutile aussi de dramatiser les immanquables incidents liés à l'apprentissage. Tomber est normal. L'enfant en conviendra rapidement si ses essais malheureux ne suscitent pas de panique.

Se tenir debout puis marcher doit représenter un progrès attrayant. Les parents trouveront aisément des moyens de favoriser ce désir, ne serait-ce qu'en commençant par l'appeler vers le haut ou en vantant les mérites de ce passage. Un jeune enfant de l'entourage peut aussi servir d'exemple motivant. Petite « tondeuse », éléphant à roulettes ou tracteur et bien d'autres jouets simples mobilisent la station debout et déploieront tous leurs charmes avec la marche. Motivant !

L'inquiétude pour la marche est compréhensible mais n'a de sens que tardivement, aux alentours de deux ans. Il est très exceptionnel qu'un enfant, suffisamment encouragé dans ce progrès, n'ait pas, alors, réuni les acquisitions nécessaires et l'envie de se lancer dans l'aventure. Se mettre en marche est aussi une affaire de confiance en soi. Tranquillisons-nous et faisons-lui confiance pour qu'il révèle cette capacité. Même si elle réclame un certain temps et quelques chutes plus ou moins mémorables, la marche est avant tout un jeu d'enfant à faire découvrir avec émerveillement.

V – 2e, 3e années : difficile d'être détrôné ! Qui fait la loi ?

Les premiers pas : à chacun son rythme

En venir aux mots pour ne pas en venir aux mains

Depuis ma naissance, grâce à mon pouvoir de séduction infaillible, j'obtenais toujours illico ce que je voulais ! Je pleurais parce que j'avais faim... et hop ! On me donnait à manger ! Je tendais la main vers un objet et quelqu'un me le donnait.

En quelque sorte, c'était un peu le paradis !

Mais, maintenant que j'ai presque trois ans, je sens bien que, pour vivre au milieu des autres, il va falloir que je mette un peu d'eau dans mon vin et accepter de ne pas tout posséder, de ne pas avoir le droit de tout faire ! Je suis prêt à l'apprendre mais ça va être difficile ! Pour l'instant j'ai dans la tête un code pénal vierge. Maintenant je vais commencer à le remplir en me servant de mes parents.

La technique est simple. Je vais faire un maximum de bêtises à la maison et, en fonction de leurs réactions, je verrai combien ça coûte ! Les bêtises qui déclenchent des grosses sanctions, je les écrirai sur la page de droite de mon code pénal, dans la rubrique : « Bêtises à ne pas faire ! » Par contre, toutes les autres, je les inscrirai sur la page de gauche et, celles-là, je pourrai les recommencer à l'infini !

En plus, afin d'augmenter la lisibilité des sanctions, je vais essayer de regrouper un maximum de bêtises le même jour pour que les réponses soient plus faciles à comprendre.

Par précaution, avant de commencer le grand exercice du « code pénal » je vais un peu me mettre en jambes en testant la cohérence de mes parents.

Pour cela, ce ne sont pas les moyens qui manquent. Dans un premier temps je vais opter pour la méthode du « bonbon ». Elle est simple et son effet est presque toujours assuré. Il faut commencer par aller demander un bonbon à papa, avec la tête droite, sur un mode impératif : « Papa ! Je veux un bonbon. » Si, par chance, c'est le cinquième bonbon que je réclame depuis ce matin, papa va me répondre : « Non ! Tu en as déjà mangé de trop ! » Ça marche !

Ensuite, je n'ai plus qu'à aller voir maman en lui demandant de nouveau un bonbon mais en inclinant la tête (geste quasiment infaillible utilisé par les mendiants du monde entier !). Maman craque aussitôt. Elle me donne le précieux bonbon tout en précisant : « Je te le donne, mais tu n'en auras qu'un seul ! » J'accepte aussitôt le contrat !

Surtout que le but de ce bonbon n'est pas d'être mangé, il est simplement d'être montré à papa ! « Tu as vu, elle me l'a donné ! » Après je n'ai plus qu'à compter les points en suivant attentivement, à distance, la discussion qu'ils vont avoir entre eux !

Bon, cette phase de vérification étant faite, maintenant nous allons pouvoir passer aux choses sérieuses : le remplissage du code pénal.

Dès 9 heures du matin, je me mets en chantier. Je fais une mégabêtise et j'attends pour en évaluer le prix. Mais mes parents s'interrogent : « Faut-il sanctionner ? Va-t-il encore nous aimer si on le punit ? »

Pendant près de cinq minutes, le tarif de la bêtise n'est pas très clair mais, au final, maman lève le bras et, en agitant la main me dit : « Si tu continues, ça va tomber ! » mais rien ne tombe. J'inscris aussitôt ladite bêtise dans la colonne de gauche (Bêtises à refaire) et l'exercice peut continuer.

À 10 heures, j'en fais une deuxième et la réponse finit par être la même ! De nouveau, maman relève le bras en criant : « Je ne te le répéterai pas ! » Rebelote ! Colonne de gauche.

À 11 heures, je fais une troisième bêtise, nettement pire que les précédentes, pour faire monter les enchères ! Et le bras de maman se relève une fois de plus avec juste le texte qui change. Elle me lance : « C'est la dernière fois que je te le dis. »

Bien évidemment, la colonne de gauche se remplit à vue d'œil et, au fil des expériences, elle me confirme que j'ai le droit de tout faire !

Pour être quand même sûr de ne pas me tromper, je continue à multiplier les bêtises, en en variant le style, au cours de la journée, mais toujours avec le même résultat.

Sur le coup de 17 heures, maman est de plus en plus excédée ! Au téléphone, elle raconte tout à sa mère : « Je ne sais pas ce qu'il a dans la peau depuis ce matin, il n'arrête pas de faire des bêtises ! »

Visiblement, elle n'a absolument pas compris que j'étais en plein travail, en train de faire la vérification des limites.

Un quart d'heure plus tard, elle me dit : « Tu mets ton manteau, on va faire les courses ! » Heureux à l'idée de partir en promenade, j'esquisse un petit sourire mais, sans que je m'en doute, c'est la goutte d'eau qui fait déborder le vase ! Paf ! Je reçois une gifle et j'entends maman hurler : « Ça suffit ! Je t'avais prévenu ! »

Le seul problème, c'est que là, je n'avais pas fait de bêtise !

Allez savoir dans quelle colonne inscrire la gifle qui venait de tomber ? ? !

Il n'a pas toujours été possible pour les enfants de s'exprimer, longtemps l'autorisation de parler à table a dû être demandée. Aujourd'hui la parole est donnée aux enfants, promouvons cette chance en incitant notre enfant à dire les difficultés et les désaccords, c'est une opportunité de rendre les relations plus fluides. La guerre de tranchées du silence ou l'assaut des coups sont facultatifs. Le recours à la parole est une chance exceptionnelle, pour les enfants comme pour les parents.

Parler pour s'éviter d'agir sans réfléchir

Les échanges relationnels entre jeunes enfants sont d'autant plus musclés que la parole fait défaut. Les grands mordeurs des crèches sont en effet de bien petits parleurs qui compensent leur impuissance par une autre action de la bouche. Le fait est : parler libère, soulage, apaise. Sans être infaillible, la mise en mots est un rempart efficace contre la violence et le passage à l'acte. Les coups se substituent volontiers à un échange de paroles impossible. Évitons-les en permettant aux paroles manquantes d'émerger. Un enfant qui frappe a certainement besoin d'être entendu.

Mettre en mots pour s'entendre

Formuler des reproches, crier sa rage, dire sa tristesse, dégage les sentiments douloureux en les extériorisant. Le besoin de frapper, casser et, plus tard peut-être de boire ou partir s'en trouve considérablement réduit. La force de la parole est de mettre un écart entre soi et le monde et suffit souvent à faire passer l'orage. L'écoute est le passage obligé pour rendre la parole efficace. Délivrons attentivement nos messages afin de ne pas être contraints de crier comme des sourds.

Le moment opportun pour l'écouter se crée. Si nécessaire, n'hésitons pas à enregistrer le besoin d'être entendu pour le différer à un moment propice. L'échange mérite une vraie place pour qu'il dise jusqu'au bout ce qu'il a à dire et qu'on l'écoute vraiment. Économie de crises et de malentendus à la clé. N'ayons pas peur des mots, ils canalisent l'agressivité.

Cette force du langage a évidemment sa contrepartie, la parole a ses codes et les mots ont leur impact, il faut l'apprendre. On ne dit pas à son grand-père qu'il est vieux et gros. Même s'il fait mine de ne pas se froisser et prétend en sourire. On n'insulte pas ses camarades. Les mots peuvent porter des coups violents, ils sont aussi une arme capable de nuire en disqualifiant. Ils sont aussi les merveilleux messagers de l'amour. On ne dira jamais assez un véritable « je t'aime ».

Découvrir la valeur des mots

L'entrée dans l'univers du langage est un voyage fabuleux qui permet d'accéder à la connaissance du monde et de soi. La valeur des mots doit être enseignée dès que possible pour donner la mesure de leur effet. Gare aux débordements verbaux qui emportent tout sur leur passage ! L'enfant peut apprendre très tôt que des paroles peuvent avoir des conséquences, il vit profondément les qualificatifs qui lui sont attribués et qui circulent autour de lui. La valeur de l'exemple est évidente et fondamentale. La manière dont nous parlons et, tout particulièrement avec lui et de lui, est à surveiller absolument. C'est le guider vers des rapports humains respectueux. D'ailleurs les gros mots le fascinent très vite car ils soulèvent le voile d'un espace interdit. En établissant des frontières dans le langage entre ce qu'on peut dire et ce qu'on ne peut pas dire sans manquer de respect à l'autre, on prépare la vie en société. Un petit enfant qui traite son parent de « gros caca » peut faire sourire mais gare à la brèche qui s'ouvre et qui donnera peut-être « sale con » à 14 ans.

Dis « Bonjour » à la dame !

La liberté de parole a pu faire un temps douter du sens des conventions. Toutefois, apprendre les usages fondamentaux de la politesse tient du devoir d'instruction civique. Pour apprendre à vivre ensemble il faut déjà apprendre à se parler et, donc, savoir engager la conversation, faire une ouverture relationnelle. Dire « bonjour » à la dame ou échanger quelques mots polis sur le temps sont en fait des invitations à l'échange. Que de possibilités relationnelles immenses à travers le langage ! L'enfant y est spontanément sensible ! Qu'il dise « bajour » ou « bisour » à la dame peu importe, dégustons l'espace de jeu qui se crée.

Le langage est une ressource exceptionnelle qui donne aux humains le fabuleux pouvoir de se décaler de l'action. Bénéficions ensemble de cette opportunité extraordinaire de cerner et vider les conflits, donnons aux enfants les clés du bon usage de leur langue pour les initier à la vie et à des plaisirs infinis.

Comment en finir avec les couches ?

Les commodités modernes n'ont pas fait disparaître la hâte des parents à voir leur enfant franchir le cap de la continence. Certes, la période des couches ne s'accompagne plus de la corvée mémorable du lavage à la main d'innombrables carrés de tissus et vêtements souillés, mais elle résume encore la toute petite enfance sous l'angle de la grande dépendance. Les pères y sont souvent plus sensibles que les mères. La fin des couches marque, il est vrai, une étape forte de croissance aux conséquences pratiques très appréciées. L'envie de voir son enfant propre au plus tôt est très compréhensible mais demande à être replacée dans un contexte plus fondamental d'autonomie fondée sur la maturation physiologique. S'agit-il d'une soumission de l'enfant au désir de l'adulte ou de sa conquête, à lui, d'un moyen de faire plaisir à son parent ?

Des progrès pour qui ?

La période d'acquisition de la propreté s'apparente, dans son ensemble, à une lutte pour exister. L'enfant s'affirme en disant « non » et manifeste impétueusement son besoin de se différencier. Au programme : jet d'objets divers, refus de manger ou d'avancer, colères... En somme, mille et une formes d'un mini-bras de fer avec un petit doté d'une très grande imagination. Lorsque le langage sera développé, on entendra immanquablement, un jour, le célèbre « caca-boudin » rebelle ou sa variante du moment. Avant même de viser la propreté, il convient de cerner ce qui sous-tend cet objectif : un progrès appartenant à l'enfant et non un triomphe pour l'adulte, parvenu à dresser le petit.

Lui laisser le temps d'être prêt

Cette affaire est avant tout la sienne et son rythme lui appartient. D'ailleurs on sait aujourd'hui qu'une maturation physiologique est requise pour que l'enfant puisse commander ses sphincters. Elle n'est atteinte que lorsque l'enfant sait monter et descendre un escalier (soit très tardivement par rapport aux habitudes antérieures d'apprentissage de la propreté).

Passer outre en incitant à une acquisition précoce est d'ailleurs décommandé par les spécialistes. En plus de la maturation biologique, une maturation psychique et surtout affective est nécessaire. La cadence est propre à chaque enfant et il n'y a pas lieu de comparer avec le petit cousin ou le fils de la voisine, ni même, ultérieurement, avec la future petite sœur.

Ce n'est pas le premier obstacle d'un parcours du combattant. La tension du parent qui s'impatiente risque d'être contre-productive. L'enjeu est que l'enfant s'approprie cette étape importante de son développement. La patience est de mise. Le moment viendra où l'enfant sera prêt à faire don aux parents du précieux contenu de son intérieur, sa première propriété, en définitive.

Un apprentissage progressif avec des incidents et non des catastrophes

Les professionnels de l'enfance délivrent tous les conseils nécessaires pour traverser cette période d'autant plus tranquillement que les parents l'aborderont eux-mêmes confiants et détendus. La charge affective est un aspect majeur du processus ; l'enfant soutenu et encouragé par ses parents est en mesure d'apprendre sereinement. Les ratés ne doivent pas être interprétés comme des drames, au risque de les multiplier. Interdisons-nous d'en faire des humiliations, une honte farouche pourrait en profiter pour prendre sournoisement racine. C'est une acquisition ; elle peut, dans des circonstances particulières, se perdre momentanément. Cette régression (possible aussi chez l'adulte) est banale chez l'enfant, il convient de la considérer sans s'affoler. En redonnant confiance à l'enfant, il y a toutes les chances qu'il retrouve cette capacité. Faute de résultat, un professionnel nous sortira de l'ornière et la relation aura été protégée.

Quand bien même le tempo de l'enfant aurait été un peu long, il rencontrera une accélération avec l'entrée à l'école. Il est certes inconfortable de mettre à l'école un enfant encore mal assuré dans cette acquisition mais, rassurons-nous, l'effet d'entraînement du peloton des camarades est très efficace.

La modestie apparente du sujet masque, en fait, un enjeu en or. Avec la propreté s'engage une étape précoce mais cruciale de conquête d'autonomie, tant concrète qu'affective.

Il régresse : à l'aide !

Allant dîner un soir dans un restaurant chinois, je fus attiré par un magnifique aquarium trônant au centre de la salle.

Il mesurait environ un mètre de longueur, cinquante centimètres de largeur et, entre les algues, y nageaient deux poissons extraordinaires.

Longs d'une quarantaine de centimètres, ils se nommaient « tête de dragon » d'après le patron.

Le dialogue s'amorça entre lui et moi à leur propos :

« Ils doivent être très vieux ? »

« Non, je ne les ai que depuis un an et ils sont tout jeunes !

« Mais alors, s'ils grandissent, ils ne tiendront plus dans l'aquarium ! »

« Ils ne vont plus grandir ! »

« Heureusement qu'ils ont fini leur croissance ! »

« Non, ils n'ont pas fini leur croissance, mais ils ne vont plus grandir ! »

... Je ne savais plus quoi dire !

Devant mon étonnement, le restaurateur expliqua :

« Ils pourraient encore beaucoup grandir mais, en fait, ils ont arrêté leur croissance car, comme l'aquarium est trop petit pour eux, ils vont rester nains ! »

L'espace d'un instant, je me suis surpris à penser qu'il aurait pu, de la sorte, me parler d'enfants et de milieux éducatifs mais il ne s'agissait que de deux poissons et d'un aquarium !

Les connaissances sur la petite enfance ont littéralement explosé depuis les années 50. On a ainsi mieux compris l'importance de l'enfance dans le développement ultérieur. Sur tous les plans : physiologique, intellectuel, moteur et affectif. Ce domaine jadis réservé aux professionnels fait l'objet d'un intérêt croissant. Des journaux spécialisés, des émissions de télévision, des livres, les relaient constamment. Les enfants d'aujourd'hui ne sont donc pas regardés comme ceux d'hier, on s'intéresse de près à tous les aspects de leur croissance. Le terme technique de « régression » s'est ainsi banalisé et le voilà utilisé pour qualifier ce qui est considéré comme un retour en arrière regrettable. Une clarification est nécessaire.

Les parents dans l'œil du collimateur ?

Certaines théories ont été bêtement simplifiées à l'extrême (au point d'en perdre d'ailleurs leur pertinence) pour proclamer « tout se joue avant 2 ans, 5 ans, 6 ans... ». Quoi de plus accusateur et inquiétant pour les parents ? Au lieu d'apprécier ce qu'ils ont accompli, ils ont le sentiment pénible « d'avoir fait des erreurs ». L'illusion tyrannique de la perfection n'est pas obligatoire. Nous ferons de notre mieux, sans nous culpabiliser outre mesure. Une véritable pression pèse en effet sur les parents désireux de voir leur enfant se développer aussi bien et rapidement que possible. Ne nous laissons pas écraser par un idéal de performance et d'épanouissement. Bonheur et résultats obligatoires ? Les attentes sont encore renforcées par l'incertitude actuelle pour l'avenir, l'éducation devient un parcours du combattant pour les parents comme pour les enfants. Tout doux !

On ne grandit pas comme on grimpe à une échelle

L'idée d'un retour en arrière compromettant le bon développement de l'enfant doit être sérieusement recadrée et nuancée. La croissance s'opère, en effet, par un ensemble de mouvements qui n'ont rien de l'ascension en ligne droite. Il est tout à fait normal que certains progrès sur un certain plan s'accompagnent de repli sur d'autres, comme si l'enfant avait besoin de se rassurer en retournant sur ses pas pour mieux aller, ensuite, de l'avant. Après une grande journée d'école maternelle, il peut être très ressourçant de sucer son pouce et de jouer au bébé, en réclamant la becquée. Cela n'a rien d'inquiétant et témoigne seulement d'un besoin de réassurance. Cet épisode n'est pas problématique. Pourquoi pas une petite pause pour se refaire une santé ? (Une sorte de thalasso de tout-petit, en quelque sorte.)

Du besoin de se requinquer au véritable signe de mal-être

Si, dans la grande majorité des cas, les retours en arrière sont furtifs et bénins, il arrive qu'ils deviennent de vrais problèmes. Un enfant qui redevient durablement incontinent, par exemple, rend sa vie et celle de son entourage plus difficile. Le risque serait d'en faire un enjeu de dressage, comme si l'enfant le faisait plus ou moins exprès pour contrarier ses parents ou manquait de volonté. Pourtant l'enfant ne contrôle pas cette situation, elle lui échappe cruellement. L'enlisement dans cette ornière n'est pas nécessaire. Il est préférable de ne pas enclencher honte et rejet.

On pourra prendre les devants en s'adressant à un interlocuteur averti. S'il s'agit d'une panne du développement, elle a certainement ses raisons, aussi est-elle un message à entendre. La réception de ce message peut requérir de l'aide, à commencer par celle du médecin. En osant confier cette difficulté, son poids diminuera et on trouvera, dans la plupart des cas, une issue étonnamment aisée.

Le développement de l'enfant s'opère par des retours en arrière, non seulement normaux mais nécessaires. Les accueillir sans anxiété est la meilleure manière de leur permettre de remplir leur fonction régulatrice. S'ils devaient prendre une tournure préoccupante, là encore, les accueillir est la meilleure manière d'en comprendre le sens, et de prévenir une aggravation.

Certains chemins comportent plus de détours que d'autres, inutile de s'y perdre.

Autorité : qui l'emportera ?

En règle générale, tous les enfants ont de nombreuses compétences, très variables de l'un à l'autre.

Par contre, il y en a au moins une qu'ils possèdent en commun : celle qui consiste à savoir mettre en œuvre un scénario fabuleux pour obtenir, de la part des adultes, tout ce qu'ils veulent et au moment où ils le veulent !

La seule chose qui change, selon les loupiots, c'est précisément le choix de ce scénario. Chacun va affiner sa stratégie en fonction à la fois de sa personnalité profonde et de celle de l'interlocuteur adulte qu'il va avoir à faire céder.

Là, nous entrons dans une alchimie complexe qui peut aboutir à des situations extrêmement différentes.

Pour nous éclaircir les idées sur cette question, tentons de décrire six portraits distincts d'enfants (nous nous limiterons à six, mais il serait possible d'en citer dix fois plus !).

1 / Le plus classique : celui qui se roule par terre, qui crie, qui pleure, qui casse tout ce qu'il y a autour de lui pour réduire à néant la tentation des adultes de lui refuser quoi que ce soit, de le frustrer en le faisant attendre, en lui opposant ce « non » catégorique, si douloureux à entendre pour cet enfant qui, à ses propres yeux, est le centre du monde !

Mais parfois, bien que classique, il arrive que cette technique ne marche pas à tous les coups et que certains parents téméraires s'efforcent de ne pas tomber à pieds joints dans le piège !

Dans ce cas, l'enfant devra produire un effort supplémentaire et accompagner ses gesticulations de menaces propres à faire rapidement pencher la balance dans le sens de son avantage : « T'es méchant ! ! ! T'es pas belle ! ! ! J't'aime pas. »

Habituellement, l'effet escompté est le plus souvent immédiat !

2 / Seconde stratégie, au moins aussi imparable que la précédente : être un enfant séducteur.

Pour en comprendre l'origine, il faut remonter aux premiers jours de la vie. En fait, contrairement aux autres mammifères, les bébés humains naissent tous « prématurés » : ils sont incapables, une fois à l'air libre, de subvenir par eux-mêmes au moindre de leurs besoins et, donc, sont en danger de mort !

Fort heureusement, depuis la nuit des temps, tous les nouveau-nés ont appris, bien avant de naître, la méthode idéale pour échapper à un tel destin : la séduction !

Grâce à ce pouvoir fascinant que le tout-petit exerce sur son entourage, tous les adultes vont succomber. On va le laver, le nourrir, l'embrasser, le caresser, lui parler... un pur bonheur !

Donc, très vite, il va prendre conscience de tout ce que lui rapporte cette séduction et en faire le meilleur usage !

Ainsi, pour peu qu'il ne soit pas de nature colérique (contrairement à l'enfant décrit dans le premier exemple), il va exercer en permanence son charme tous azimuts et, de ce fait, obtenir systématiquement et sans violence ce qu'il désire.

Gain supplémentaire : autour de lui, les adultes ne tariront pas d'éloges : « Il est tellement mignon ! Il a toujours le sourire ! On ne peut rien lui refuser ! »

(Attention : on parle ici du bébé, mais il faut avouer que certains « enfants », à l'âge de trente ans ou plus, en sont encore à ce stade vis-à-vis de leurs parents !)

3 / Autre méthode, autres mœurs : les enfants qui n'ont ni envie de hurler, ni de séduire peuvent aussi jouer la carte de la pathologie, en démarrant pour tâter le terrain, dans un « genre mineur ». Par exemple : en vomissant quand ils sont confrontés à un quelconque stress. Le résultat est presque assuré d'avance !

Les parents décident que le loupiot doit dormir dans sa chambre, ils l'obligent à aller au lit et, horreur, il se vomit dessus ! ! ! Effet saisissant ! Branle-bas de combat dans la maison ! Exceptionnellement, cette nuit, il va de nouveau dormir avec papa et maman, on ne sait jamais ! ?

4 / Pour rester dans le champ de la pathologie et au cas où les manifestations discrètes (tels que les vomissements...) ne s'avèrent pas assez efficaces, il suffit à l'enfant de durcir le trait dans le choix des messages.

Par exemple en optant pour des symptômes totalement anxiogènes. Le meilleur de ceux-ci est le « spasme du sanglot ! » C'est sûr, avant d'exercer cet art, il faut que le loupiot prémédite bien son plan afin d'en tirer un maximum de rentabilité !

On vient de lui refuser quelque chose qu'il convoite à tout prix, alors, aussitôt, il déclenche la mécanique : il devient bleu, ses yeux se révulsent, il tombe à la renverse, arrête de respirer.

Là, il n'y a plus une seconde à perdre ! On appelle le SAMU... ! Le médecin, après l'avoir « sauvé », veut se montrer rassurant pour la famille en donnant un nom au diagnostic : « c'est assez fréquent et très impressionnant, cela s'appelle "spasme du sanglot". Mais ne vous inquiétez pas, ça ne devrait pas se reproduire, en principe. De toute façon, n'hésitez pas à nous appeler de nouveau s'il y a quoi que ce soit ! »

Ça y est ! Bingo ! Le dispositif est mis en place. L'enfant qui a opté pour cette solution a fait le bon choix et, surtout, un bon investissement : pendant des années, il va obtenir tout ce qu'il veut, dès l'apparition des premiers signes pouvant ressembler à des symptômes ! L'essentiel, après tout, c'est qu'il continue à respirer !

5 / Ce type de méthode est très valable chez le tout-petit, mais il ne faut pas croire pour autant que les « grands », les adolescents, doivent en faire l'économie.

Pour eux aussi, ce mode de stratégie pourra, au moment venu, s'avérer fort utile, notamment en sachant générer et entretenir de l'angoisse au sein de leur famille.

Par exemple en refusant de manger (soi-disant pour être mince), en rentrant toujours en retard, le soir ou, mieux encore (là, on frise la perfection !), en partant précipitamment de la maison en milieu de soirée, en claquant la porte et en débranchant son portable !

À son retour, après une demande d'explication de la part de ses parents (auxquels il conviendra de répondre pas du mutisme !) il pourra savourer sa victoire et en tirer le meilleur parti dans un avenir proche.

6 / Un dernier portrait dans cette liste, très différent des précédents, pourrait s'appeler le parent jackpot, dans le cas d'enfants qui, pour avoir ce qu'ils souhaitent, utilisent leurs parents un peu comme on pourrait le faire, dans un casino, avec une machine à sous !

Le principe en est simple : si l'on ne gagnait jamais avec ce style de machines, on cesserait immédiatement de jouer; par contre, si l'on gagnait à tous les coups, ça se saurait ! En réalité, tout le monde sait bien que la règle du jeu est dans l'intermédiaire : à force d'y introduire de la monnaie, on finit théoriquement par gagner quelque chose et, parfois, si les vents sont favorables, on a même le gros lot !

C'est exactement la même méthode que certains enfants utilisent avec leurs parents, en revenant sans cesse à la charge, de manière répétitive, pendant des heures et des jours, en formulant la même demande, pour augmenter leurs chances, le moment venu, quand les freins des parents lâchent, de décrocher le jackpot et que les pièces par centaines tombent de la machine !

Et le pire, c'est que, des fois... ça marche !

Les grandes colères, les cris, les coups ?

J'ai presque trois ans et, comme j'ai toujours vécu avec des enfants plus petits que moi, à la maison et chez la nounou, partout, c'est moi le chef !

Mon activité principale est de bien montrer aux autres que tout ce qu'ils ont dans les mains m'appartient !

À l'un j'arrache son jouet, à l'autre je pique ce qu'il a dans son assiette... et aussitôt, eux, ils se mettent à pleurer !

Il n'y a pas à dire : je suis vraiment le meilleur, toutes catégories confondues !

Sauf que depuis ce matin, au square, il vient de m'arriver une aventure horrible ! Au début tout à commencé comme d'habitude : avec la nounou, on est arrivés sur le coup de 10 heures, elle s'est installée sur le banc, moi j'ai fait un tour d'horizon pour voir s'il y avait des copains et, à quelques mètres de là, assis dans le sable, j'ai aperçu un garçon qui avait à peu près mon âge. Je ne le connaissais pas mais quelque chose m'a tout de suite intéressé : il jouait avec un seau et une pelle !

Là, mon besoin de domination a repris le dessus et, illico, j'ai couru vers lui pour lui prendre son seau. C'est pas que j'en avais besoin, le mien était posé près du banc ! Non ! Le seul intérêt était de le lui enlever des mains pour qu'il devienne à moi quelques minutes et, après, je serais passé à un autre jeu.

Mais avec lui, les choses n'ont pas tourné comme j'avais prévu ! J'étais tombé sur un féroce ! En colère, il a repris son seau et, pour bien marquer son territoire, m'a flanqué un gros coup de pelle sur la tête ! ! !

J'ai pleuré ! ! ! Combien de temps ? Le temps nécessaire pour me dire : « Oh là là ! Celui-là, il a l'air terrible ! J'en avais jamais croisé des comme lui ! Vu qu'il est plus fort que moi, je vais essayer de m'en faire un copain ! Je vais même lui offrir un cadeau pour me mettre bien avec. »

Heureusement, ma nounou n'avait rien vu ! Sinon elle aurait jailli du banc pour régler le conflit à ma place ! Là c'était mon affaire. C'était entre lui et moi ! On était entre hommes !

Lui offrir un cadeau, d'accord, mais je n'allais quand même pas lui donner un de mes jouets ! L'amitié a des limites !

Dans un coin du square, j'ai repéré une petite fille qui jouait avec une poupée Barbie. Je suis allé en vitesse la lui prendre et l'ai offerte à mon nouvel ami qui l'a amputée des bras et des jambes en moins de dix secondes ! J'avais raison de me méfier de lui, il est redoutable !

Alors, à partir de cet instant, je ne me suis plus senti seul ! Maintenant, nous étions deux !

Je lui ai suggéré un nouveau jeu : En désignant l'ex-propriétaire de la poupée, je lui ai dit : « Tu viens, on va lui lancer du sable !... » Ce qu'on a fait. La petite fille, à son tour, s'est mise à pleurer, le temps que, dans sa tête, apparaisse la même idée que dans la mienne tout à l'heure.

« C'est deux garçons-là, ils ont l'air terrible ! Il va falloir que je me mette bien avec eux ! Et si je leur offrais un jouet... »

Aussitôt, on l'a vue courir vers un plus petit, lui arracher la voiture en plastique qu'il tenait entre ses mains et se diriger vers nous en brandissant le précieux cadeau de « bienvenue au club ».

Quelques minutes plus tard, elle faisait partie de la bande et, avec nous trois ensemble dans le square, les autres n'avaient plus qu'à bien se tenir !

Les coups ont longtemps été utilisés comme un moyen éducatif évident et le comportement dérangeant des enfants entraînait une réponse directe et indiscutable : tape, fessée, coup de pied au derrière... Battre les enfants a longtemps paru normal au nom du principe de la « correction », appliqué jusque dans les écoles. Les châtiments corporels devaient « avoir raison » de l'enfant perturbateur. Ils sont désormais prohibés. Dans notre société, le martinet de nos aïeux est tombé en disgrâce. L'expression de l'enfant est, à présent, non seulement permise mais encouragée. Les parents se trouvent désarmés face aux explosions de l'enfant. Un dégradé qui commence par les colères, les morsures et les coups et se déclinera aussi ensuite en insultes et agressions diverses.

La fonction d'amortisseur des parents

Se fâcher contre un nourrisson qui vocifère est manifestement inadéquat et déplacé. Quel est le plus immature des deux individus en présence ? Les comportements violents à l'égard des tout-petits se limitent, fort heureusement, à des situations pathologiques graves et très exceptionnelles. L'asymétrie des places est si criante que le parent se sent naturellement appelé à contenir sa réaction d'agacement puis d'usure nerveuse. Les choses sont moins évidentes lorsque l'enfant grandit et qu'il adresse plus clairement des messages de violence à ses parents. Le simple et universel « méchante maman ! », en réaction à une contrariété quelconque, indique déjà comment le parent est utilisé comme punching-ball pour évacuer une tension interne. Cette fonction est à la fois essentielle et particulièrement ingrate, elle permet à l'enfant de rencontrer des limites à l'extérieur de lui pour pouvoir ensuite les intérioriser, elle cantonne ses débordements et l'empêche d'être destructeur, tant par rapport à lui-même que vis-à-vis de son environnement. Le parent stoppe une spirale prompte à dégénérer.

Paradoxalement, recevoir de l'agressivité de son enfant reflète le caractère privilégié de la relation.

Tenir son cap de parent face à un enfant

Les psychologues ont identifié le rôle primordial de cette capacité fondamentale des parents à contenir les mouvements négatifs de l'enfant. Elle est, en somme, liée à l'amour et opère tout au long de la vie, mais sous une forme plus diffuse, dans toute relation de cette nature. Accepter de recevoir une part de violence de l'enfant et plus tard de l'adolescent témoigne de cette aptitude à amortir le débordement et à l'arrêter, par amour.

Jusqu'à un certain point, autoriser son enfant ou son adolescent à se mettre en colère est salutaire car cela autorise la décharge des mouvements intérieurs détonants. Cette possibilité de crever l'abcès prend en compte l'immaturité ou la détresse affective de l'enfant. Le parent exerce alors une véritable protection ; sa propre maturité est sollicitée pour ne pas entrer en résonance avec la violence reçue, soit en ripostant de plus belle, soit en se laissant impressionner ou dominer. Crier plus fort est à réserver aux épisodes d'exaspération ultimes. Tout comme la surenchère dans la violence verbale, gardons-nous d'aller trop loin dans les disputes, la marche arrière n'est pas toujours possible et certains mots sont inoubliables.

Un parent qui mord fièrement son petit enfant mordeur en retour à de quoi laisser perplexe ! ! Échanger des insultes avec un adolescent aussi ! La loi de la jungle ? La place des parents n'est pas dans le bac à sable ou la cour de récré !

Des limites à ne pas franchir : impératif

Assurément, la possibilité d'expression de la violence ne trouve sa fertilité que si elle est fermement balisée, en fonction de l'âge de l'enfant. Recevoir une gifle d'un enfant de dix-huit mois dont on s'amusait à vouloir emprunter le biberon invite à l'autodérision. Un décalage de sens de l'humour au goût surprenant, non le franchissement d'une limite fondamentale. Les valeurs universelles sont la référence, bien résumée dans les dix commandements. Introduisons au plus vite la nuance fondamentale entre permis et possible, interdit et impossible. Une mère qui se fait qualifier de « sale conne » par son enfant de dix ans se voit offrir une excellente occasion de réaffirmer les interdits. Sans en avoir conscience, l'enfant qui outrepasse la frontière qui le sépare de son parent en l'insultant s'insulte lui-même en retour et, de plus, scie la branche sur laquelle il a besoin de s'asseoir. Nous ne sommes pas leur copain.

Parents en charge de la loi

Un recadrage permanent est nécessaire pour rappeler ces frontières qui remettent l'enfant à sa place et lui rappellent la morale en vigueur. L'enjeu est bien la chance d'être véritablement éduqué, élevé, au sens fort et premier du terme. Les enfants, eux-mêmes, sont les premiers à juger sévèrement les comportements dégradants pour leurs auteurs.

Établir clairement les frontières à ne pas dépasser, c'est donner à l'enfant, dès son jeune âge, un cadre sur lequel il peut s'appuyer en toute sécurité pour grandir. Des débordements peuvent se produire, du côté des parents aussi. Les tolérer, mais jusqu'à un certain point seulement, est indéniablement libérateur pour éviter de vivre dans le drame. Toutefois, c'est dans chaque cas, l'occasion d'un rappel des lois et des règles qui sont une protection formidable et indispensable. Signifions les interdits pour affirmer les valeurs fondamentales. Travaillons constamment à nous respecter mutuellement, ce qui nous mettra à l'abri de débordements sérieux, de plus en plus destructeurs.

Vigilance au long cours pour prévenir l'escalade

Une amorce de transgression doit être stoppée au plus vite, sans appel et sans sourire complices, afin de ne pas en entraîner d'autres, plus graves. Le dépassement de la limite remet en question le respect des places, au fondement même de la protection de l'enfant. Une transgression réelle appelle un « arrêt sur image » du temps, pour considérer le fait sérieusement. Passer sous silence ce qui s'est produit ne permet pas d'en prendre la mesure. Systématiquement laisser tomber ou banaliser serait une solution de facilité glissante. La voie à une escalade dont le contrôle est de moins en moins assuré est alors tracée. S'en amuser ouvertement ou en tirer fierté encourage indéniablement la récidive.

Parler, mettre en mots évite une grande part de violence et donne la mesure de ce qui se passe. Le petit enfant qui se roule par terre à la poste est d'ailleurs bien souvent un enfant peu apte à s'exprimer. Derrière la fureur se cache le sentiment d'impuissance, c'est pourquoi le recours aux mots est si protecteur. En venir aux mots évite, dans la grande majorité des situations, d'en venir aux mains.

En clair, faire face à l'agressivité de son enfant est d'autant plus difficile qu'il grandit, car il dispose d'une repartie et d'une force physique qui lui donnent plus de pouvoir. Le parent sera atteint par les vociférations d'un enfant au rayon confiserie d'un supermarché mais plus encore par la crise de nerfs d'une jeune fille qui veut à tout prix aller à une fête. Pourtant le fond de l'affaire reste le même : une histoire de différence de place dont l'enjeu est l'éducation. Aux parents de tenir le choc quitte à ajuster les règles ultérieurement, calmement, après avoir pu en parler à tête reposée.

La peur d'interdire. M'aimera-t-il encore si je dis « non » ?

Pour l'ensemble des raisons déjà évoquées, l'enfant a pris une place nouvelle, très au centre de la famille. Souvent vivement désiré, il incarne un projet merveilleux et plonge les parents dans un sentiment de réalisation exceptionnelle. Il est devenu l'objet d'un amour si surprenant que les parents s'inquiètent même souvent d'être aimés de lui. La tâche d'éducation s'en trouve compliquée car elle impose de contrarier le petit roi. La crainte de perdre l'amour de son enfant tenaille les parents d'aujourd'hui ; elle n'existait probablement pas jadis, à une époque où les relations entre les générations étaient largement définies par l'autorité « naturelle » des parents sur les enfants. « M'aimera-t-il encore si je dis non ? » est une peur diffuse très partagée plus qu'une question ouvertement formulée telle quelle. Elle sous-tend la difficulté éprouvée par les parents d'aujourd'hui à interdire. Ils ont peur de lui faire de la peine.

Interdire n'est effectivement pas confortable

Il est certainement plus facile d'accéder aux désirs de son enfant que de les contrer. Refuser un bonbon, une prolongation de la soirée ou une sortie au cinéma oblige effectivement à affronter la frustration de son enfant, à le contrarier. Impopularité garantie à court terme. Ses pleurs, ses récriminations ou ses hauts cris peuvent-ils être supportés ? Accepter de voir son enfant souffrir ne va pas de soi. Pourquoi faire une histoire pour un soda ou quelques euros qui manquent surtout lorsque la journée de travail a été longue et que l'on dispose de si peu de temps ensemble ? Pourquoi « gâcher » le peu de temps partagé alors qu'il est si tentant de dire « oui » ? Pourquoi prendre le risque de se faire détester un quart d'heure alors qu'on aimerait tant éviter les heurts ? Pourquoi les choses ne se passeraient-elles pas en douceur ?

Le conflit est inévitable et structurant

Interdire, c'est nommer des règles et les faire respecter. Ce n'est pas agréable. Pourtant, déterminer ce qui est permis et ce qui ne l'est pas fournit à l'enfant ses repères. Il peut alors se situer dans une relation cadrée par des règles dont le parent doit être le garant. Interdire revient donc à accepter sa place de parent pour que l'enfant puisse prendre la sienne. La tentation de s'épargner l'opposition est grande mais problématique dans la mesure où c'est précisément en s'opposant que l'enfant parvient à se définir comme enfant, déjà, puis comme personne tenue à des droits et à des devoirs. Fondamentalement, faire respecter des règles – justement – revient à assigner des limites rassurantes. L'omnipotence spontanée du petit humain n'est souhaitable que tant qu'il est bébé. Comment l'enfant peut-il grandir s'il ne la quitte pas progressivement ?

Des limites qui préparent la place du futur adulte dans la société

Les règles ne sont pas les mêmes dans toutes les familles. Chacune a son fonctionnement qui lui appartient, l'essentiel est clairement moins dans la définition de ce qui est permis ici et interdit là, que dans l'existence même de règles... respectées. Quelle cohérence trouver si les règles formulées fluctuent si fortement qu'on ne sait même plus si elles ont cours ? Sur quelle stabilité s'appuyer si ce qui est dit n'est pas appliqué ? Formuler clairement les règles et veiller à leur respect prépare l'enfant à la vie en société. Comment supporter de se faire sanctionner par un professeur si l'on n'a jamais été contrarié à la maison ? Comment accepter le code de la route si l'on a pris l'habitude d'agir à sa guise ?

Cohérence minimale indispensable

Le bénéfice de l'interdiction se perd lorsque l'enfant ne rencontre pas un « front parental » cohérent. Si un parent dit blanc et l'autre noir, l'enfant saura en jouer, ce qui répercutera habilement le conflit entre les parents. Prendre le parti de l'enfant contre l'autre parent revient à le laisser s'immiscer entre eux et donc à le laisser prendre une place centrale et néfaste. Gare aux alliances avec un seul des deux parents, elles sont soumises d'ailleurs aux aléas et favorisent une relation exclusive ; elles font le lit des disputes parentales. Solidaires, au moins dans les domaines qui concernent l'enfant, les parents seront plus forts et plus crédibles. Ce qui ne les empêchera pas d'avoir des avis différents par ailleurs. Ce parti pris de solidarité est un garde-fou salutaire, défi encore plus grand, mais capital, pour les parents séparés.

Interdire justement : un service que les enfants apprécient

L'exigence de satisfaction immédiate du petit enfant est parfois embarrassante. Quel parent n'a pas eu un moment de doute dans une boulangerie où son chérubin réclame en hurlant une sucette géante sous le feu de regards consternés ? Nous pouvons tenir bon. Les brèches sont regrettables. (Quand papi est là, beaucoup plus de choses sont possibles, il suffit juste de crier un peu fort et maman cède pour épargner à l'entourage une scène qu'elle redoute !) Observons les enfants : ils aiment les adultes fermes et cohérents, les professeurs stricts et justes (ceux qui « apprennent bien »), les grands-parents attentifs avec leurs « habitudes d'autrefois », toutes ces personnes « réglo » qui, en fin de compte, les sécurisent tant. Ils se montrent d'ailleurs sans pitié à l'égard des « faux jeunes » qui jouent les copains. Très vite, ils comprennent que l'adulte qui se donne la peine de faire respecter des règles justes le fait pour leur bien.

Réévaluer périodiquement les règles en fonction de l'âge de l'enfant

À mesure que l'enfant grandit et gagne en autonomie, les règles demandent à être reconsidérées, on y reviendra à propos de l'adolescence. Le temps passe, les règles s'ajustent. Parfois en marche arrière. Une interdiction de sortie en soirée en réponse à une chute radicale des résultats scolaires est la preuve d'un intérêt indiscutable pour sa scolarité. À l'inverse, un délicieux sentiment de promotion agrémentera chaque nouvelle tranche de liberté conquise et la permission de minuit aura, un jour, le goût puissant de la liberté suffisamment balisée pour être rassurante. Savoir dire « non » prend toute sa force quand on sait aussi dire franchement « oui ». Un non systématique enferme la relation. Donnons-lui plutôt envie d'ouvrir des perspectives.

En somme, oser dire non revient à oser prendre sa place de parent, il est donc impératif d'accepter de contrarier l'enfant. C'est lui permettre de grandir en s'appuyant sur une différence de place qui doit le protéger. La peur de perdre son amour est compréhensible mais infondée. Bien au contraire, l'enfant sécurisé par des limites bien posées aimera d'autant plus sereinement son parent, qui lui donne ce dont il a besoin pour grandir.

Donnons de la valeur à nos « non » en donnant de l'enthousiasme à nos « oui ».

Comment le faire attendre ?

Dans le TGV Paris-Nantes.

À la gare Montparnasse, deux enfants montent dans mon compartiment, flanqués de leur père d'un côté, de leur grand-mère de l'autre. Le garçon

a environ deux ans, sa sœur à peine huit. Ils s'installent. La fille ouvre une bande dessinée. Le train démarre. Aussitôt, la « mamie » sort de son sac un biberon destiné au petit. Elle lui dit : « C'est du cassis ! Tu aimes le cassis, hein ? »

Le loupiot acquiesce du regard.

« Il faudra le boire doucement, surtout que le trajet va être long ! »

Re-acquiescement. Elle lui tend le biberon : « Tiens, bois ça ! Pendant ce temps-là, tu nous ficheras la paix ! »

Visiblement, les rapports entre le gamin et la grand-mère ne sont pas au beau fixe ! Peu après, celle-ci entame à son propos une discussion avec le père :

« Comment se fait-il que Fabien ne soit pas encore à l'école maternelle, cette année ? Ah, c'est vrai ! Il vient tout juste d'avoir deux ans. Eh bien il ira l'année prochaine ! »

Elle se tourne vers l'intéressé : « Hein, tu iras à l'école maternelle, l'année prochaine ? C'est bien, l'école... »

Les yeux de Fabien s'allument. L'idée du cartable le rend visiblement très fier...

Mais tombe la fin de la phrase :

« ... tu vas voir, à l'école, ils vont te dresser ! »

Et paf !... l'enthousiasme du futur écolier s'écroule aussi sec ! Mais pas son énergie ! Au bout d'un quart d'heure à peine, il saute de siège en siège, s'accroche aux rideaux, échappant tel Tarzan à la grand-mère King Kong qui fait pourtant tous les efforts du monde pour le rattraper !

Pauvre mamie ! Obligée de se justifier en permanence auprès des voyageurs en disant : « Je ne sais pas ce qu'il a dans la peau ! Excusez-moi ! Il n'est pas comme ça d'habitude ! »

L'intolérance à la frustration est un fléau dont sont atteints de nombreux jeunes aujourd'hui. Laissons l'énumération alarmiste des faits divers, les professeurs insultés et l'obésité galopante pour aller à la racine de ce problème. La frustration est un enjeu capital de l'éducation, il est donc essentiel de s'y atteler le plus tôt possible.

Tout, tout de suite ! Une aspiration profondément normale

Tous les êtres humains fonctionnent, à la base, sur ce même modèle qui recherche, le plus directement possible, un plaisir à travers une action. Par définition, le petit d'homme n'est pas en mesure de comprendre l'intérêt de ce qui ne rapporte pas immédiatement de plaisir. Pourquoi attendre quand on a faim et qu'une banane est à portée de main sur l'étal de l'épicier ? Il est dans l'ordre des choses que l'enfant développe toutes les stratégies imaginables pour obtenir ce qu'il souhaite, le plus complètement et le plus vite possible. C'est son combat.

Différer ce plaisir est véritablement contre-nature mais c'est précisément cette possibilité qui permet à l'humanité de s'élever, à l'encontre de la nature.

Le rôle de l'éducateur : apprendre à différer la satisfaction

Passé les tout premiers temps de la vie, placés sous le sceau de l'urgence des besoins, l'adulte doit accepter son rôle d'éducateur pour moduler ce besoin impératif de satisfaction immédiate. Commence alors la longue tâche d'apprendre à patienter, différer, résister pour se projeter, s'inscrire dans le temps.

Cette capacité à attendre lui donnera ultérieurement la liberté de se donner le temps de la réflexion à l'égard d'envies innombrables et impérieuses. De l'achat d'un sachet de Malabar à l'abandon de l'école, jusqu'au crédit pour un canapé en veau pleine fleur.

L'aptitude à anticiper les conséquences des actes s'acquiert, c'est un apprentissage au long cours qui porte des fruits précieux. En se chargeant de cette mission d'enseigner la frustration l'adulte tient son rôle d'éducateur. Certains entourages complaisants ne nous facilitent pas toujours la tâche.

Construire petit à petit une grande force

Les choses simples de la vie demandent déjà en permanence de pouvoir attendre. Patienter jusqu'à la fin de la cuisson pour savourer le gâteau, jusqu'à Noël pour recevoir une console de jeux, jusqu'à seize ou dix-huit ans pour avoir le droit de sortir le soir.

Des mots rendront l'attente plus supportable : « Oui, l'heure du biberon arrive ! », puis des règles claires et partagées encadreront les envies : « On ne mange pas dans l'assiette de son voisin, même quand on a très faim », « On n'arrache pas le cadeau des mains de celui qui l'apporte ! »

Amusons-nous du regard réprobateur des enfants sur leurs camarades qui s'y dérobent et approuvons leur fierté de s'être bien tenu, assurément, il s'agit-là d'éducation.

Apprendre qu'on ne peut pas tout avoir

L'immersion dans un hypermarché d'aujourd'hui est grisante, tant de désirs à portée de main ! L'argent joue alors le rôle de rappel inéluctable à la réalité. Il peut être tentant de protéger l'enfant de cette épreuve en lui épargnant cette confrontation avec la limite du budget familial. Pourtant c'est un moyen simple et indiscutable de respecter des limites, un apprentissage inestimable qui prévient nombre de peines futures. Puisqu'il deviendra par exemple possible d'attendre pour s'offrir une voiture plutôt que de s'endetter pour un modèle hors budget, tellement... irrésistible.

Le marketing et la publicité ne manquent pas de jouer avec la difficulté des parents à restreindre les enfants. Ils ciblent juste. Donner une petite marge de manœuvre peut permettre de vifs plaisirs, même s'ils sont petits. Offrir à l'enfant la possibilité de choisir les yaourts ou une boisson peut lui apporter une grande satisfaction et rendre la frustration du spectacle de tant de marchandises plus supportable. Plus tard l'arbitrage pourra peut-être se jouer entre un ordinateur ou un nouveau vélo pour Noël et son anniversaire, et non les deux tout de suite.

Frustrer n'est pas facile pour le parent puisque cela implique de contrarier l'enfant, de lui déplaire. Toutefois, aussi désagréable soit-il, ce service doit être rendu car l'éducation en dépend. Aider à tolérer graduellement la frustration c'est donner à son enfant les moyens de s'affranchir, en partie, de la tyrannie de ses besoins. Lui permettre des renoncements immédiats lui ouvre la porte à des réalisations supérieures qui en valent la peine. En fin de compte, est-il si ingrat que cela d'apprendre à semer et à attendre pour participer ensuite à de belles récoltes ?

Sanctionner n'est pas brimer : « Touche pas aux allumettes ! »

La punition est passée de mode. Fort heureusement, on ne passe plus la bouche au savon, on ne recopie plus cent fois « J'arrive à l'heure en classe », on ne porte plus de bonnet d'âne. Mais peut-on s'en passer ? On sait la force et l'amertume des rancœurs gravées à jamais dans les cœurs tendres tandis qu'une sanction juste ne laisse pas ces traces et donne, surtout, des résultats plus constructifs. Comment « punir » justement ?

Gare aux punitions disproportionnées, décidées sous l'emprise de la colère

Le parent excédé qui punit dans un accès de rage a toutes les chances de lancer une sanction excessive rabaissant l'enfant qui vient précisément de le mettre à mal dans son autorité. Comme s'il s'agissait autant de réparer l'orgueil du parent que de sanctionner la transgression de règles. Il sera même parfois impossible d'exécuter cette punition, par exemple : « Je ne t'emmènerai plus jamais en course », ou « Je ne fêterai plus ton anniversaire », ou encore « Tu laveras ton linge tout seul. » Certes, la colère peut être momentanément soulagée, mais l'efficacité restera pour le moins réduite en raison de la démesure. Lorsque le parent se venge de l'affront que lui a fait subir l'enfant, il décale le problème. Il ne s'agit plus de faire respecter des règles mais de s'assurer de leur suprématie. Nul doute que l'enfant acceptera difficilement cette punition qui cherche avant tout à le soumettre.

Les sanctions justes sont acceptables...

Une sanction juste est par définition proportionnée et immédiate, elle est d'autant plus légitime que les règles sont connues, stables et adaptées à l'âge. Et non « Puisque tu t'es mal tenu chez tes cousins la semaine dernière, tu n'auras rien à Noël. »

Le but est de marquer la conséquence des actes, d'entériner une rupture de contrat : « Si tu jettes tes spaghettis sur le chat, tu n'auras pas de dessert ! » C'est une sorte de tarif codifié et logique : « Si tu fais le dauphin dans la baignoire, tu devras éponger et, la fois prochaine, ce sera une douche », ou « Si tu dépasses ton forfait de téléphone, tu me rembourseras la différence. »

Le code de conduite édicté a d'autant plus de chances d'être respecté qu'il s'applique aussi aux parents. Difficile d'être crédibles et efficaces lorsque les principes sont malmenés par ceux qui les émettent ! Personne ne niera la valeur de l'exemple.

… et protectrices · « Touche pas aux allumettes ! »

La sanction vise l'observation de la règle dont le caractère protecteur est essentiel. L'objectif n'est pas la punition pour la punition mais la sanction pour la protection et pour l'affirmation de valeurs. Il s'agit parfois simplement d'une prévention concrète des dangers : « Il est interdit de mettre ses doigts dans les prises. » Mais aussi, au-delà, de l'affirmation des valeurs fondamentales comme le respect de soi et de l'autre : « Non, on ne part pas à l'école avec des vêtements sales », et bien entendu, plus fondamentalement des lois morales universelles transcrites dans les lois. On ne vole pas, on ne tue pas…

Elles enseignent la loi et la droiture

Certains enfants arrivent à l'école sans aucune notion de contrainte et de justice. Ils n'ont jamais été punis et sont de minidictateurs. La punition fait comprendre ce qui est défendu et ce qui est permis, elle est indispensable pour marquer la limite à ne pas franchir, elle est le dernier recours pour assurer un enseignement. Notre enfant doit apprendre à reconnaître ses torts et, idéalement, devenir beau joueur. Le sens de la faute est un rempart intérieur inestimable contre les pires excès, il faut l'acquérir *via* la punition.

Gardons à l'esprit que la punition est aussi une occasion de réhabiliter le coupable qui pourra réparer sa faute, aux yeux de ses parents (premiers représentants de la société) comme à ses propres yeux. La remise des pendules à l'heure permet de repartir d'un commun accord. Les sanctions réparatrices sont porteuses et les brimades absurdes déplorables. Lessiver un mur couvert de traces de feutre est indubitablement plus positif que d'être enfermé à la cave. Des sanctions qui ont du sens auront le double mérite de signifier la faute et de la laver.

« Qui aime bien châtie bien ? » Oui, aimer et sanctionner sont non seulement compatibles mais indissociables pour éduquer. Il ne s'agit pas de faire souffrir pour expier une faute mais d'inciter à tirer la conséquence de ses actes. En somme, si les règles sont connues et justes, sanctionner son enfant avec mesure et cohérence revient à renforcer son autonomie. Un vrai devoir pour les parents.

Premiers envols de la sexualité

Est-il porté sur la « chose » ?

La sexualité des enfants a longtemps été passée sous silence et franchement réprimée. Elle brisait, il est vrai, une charmante vision de l'enfance « innocente », parfaitement idéalisée. Pourtant, comme l'atteste le fameux « jeu du docteur », vieux comme le monde, l'intérêt des enfants pour leur anatomie et celle du sexe opposé est vive et réelle. Le constater chez son enfant peut déconcerter. En effet, à défaut d'un éclairage adéquat, certains se demanderont peut-être, gênés, si leur enfant n'est pas « obsédé » voire « vicieux ». Qu'en penser ?

Gare à la confusion des registres

Le trouble suscité par la vie sexuelle naissante de son enfant s'explique simplement ; en tant que parent, il n'est pas évident de quitter son regard d'adulte. C'est de l'ordre de l'enfance, donc d'un autre ordre, bien distinct. Non, un enfant qui s'amuse à se montrer tout nu à la sortie de son bain n'est pas un exhibitionniste ! Les jeux de jeunes enfants sont indiscutablement à cadrer mais ils restent des jeux d'enfant. À nous adultes d'avoir les idées suffisamment claires pour éviter d'en faire une histoire.

Que le petit prenne plaisir à découvrir son corps en l'explorant est parfaitement normal et doit être rapporté à l'enfance et non à la sexualité adulte. Une interprétation fausse est préjudiciable car elle prêterait à l'enfant des désirs et des penchants « d'adultes ». Un enfant affectueux et démonstratif ne saurait être regardé avec suspicion ou concupiscence comme s'il pouvait s'agir d'un séducteur ou d'une séductrice. Pareil regard est confondant et dangereux pour l'enfant. Soyons clair : l'enfant ne dispose pas de repères, c'est à l'adulte de les lui fournir en établissant des barrières sans ambiguïté.

La curiosité sexuelle des enfants est normale et fertile

On sait désormais que la curiosité sexuelle des enfants est absolument normale et qu'elle prépare même la soif de connaissances. Plutôt que de s'en inquiéter, il convient de l'accueillir comme un signe de développement harmonieux. L'enfant découvre spontanément la sensibilité de ses parties intimes, il s'y intéresse et cherche naturellement à se procurer des sensations agréables. Les effets néfastes sur la sexualité adulte de la répression farouche de ces premiers émois du corps ont été bien identifiés et dénoncés par les spécialistes. Les menaces de surdité, de castration ou de damnation sont heureusement de l'histoire ancienne dont on s'amuse désormais.

Mais, s'il n'est pas question de diaboliser cette sphère de la vie, il convient cependant de la cantonner à l'intimité.

Construire l'intimité

Face aux découvertes, souvent jubilatoires, que fait son enfant, le parent pourra simplement et fermement inviter à la discrétion et surtout à la « privatisation ». Pas question de laisser un enfant se pavaner nu en public ni de le laisser se livrer à une manipulation particulière en famille.

La complaisance est douteuse et susceptible de créer une complicité désastreuse. Le petit enfant peut comprendre très tôt l'impératif de l'intimité dont il n'est pas souhaitable pour lui, comme pour l'entourage, de faire étalage.

Dans les rares cas où l'enfant se détourne durablement du reste de sa vie, de l'école en particulier, pour consacrer une grande part de son énergie à cette activité, il sera nécessaire de demander un avis professionnel qui mettra les choses en perspective.

En somme, il revient au parent de pouvoir, sans se troubler, accueillir calmement l'éveil de son enfant à la sexualité comme le signe de son épanouissement. Cela requiert lucidité, tact et détermination. Ne prenons pas la question à la légère, elle en vaut la peine. La vie sexuelle fait partie de la vie, c'est une source de plaisir inestimable et fragile. En délimitant son jardin secret, à l'abri de la honte et de la culpabilité, l'enfant assure les fondements de sa sécurité affective future.

La naissance de la pudeur

J'ai presque trois ans, je vais encore à la crèche et j'ai un petit problème : je ne sais pas comment expliquer aux adultes que nous, les enfants, on peut à la fois avoir envie de montrer notre corps à tout le monde, de courir tout nu dans une pièce mais, en même temps, être très gênés, par exemple, quand on nous regarde alors qu'on est sur le pot !

Pourtant, c'est vrai, moi quand je suis sur le pot, à la crèche, je voudrais être tout seul ! Et c'est loin d'être le cas !

Des fois, on est une dizaine, assis côte à côte dans la même position et, pour éviter de croiser nos regards, on fait tous semblant de lever les yeux vers le plafond !

Heureusement, l'année prochaine je vais aller à l'école maternelle et, là, j'espère qu'il va y avoir des toilettes avec des petits murs autour pour ne pas qu'on nous voie trop !

Mais, c'est pas sûr, parce que ma grande sœur elle y est allée il y a deux ans et elle m'a tout dit : là non plus, il n'y a pas de cloisons dans l'école où elle était !

Lorsque le petit enfant se dirige vers l'acquisition de la propreté, la question de la pudeur se pose de façon déroutante. C'est, en effet, simultanément, une période où il fait montre d'un vif intérêt pour son propre corps comme pour celui des autres. Mais c'est aussi une période où il éprouve un profond besoin d'intimité. Le même qui cherche à se pavaner nu dans le salon et tente de plonger la main dans le corsage de sa mère, refuse de se soulager dans les petites toilettes collectives de la crèche ! Curieusement, la pudeur naît au moment où le comportement de l'enfant pourrait être considéré par les adultes comme « impudique ».

Veiller à l'intimité de l'enfant

Même s'il n'est pas grand, l'enfant saisit la particularité de ce qui concerne le corps et, en tout premier lieu, ce qu'on appelle, à juste titre, « les parties intimes ». Il importe par conséquent de favoriser le vécu d'intimité. L'acquisition de la propreté est une phase absolument décisive ; on a dit précédemment à quel point elle était variable selon les individus. Le cap est décisif dans la mesure où l'enfant domine ses besoins physiologiques et conquiert, ce faisant, la gestion de son intimité. En le mettant à l'abri des regards, des commentaires et même des sourires amusés, le besoin naissant d'une vie « privée » est reconnu. Inutile donc de mettre le pot, pour des raisons de commodité, au milieu de la salle de séjour, ou de se complaire à commenter son anatomie et ses productions en public. Dès que possible, on l'amènera à couvrir son corps dignement, et à s'en occuper lui-même, en lui apprenant déjà à se savonner seul puis à s'essuyer lui-même. Il serait dommage qu'une polarisation sur l'hygiène empêche la pudeur.

Le protéger de l'impudeur des adultes

Les adultes de l'entourage fournissent des modèles, il leur revient donc d'épargner à l'enfant des comportements à la limite du pudique. Très tôt, la vision d'un corps adulte nu devient troublante. Trop de liberté dans ce domaine nie le besoin de l'enfant d'être tenu à l'écart de la sphère tellement particulière de la sexualité adulte. La diffusion à la télévision et dans la presse d'images et de propos érotiques tend à faire oublier leur puissance. Revenons à notre enfance à nous et rappelons-nous simplement l'effet des premières images de corps nus, ne serait-ce que celle du premier manuel de sciences naturelles ou encore la planche d'anatomie du dictionnaire ! La gêne éprouvée par les enfants lorsqu'ils croisent des amoureux « qui se bécotent sur les bancs publics » a ses raisons. Ils se pincent le nez et agitent souvent la main devant les yeux pour manifester leur dégoût. Rien de neutre, assurément !

Préserver l'enfance

Le jeune enfant n'est pas en mesure de traiter ces messages intenses et troublants étrangers à son univers ; les lui imposer est perturbant. Les idéologies soi-disant libérées qui prétendent dépasser les tabous sont parfois ambiguës ! Ne nous précipitons pas pour délivrer une information médicale, crue par nature. Il n'est absolument pas question de pudibonderie mais, bien au contraire, d'un véritable respect de l'enfance. Veillons donc à protéger l'enfant de propos grivois, de scènes télévisées ou de spectacles « pas de son âge », ils sont confondants pour lui. Peu importe finalement de passer pour arriéré, il en va de la protection de son enfance. Viendra ensuite le temps de lui parler des « choses de la vie », en des termes appropriés, qui ne l'empêcheront pas de rêver. On y reviendra clairement, plus loin dans ce livre.

La pudeur s'acquiert par une délimitation sans ambiguïté de l'intimité, elle est protectrice et sensible, traitons-la avec égards.

Que d'énergie !

La maîtrise totale du risque

On ne s'est jamais tant inquiété de la sécurité, pourtant jamais les risques n'ont été aussi réduits, comme l'illustre heureusement la diminution de la mortalité infantile. Quoi qu'il en soit, la rareté des enfants et la place centrale qui leur est donnée, concentrent sur eux une vraie peur de tous les dangers potentiels. L'accroissement des informations, des statistiques et la pente procédurière de notre société concourent à l'obsession des risques. Les gâteaux « maison » doivent-ils vraiment être interdits dans les écoles au nom de la prévention d'éventuelles intoxications ?

Plutôt que de frémir en apprenant le nombre d'enfants étouffés chaque année en mangeant des cacahuètes, réfléchissons à ce que signifie « assurer la sécurité de son enfant », une mission prioritaire que les parents prennent particulièrement à cœur.

Vigilance et confiance : ingrédients fondamentaux

Le risque zéro est évidemment non seulement une illusion, mais aussi une barrière au développement serein de l'enfant. Impossible d'apprendre à marcher si les chutes ne sont pas tolérables, impossible d'aller tranquillement seul à l'école si le trajet est vécu comme la traversée d'une jungle dangereuse peuplée de prédateurs. Cependant, comment réduire raisonnablement les risques auxquels l'enfant s'expose inévitablement tout en favorisant l'élan de son développement ? Les parents sont face au défi d'être à la fois vigilants et confiants. Il leur incombe d'apprécier les risques, ce dont l'enfant est, par définition, incapable. Aucune obligation de prévoir des vacances en péniche avec un enfant qui ne sait pas nager, de donner un sabre pour cueillir une pivoine dans le jardin, d'envoyer une adolescente prendre seule un train de nuit...

Un dosage toujours subtil et personnel, variable en fonction de l'âge

Une fois les dangers majeurs de l'environnement écartés, il s'agira de trouver un équilibre entre prévention et incitation à explorer. L'objectif est bien de permettre à l'enfant d'acquérir le sens de l'initiative en prenant des risques calculés et adaptés à ses compétences. Chaque parent composera avec sa propre inquiétude et sa propre insouciance pour lui donner confiance. L'objectif est qu'il ait envie d'aller de l'avant, prudemment. La propension à l'aventure et à la vigilance est d'ailleurs très variable, chez les parents comme chez les enfants.

Pour le tout-petit, le but est, avant tout, de l'aider à se risquer juste un peu au-delà de ce qu'il maîtrise. À commencer par la prise en main du biberon pour parvenir, quelque temps plus tard, à l'apprentissage de la bicyclette. Pour l'enfant plus grand, la question se posera plus en termes de risques sociaux. Il est souhaitable qu'un adolescent ait envie de sortir. L'expérience de cette liberté réclame des paliers et des mises en garde. La différence entre une soirée crêpes avec les amis du lycée et un rendez-vous brumeux avec de vagues connaissances, dans une autre ville, méritera des explications. Elle doit être acquise.

Une prise de risques indispensable pour aller de l'avant

Dans tous les domaines, mais peut-être encore plus dans celui-ci, la confiance des parents est fondamentale pour la réussite de l'enfant. Gare aux messages négatifs du style « C'est trop dur pour toi », « Tu ne vas pas y arriver ! », « Tu t'y prends toujours mal ! », « C'est trop dangereux. » Ils sont susceptibles de miner la confiance en soi de l'enfant. Gare aussi au forçage : pousser un enfant à la limite de ses forces n'a pas toujours l'effet escompté, comme en témoignent les résultats de l'enseignement de la natation par largage dans le grand bain : certainement plus de piètres nageurs que de champions !

Les fonctions inattendues de la prise de risques pour l'enfant

L'enfant brave le danger pour expérimenter et conquérir progressivement le contrôle de son environnement. Peu à peu, il affirme sa puissance, notamment en se dressant sur ses deux jambes puis en se décidant à avancer. S'il construit suffisamment librement ce sentiment de maîtrise, dans un environnement où tout n'est pas interdit, il a peu de chances de foncer tête baissée vers des risques inconsidérés comme un prisonnier tentant le tout pour le tout pour échapper à ses poursuivants. Ayons aussi à l'esprit que, très tôt, l'enfant comprend qu'en se mettant en danger il attire l'attention et donc l'amour de ses parents. Les adolescents ne manqueront pas d'actionner plus tard ce même signal d'alerte, avec bien plus de raffinement et de force. Le collectionneur de bleus et de passages aux urgences est parfois simplement un enfant en demande d'amour.

Assurer la sécurité de son enfant est une tâche délicate et prioritaire. Elle requiert des parents un dosage subtil et toujours personnel de vigilance et de confiance. Le rêve du risque zéro est en fait un cauchemar, il enfermerait l'enfant dans un univers dans lequel grandir est périlleux. Une prise de risque mesurée et progressive permet de franchir les étapes, une à une, fièrement, et de plus en plus sereinement. En définitive, grandir c'est s'élancer dans la vie, et la vie est, par nature, semée de risques. Osons-la !

Apprentissage de l'autonomie… sous bonne garde

À la crèche, c'est super parce que, bien sûr, il y a des salles de jeux où on nous fait faire des activités (et, il y en a beaucoup, des activités ! Ils appellent ça des « activités d'éveil ! ») Mais, le mieux, c'est qu'il y a un jardin.

Un grand jardin, avec rien du tout dedans ! Avec des herbes, avec des fleurs, avec un grand arbre pour nous faire de l'ombre et, dessous, juste un banc où les dames de la crèche peuvent s'asseoir ! Là, c'est le paradis.

Elles nous surveillent, viennent nous aider si on leur demande quelque chose, mais sinon, nous, on peut jouer en toute liberté ! Comme il n'y a aucun objet dans le jardin, on se dispute très peu entre nous et, du coup, on peut faire plein de trucs à plusieurs ! Il y en a qui courent, d'autres qui se cachent dans les buissons, d'autres encore, et c'est mon cas, qui ne font rien ou presque.

Je reste des fois une demi-heure assis dans l'herbe, à regarder passer les copains autour et à observer les nuages, au-dessus de ma tête ! C'est formidable, les nuages, ça donne plein d'idées.

En somme, pendant ces moments-là je fais des « inactivités d'éveil » et, pour une fois, je me sens très autonome !

Mais, un soir, tout a changé !

Alors que les dames étaient assises sur le banc, un papa est entré dans le jardin et, avec un petit sourire complice, leur a dit : « Vous en avez de la chance d'être payées pour prendre des bains de soleil !... »

Nous, en les voyant, on a tout de suite compris qu'elles se sentaient coupables, prises en flagrant délit de ne pas nous faire faire des choses !

Dès le lendemain midi, elles se sont toutes réunies avec la directrice et ont décidé d'aménager le jardin !

Il y en a une qui a eu l'idée d'y mettre un toboggan, d'autres ont pensé à une cage à écureuils, une piste cyclable... enfin de quoi nous obliger à ne surtout pas rester à rien faire !

Les travaux ont été faits pendant les grandes vacances et, à la rentrée, notre beau jardin état métamorphosé en salle de gym !

Le banc avait disparu et les dames ont travaillé toute la journée en étant souvent obligées de nous crier dessus : « Non ! Le toboggan ! On monte à l'endroit ! Pas à l'envers ! ! ! » « Rends-lui son tricycle, le tien est près de la porte ! ! ! »

Et ainsi de suite !

Fini le farniente ! Fini l'autonomie !

Pour être bien éveillés, on avait intérêt à faire de la psychomotricité !

La découverte passionnante du monde passe par l'expérimentation et protéger l'enfant est une mission délicate pour le parent. Interdire est une nécessité, mais jusqu'où et jusqu'à quand ? Cette question se pose depuis la nuit des temps. Si la maîtrise du risque est initialement dans les mains des parents, elle doit progressivement se transférer vers l'enfant pour qu'il puisse gagner, à terme, son autonomie. Jusqu'où protéger du risque et à partir de quand laisser l'enfant en prendre ?

Éviter les dangers majeurs de l'environnement

La conscience du risque s'acquiert et il revient aux parents de ne pas laisser un enfant boire de l'eau de Javel et mettre ses doigts dans les prises, c'est vital. Par expérience, chacun sait dans l'ensemble ce qu'il faut éviter. En outre, les professionnels de la petite enfance ne manquent pas de diffuser des informations sur les risques principaux. Qui plus est, les adultes de l'entourage sont portés à les rappeler, tant l'enfant suscite un mouvement de protection chez tous les adultes qui le croisent, et pas seulement chez ses parents.

En grandissant, l'enfant fait l'expérience de son emprise sur le monde, il touche, goûte, lance, tord, tape… un temps de croissance fondamental et potentiellement épuisant pour des parents qui ne parviendraient pas à le placer dans un environnement relativement sécurisé. Vivre avec un tout-petit près d'un escalier dangereux, c'est s'exposer constamment à une peur justifiée. Prendre les mesures nécessaires pour limiter les dangers de l'environnement est donc une première étape de bon sens. Inutile de prévoir des vacances en péniche avec des enfants de moins de cinq ans !

Mettre en garde l'enfant et lui donner progressivement le sens du danger

Lorsque l'enfant grandit et gagne en rayon d'action, la meilleure protection du danger est l'acquisition du sens du danger, cela implique que l'enfant puisse faire son expérience. L'enfant surprotégé risque d'être paralysé et de s'interdire toute initiative dont il a trop peur qu'elle soit, une fois de plus, jugée hautement risquée par ses parents. Il peut aussi avoir les réactions du prisonnier prêt à faire la belle : dès que le service de l'ordre a les yeux tournés, foncer. Paradoxalement, une protection trop rapprochée peut, de ce fait, occasionner plus d'accidents.

L'apprentissage du risque est certes encadré par les mises en garde parentales mais l'expérimentation joue un rôle de premier rang.

Laisser l'enfant prendre des risques, à son échelle et sous bonne surveillance

L'apprentissage de la marche est une magnifique étape qui symbolise bien d'autres apprentissages. Les chutes sont inévitables, aucun parent ne peut faire faire à son enfant l'économie des bosses et des chutes qui le conduiront à acquérir cette compétence si précieuse. Supporter ce « coût » de l'apprentissage ne va pas de soi et le parent peut ressentir une forte inquiétude lorsque son enfant bute, se cogne, tombe. Cependant, sa confiance dans l'issue heureuse et dans la capacité de ce dernier à traverser l'épreuve favorise considérablement le processus. Si l'enfant se fait mal, il a besoin que sa douleur soit reconnue, mais il a également besoin d'être soutenu pour poursuivre son objectif, quitte à le différer s'il est trop ambitieux pour l'instant.

Favoriser le développement de l'enfant en adaptant les étapes à son rythme

Lorsque les parents ont en vue l'autonomisation et que les apprentissages sont en phase avec le développement physique, intellectuel et affectif de l'enfant, ils s'effectuent très harmonieusement. Pourquoi se lancer dans l'apprentissage du vélo sans roulettes à trois ans si l'enfant n'est pas prêt ? Pour qui l'étape est-elle à franchir ? Pourquoi interdire de faire du vélo à cet âge si l'enfant en meurt d'envie et qu'il en a les capacités ?

Quoi qu'il en soit, il arrivera un âge où ne pas faire de vélo sera une gêne et il s'y mettra alors au plus vite. Aux parents de trouver le rythme qui convient à l'enfant et à eux-mêmes afin que l'autonomie s'acquière sous le signe de la confiance et de la fierté. Ne serait-ce qu'enfiler tout seul son pyjama peut donner un sentiment très fort de croissance, de maîtrise, de liberté et de fierté, comme plus tard, l'obtention du permis de conduire. Une juste valorisation de l'exploit assurera un moment de bonheur partagé tout en ouvrant grand la porte aux futurs progrès.

L'apprentissage de l'autonomie impose donc de renoncer à maîtriser totalement le risque. Le risque zéro est illusoire et même néfaste pour l'enfant qui se voit freiner dans l'acquisition progressive de son autonomie. Aux parents de trouver l'énergie pour ce que cela demande d'eux : vigilance, confiance, courage et lâcher prise.

Une énergie débordante à canaliser

Fatigant, épuisant, increvable, l'enfant en bonne santé l'est, fort heureusement. Le tourbillon d'énergie qui l'anime a quelque chose d'ahurissant pour les parents, surtout dans les cas où il prend des allures d'ouragan. Comment y faire face ? Dans quelles limites ?

Moins d'occasions de se dépenser

Les changements de mode de vie, en termes d'urbanisation et de logement, ont limité considérablement la mobilisation de la force dans la vie de tous les jours. Les déplacements à pied et les corvées fatigantes se sont raréfiés. Il est désormais exceptionnel d'envoyer le petit chercher le pain au village ou ramasser les pommes de terre. Les occasions de se dépenser sont donc moins évidentes et demandent à être créées. De plus, la manifestation publique de la force physique est moins bien acceptée. Les cours de récréation qui reste musclées sont une source d'inquiétude. La violence, partie intégrante de l'humanité, même s'il est fort déplaisant de l'accepter, fait plus peur que jamais. Gardons-nous de voir trop aisément dans la turbulence des enfants des germes de comportements déviants. Les personnages du film *La Guerre des boutons* seraient alors aujourd'hui des délinquants !

Ne parlons pas trop vite d'« hyperactivité »

Les enfants turbulents ont toujours existé. Cette étiquette est exagérément employée et banalisée. Il s'agit d'un diagnostic psychiatrique que les professionnels ont à réserver à des cas très spécifiques, de dépression le plus souvent.

La mise sur le marché de calmants pour les enfants a certainement favorisé la multiplication de prescriptions à l'intention de parents épuisés. Le risque d'installer l'enfant dans une dépendance est à considérer sérieusement, la fatigue réelle des parents aussi. Pourquoi ne pas en profiter pour confier le diablotin à des amis ou des parents ? On le retrouvera sûrement ravi, fier des louanges dont il sera vraisemblablement l'objet. Rassurons-nous, une fois à la maison, on aura le loisir de constater que son énergie ne s'est pas tarie !

Une force à valoriser et déployer

N'oublions pas que cette énergie incroyable est, en premier lieu, une ressource à faire fructifier. Le piège serait d'en faire une tare. Dans le bain, la mer se démonte et la bataille navale fait rage, au square le bac à sable est labouré, dans la forêt le loup est pourchassé et sauvagement bastonné... Quelle énergie ! Des lieux où extérioriser cette énergie existent, profitons-en pour permettre à l'enfant de ressentir positivement sa puissance, en l'exerçant. Un enfant spécialement tonique a probablement d'abord besoin de courir, sauter, grimper, vociférer avant de se lancer dans un coloriage minutieux ou un puzzle de cent pièces. Quelle fierté de parvenir à décharger le coffre de la voiture ou étendre le linge !

Lorsque la dépense d'énergie dans la vie courante reste insuffisante, des activités particulièrement propices à sa libération peuvent être envisagées. Au profit de l'enfant comme du parent ! Un cours de claquettes, un match de rugby ou un entraînement de sport de combat écluseront le trop-plein, en bonne part. Accordons à la danse une attention spéciale. Du *Pont d'Avignon* à la tecktonik, le corps s'exprime avec plaisir et le geste s'harmonise. On s'éclate !

Jusqu'où ?

Naturellement, le petit enfant ne connaît pas ses limites, il ne sait pas s'arrêter. Par le biais de l'intervention du parent, il pourra apprendre progressivement à se maîtriser lui-même. C'est donc au parent qu'il incombe de canaliser son énergie et de stopper ses débordements. Au square, la guerre des étoiles est encline à dégénérer en descente des Vandales sur Lutèce. Le respect des personnes, des biens, des lieux s'enseigne. Un rodéo de Caddie au supermarché est indéniablement délassant pour les participants mais pas pour l'environnement. À qui la régulation revient-elle ? La propension des adultes d'autrefois à s'estimer à même d'exercer leur autorité sur tout enfant a heureusement disparu. Mais elle s'est parfois muée en complaisance. L'interdiction des châtiments corporels à l'école est un progrès mais gardons-nous de prendre ouvertement le parti de son enfant contre ses professeurs qui dénoncent son chahut. Il en serait privé d'une occasion de faire l'expérience indispensable des limites.

Dans quelles limites ?

Sans en avoir toujours conscience, les adultes risquent de cautionner le comportement inadapté de l'enfant. Ce point est particulièrement délicat car il implique des interlocuteurs responsables. S'ils font défaut, que le square n'a pas de gardien par exemple, laissera-t-on un enfant jeter du sable dans les yeux de ses petits camarades ? de grands ados confisquer le ballon des petits ? L'alliance des personnes en situation d'autorité prépare l'enfant au respect de la loi. Fermer les yeux sur une transgression véritable entretient une ambiguïté confondante. L'adolescent en fera les frais lorsque le contrôleur du train dissipera le flou par une verbalisation des décorations librement apposées sur les wagons.

Renonçons à détourner les arguments psychologiques. Ils brouillent la responsabilité et dispensent de se contraindre à appliquer la loi ! La fonction de gendarme nous rebute mais pouvons-nous la supprimer ?

Le parent peut-il s'autoriser l'impasse sur ce « sale boulot » de l'éducateur ? Exercer ses responsabilités de parent en canalisant l'énergie de ses enfants est véritablement usant. On disait jadis : ingrat. L'envie d'y renoncer est lancinante, notamment lorsqu'on rentre épuisé à la maison ou que l'entourage va dans ce sens. Courage !

L'énergie extraordinaire de l'enfant est incontestablement fatigante. À nous, parents, de la valoriser et de créer des occasions de la libérer positivement. Quitte à passer temporairement la main pour faire une pause ! Ou se faire aider... par exemple, en le confiant pour le week-end à des amis chez qui, à coup sûr, il deviendra charmant et calme ! Allez savoir pourquoi !

L'entrée à l'école maternelle

Oser la séparation pour lui permettre de prendre sa place dans le groupe

Cet après-midi là, à presque 16 heures, les activités se terminent dans la classe de grande section de maternelle où j'ai depuis le matin partagé la journée avec les enfants et l'institutrice.

Sonnerie !

Tout le monde s'habille et s'apprête à quitter l'école pour courir vers les tartines et le cacao fumant !

À la sortie, une maman parmi d'autres attend sa fille.

Elle s'avance vers la maîtresse et je l'entends lui dire : « Vous savez, Marie n'arrête pas de parler de vous à la maison ! Elle vous aime beaucoup ! D'ailleurs, plus tard, elle veut être maîtresse d'école ! »

L'institutrice, touchée, lui répond : « Je vous remercie ! c'est vrai que c'est un beau métier mais, maintenant, les études sont plus difficiles qu'avant pour pouvoir enseigner ! »

Et la maman aussi sec, rétorque : « Ah non ! Elle ne veut pas être à la "grande école", elle veut juste être institutrice comme vous, à la maternelle ! »

La conversation en reste là entre la mère et la « maîtresse d'école maternelle » mais, en chemin, avec cette dernière, nous en concluons que rien ne pourra profondément changer tant qu'une institutrice de maternelle prenant en charge, l'année suivante, une classe de cours préparatoire ou élémentaire (c'est-à-dire « montant dans le primaire » !) s'entendra dire par certains parents : « Avec le mal que vous vous donnez, on vous doit bien ça ! » et inversement, qu'une enseignante de cours moyen (CM1 ou CM2) « redescendant en maternelle » créera, autour d'elle, la suspicion d'une éventuelle déficience professionnelle !

Premier pas en société : objectif plaisir

Parce qu'elle confronte à une rupture sociale profonde, l'entrée à l'école maternelle marque un véritable passage. Certains enfants auront, certes, déjà connu la collectivité. Pourtant tous feront à cette occasion l'expérience d'un univers nouveau, foncièrement différent.

En devenant élève, l'enfant prend une place nouvelle de membre d'une petite société de camarades. La dimension collective s'établit et le défi est de parvenir à s'y sentir bien. Il sera remporté lorsque des amitiés se seront nouées et que l'enfant viendra à l'école avec plaisir.

Une rupture... pour les parents aussi

Pour se tourner vers ce nouveau monde et s'y adapter, l'enfant doit accepter de perdre, un temps, sa place de bébé. Aux parents revient simultanément la tâche de « lâcher » quelque peu leur petit. À en juger par l'inquiétude gravée sur les visages les jours de rentrée, il n'est pas certain que les plus anxieux soient toujours les enfants ! Le sentiment de quitter l'autre est parfois plus douloureux pour l'adulte que pour l'enfant. Un message que celui-ci capte souvent si bien qu'il s'arrange pour ménager son parent en rendant la transition moins pénible.

De l'arrachage du cocon familial au premier envol hors du nid

La condition de réussite de cette transition importante est que le parent supporte l'idée que son enfant puisse aussi être bien ailleurs, hors de sa vue et de son contrôle. Un enfant rassuré par un parent serein se lancera plus aisément dans la nouvelle microsociété qui lui tend les bras. L'entrée à l'école est, en premier lieu, une affaire de confiance, à la fois confiance du parent dans la capacité de l'enfant à franchir cette étape et confiance dans l'école qui saura accueillir celui-ci. Reste la confiance en soi du parent.

Un cap avant tout relationnel

Le challenge de l'entrée à l'école est certainement plus affectif qu'intellectuel ; il concerne autant le parent que l'enfant. Un parent sensible ou fragilisé craindra ce moment et le vivra difficilement. Il risque alors de le compliquer en adoptant une attitude de défiance vis-à-vis de l'école et en doutant – *a priori* – des capacités d'adaptation de son enfant. La tentation peut alors être grande d'envisager d'emblée des aménagements particuliers qui freinent l'inscription « normale » de l'enfant dans la vie du groupe. S'ils s'avèrent souhaitables pour faciliter la transition, ils pourront être envisagés un peu plus tard, en accord avec la maîtresse, dans un climat de partenariat.

S'ouvrir à d'autres parents des difficultés éprouvées lors de l'entrée à l'école permettra certainement de partager un pincement de cœur, ou un grand soulagement… avec le sourire.

La maîtresse, une rivale ?

Ce samedi-là, ma journée se déroule au sein d'une école, en banlieue parisienne, l'école Jacques-Prévert (fabuleuse appellation quand on songe au nombre de poèmes de Prévert écrits sur l'école, où la craie, selon lui, devrait redevenir falaise et la plume redevenir oiseau !).

But de la rencontre : le matin, échanger avec les enseignants et, l'après-midi, avec les parents, sur le thème : « Quels apprentissages privilégier chez les tout-petits ? »

En réponse à ma question : « Comment se passent les relations avec les parents ? » les enseignants se montrent très satisfaits, ou presque.

Ils me disent . « Les parents sont très sympas ! Il n'y a que deux points un peu difficiles : ils exigent sans cesse que nous apprenions à lire le plus tôt possible à leurs enfants et qu'on leur fasse faire du dessin ! Comment leur expliquer qu'il y a bien d'autres choses importantes à la maternelle ? »

En début d'après-midi, la réunion avec les parents commence.

Je leur pose la même question que le matin, à savoir : « Comment se passent les relations avec les enseignants ? »

Là encore, unanimement, les réponses sont positives. Avec toujours, une réserve, ils me confient : « Le seul problème, avec les maîtresses, c'est pour la lecture et le dessin ! Elles n'arrêtent pas de faire dessiner les gamins et de vouloir à tout prix leur apprendre à lire ! Comment leur dire de leur ficher un peu la paix avec tout ça et de les laisser jouer ? »

En réalité, il s'agissait d'un simple malentendu lié au fait que chacun (parents et enseignants) étant plus ou moins angoissé à l'idée de ne pas se montrer, peut-être, autant à la hauteur de la « tâche » qu'il le voudrait, se mettait, faute d'un réel dialogue, à se comporter en fonction de ce qu'il croyait être l'attente de l'autre, en face.

C'est-à-dire à prêter à cet « autre », en toute bonne foi, des intentions que ce dernier n'avait pas du tout !

Le seuil de l'école était à peine franchi que notre enfant la regardait déjà avec amour ! Quelle surprise que de voir son petit accorder à cette inconnue tant d'attention et d'égards ! Évitons le piège de la rivalité avec la maîtresse, la nounou, la directrice de la crèche, le moniteur du centre de loisirs, la prof de français...

Tout porte à la vivre en rivale

Le risque de se sentir détrôné est réel car ce nouveau personnage va, par définition, occuper une grande place dans sa vie. L'entrée en société, *via* l'école, passe, en effet, par ce petit royaume de la classe où elle paraît régner sans partage. Les us et coutumes de ce nouveau monde viennent parfois bousculer ceux de la maison : certains comportements ne sont plus admis, les chaussures à lacets critiquées, les doudous interdits...

Un parent manquant de confiance en lui peut se sentir personnellement remis en cause par ces changements ; comme s'il était visé dans son rôle de parent. Ou comme si tout ce qui était destiné à son enfant l'était avant tout à lui-même.

Différencier les places et les rôles

L'attribution de places distinctes écarte le risque de la rivalité et de la concurrence. Le parent doit accepter l'idée que son enfant a besoin de se détacher de lui pour grandir, et l'y aider ou, au pire, ne pas lui compliquer la tâche. En se reconnaissant des places et des rôles différents, les risques de compétition et d'opposition sont fondamentalement réduits. En tant que professionnelle, la maîtresse organise la vie à l'école, les parents le reste. Et si ce qui pouvait être ressenti initialement comme une prise de pouvoir n'était en fait qu'une initiation à la citoyenneté ?

Viser l'alliance et se rassurer

Les lois de la classe s'appliquent, de fait, à tous les enfants et les préparent à leur vie de citoyens adultes. Une approbation, ou du moins une acceptation, faciliteront considérablement l'adaptation de l'enfant.

Comment cependant garder la tête froide lorsque le cœur s'en mêle ? Il aime cette étrangère et le lui prouve par des dessins, des fleurs, des cadeaux ! Peut-être tout simplement en saisissant qu'elle ne remplace pas le parent mais le représente. Cet amour porté à la maîtresse traduit précisément sa sécurité affective ; il s'enracine dans la qualité de la relation au parent. Comme celle-ci est suffisamment solide et intériorisée, l'enfant ose se tourner vers le monde, sans craindre de la trahir.

Le premier amour est inégalable, la preuve en est : il l'appelle même parfois « maman » !

De l'éveil au parcours du combattant

Il paraît que tous les enfants ont des rythmes différents et qu'il faut les respecter. Mais c'est pas toujours facile ! Moi, par exemple, depuis que je suis tout petit, j'ai besoin de faire la sieste pendant près d'une heure, entre 14 heures et 15 heures et, même le matin, il me faut de temps en temps des « plans-écroule », histoire de recharger les batteries !

Eh bien, vu le programme éducatif de la crèche où je vais, c'est plutôt difficile à mettre en pratique parce que, pour qu'on soit performants, les dames elles nous font faire plein de choses, du matin au soir.

De 8 heures à 9 heures : c'est collage de gommettes ou collier de nouilles (c'est en ateliers, pour nous laisser le choix).

De 9 heures à 10 heures : psychomotricité et éveil à la musique.

De 10 heures à 11 heures : piscine à balles.

À 11 heures : on mange ! (On mange de bonne heure, à la crèche ! Les dames, elles disent qu'on a faim à cette heure-là mais, en fait, c'est pour qu'elles puissent prendre un café pas trop tard une fois qu'on est au lit !)

Et, d'ailleurs, à midi : sieste.

... Moi, c'est vraiment le moment où j'ai pas sommeil, mais je dois quand même faire semblant de dormir parce que s'il y a des enfants qui jouent pendant que d'autres dorment, ça fait du bruit.

À 14 heures : je commence à piquer un roupillon et, les copains réveillés, ils entament déjà le « mur d'escalade ».

Du coup, quand je me réveille, à 15 heures, avec les paupières en stores à l'italienne, je me dis : « Zut ! J'ai encore raté une heure sur le programme ! »

Heureusement, pour me faire rattraper mon retard, ma maman arrive en vitesse vers 17 heures et m'emmène en courant faire du judo !

Alors, après dîner, je dors bien car je tombe de fatigue.

D'ailleurs, j'ai intérêt à bien dormir, surtout le vendredi soir, parce que le samedi matin il y a cours de piano !

À la rentrée, je vais aller à l'école maternelle ! Là, j'espère que le rythme va se calmer un peu, mais c'est pas sûr du tout étant donné qu'à la fin il paraît qu'il y a des carnets d'évaluation et que, pour faire plaisir aux parents, on doit avoir tout bon sur les carnets. Pourvu que je sois à la hauteur !

Il fut un temps où l'école était peu fréquentée à l'époque des moissons, l'enfant avait alors mieux à faire qu'à « gaspiller » son temps. Aujourd'hui, le rôle joué par les apprentissages scolaires et les diplômes est tel que, la majorité des parents font de l'école une priorité ; au point que l'avenir est même envisagé uniquement comme l'atteinte d'un niveau d'études. Même les parents les plus éloignés du système scolaire attendent énormément de l'école. Le développement des compétences de l'enfant est l'objet d'une très grande attention. L'heure est au triomphe de la performance. La stimulation de l'enfant est devenue un devoir pour bien des parents et ils s'emploient à le remplir scrupuleusement. Éveil ou préparation à la compétition ?

Des terres nouvelles à découvrir

Les progrès d'un enfant sont spectaculaires, c'est une source d'émerveillement pour les parents qui savent voir dans leur petit, dès l'aube de la vie, une personne à part entière. On s'adresse désormais expressément à lui, comme interlocuteur et consommateur, pour accélérer sa croissance. En leur nom, l'univers de la puériculture s'est ainsi mis à proposer des supports de plus en plus perfectionnés et créatifs dits « d'éveil ». Peinture au doigt, puzzle à deux pièces, jeux de sonorités, de textures, d'odeurs ciblent l'épanouissement des capacités du futur prodige. Cette palette de supports affine, en fait, les possibilités offertes spontanément par l'environnement : le clapotis de la pluie, le clac de l'étui à lunettes, le rugueux de la peau d'un litchi, le brillant d'une cerise...

L'achat d'un matériel spécifique d'éveil répond en définitive surtout à l'envie créée chez l'entourage de ces produits séduisants. Mais aussi, en partie, au désir de « tout bien faire », de mettre en somme toutes les chances du côté de la réussite de l'enfant. Comme si, dès le plus jeune âge, un programme était à remplir, avec pour toile de fond le souhait qu'il « soit en avance ». Le dopage du nourrisson est superflu.

Développer des compétences ou armer pour la bataille ?

L'anticipation d'une vie difficile amène nombre de parents à se donner la mission de préparer leur enfant au mieux, comme s'il s'agissait de « l'armer » au plus vite pour cette lutte impitoyable qui l'attendrait. Cette peur, réaliste en un sens, prend parfois une ampleur disproportionnée lorsque les parents sont insatisfaits de leur sort. Elle se décline à l'envie : peur qu'il « n'y arrive pas », qu'il « échoue », qu'il « ne sache pas se défendre », qu'il « ne sache pas se battre », qu'il « compromette son avenir » et, surtout, qu'il « prenne du retard ». Le parcours scolaire fait alors figure de course d'obstacle dans laquelle on risque de se faire distancer. Chaque étape prend alors une tournure potentiellement dramatique. « Il rentre au CP sans savoir écrire son nom ! » s'affole une mère en invoquant déjà le spectre du chômage.

Inutile de noircir le monde dans lequel l'enfant s'installe. Les doutes et les craintes des parents peuvent diffuser insidieusement un message amer et rebutant : la vie serait dure, ni drôle, ni facile voire injuste.

On n'est pas là pour rigoler ?

La ténacité, la pugnacité, le goût de l'effort et de l'accomplissement sont des moteurs extraordinaires. Toutefois, dans la confiance et le plaisir, leur puissance peut se révéler avec autant – si ce n'est plus – d'intensité. L'essentiel n'est-il pas que l'enfant découvre l'envie d'aller de l'avant et de se jeter dans la mêlée de la vie ? Il n'a pas à devenir un soldat résigné, soumis au « devoir de se battre » même s'il est courageux.

Emploi du temps de ministre ?

Donner la possibilité à l'enfant de développer ses aptitudes est une ouverture considérable. Sport, musique, art sont autant de directions dans lesquelles les talents de l'enfant peuvent se déployer. Attention cependant à ne pas saturer ce dernier en invoquant ces capacités d'apprentissage privilégiées. L'emploi du temps frise la cavalcade car les horaires de l'école sont en France déjà importants. Il existe un risque réel à surcharger la vie de l'enfant avec des activités tentantes : babygym, initiation à l'anglais, aux arts plastiques, à la musique, au cirque... L'offre s'est remarquablement étoffée, veillons à ne pas transformer l'enfant en personne débordée.

Besoin de temps au nom de l'enfance

Ne redoutons pas l'ennui, l'enfant a précisément besoin de le rencontrer. La disponibilité, le creux ne sont pas le vide ou le néant mais un espace de rêveries. Il déploie la vie intérieure. Et si les lames de parquet étaient un canyon ? La fuite dans l'action est une course-poursuite désespérée qui pousse à combler tous les interstices. Elle s'épuise immanquablement alors que la solitude s'apprivoise pour ouvrir à plus de créativité. « Ne rien faire » procure, en fait, le temps de se retrouver, au calme et de sceller le sentiment d'être soi-même.

L'éveil est un mouvement naturel, d'autant plus vif et passionnant que l'enfant est en confiance. Pour le favoriser, le monde doit, avant tout, être attrayant. Nombre de jouets, de jeux et d'équipements activent les explorations et les découvertes de l'enfant. Toutefois, quelle que soit l'embarcation, c'est l'énergie et l'enthousiasme du navigateur qui guideront le voyage, à un rythme qui appartient surtout à son auteur. À nous, parents, de témoigner de l'intérêt de conquérir ces nouvelles terres en transmettant le désir de vivre une vie qui en vaut bien la peine !

Le carnet d'évaluation : et s'il est différent ?

« Apprenez l'équitation par correspondance.
Pour le galop, se référer à la brochure concernant le trot,
mais en la lisant trois fois plus vite. »

Pierre Dac. Petites annonces.

Au début des années 1970, en France, une pratique quelque peu stakhanoviste consistait dans les crèches à installer, en milieu de matinée, une dizaine de gamins de 18 mois à 2 ans sur le pot, en exigeant plus ou moins d'eux qu'ils ne s'en relèvent qu'après y avoir déposé le pipi tant attendu !

C'était disons l'apprentissage collectiviste de la propreté !

La vessie étant, part définition, le seul organe qui a le courage de ses opinions (parfois cela peut même jouer des tours à l'adulte !), on voit aisément l'absurdité d'une telle pratique !

Victoire : ces « séances pot » ont assez vite disparu, pour laisser la place au « pipi individualisé » plus proche des réalités physiologiques.

Mais, surprise : après cinq ou six ans d'interruption, les « séances pot » se sont mises, progressivement, à réapparaître au sein des collectivités de tout-petits.

Pourquoi ? J'ai décidé de mener l'enquête.

Me rendant dans les crèches ayant notoirement renoué avec cette noble pratique, j'en ai demandé la raison au personnel.

On m'a dit, levant les bras au ciel : « Que voulez-vous, c'est pour les préparer à la maternelle ! Ils ne peuvent y être inscrits que s'ils sont propres ! Donc les parents nous y obligent ! »

Armé de cette réponse, j'ai poursuivi mes investigations dans les classes maternelles.

À la question : « Pourquoi faut-il que les enfants entrent tôt à la maternelle ? » les maîtresses m'ont rétorqué : « S'ils ne savent pas lire avant d'arriver au cours préparatoire, comment voulez-vous qu'ils obtiennent, plus tard, une bonne sixième d'allemand ? »

Imparable : grâce à l'apprentissage précoce de la propreté, les gamins allaient augmenter leurs chances de réussir dans le secondaire !

J'étais presque convaincu...

Aujourd'hui, à l'école, la maîtresse nous a annoncé que c'était un grand jour. Comme nous sommes en classe de CE1, on a gagné une évaluation ! Elle nous a expliqué comment ça marchait, ça a l'air fastoche !

Elle nous a posé plein de petites questions, et nous, on répond le plus vite possible !

Dès que l'évaluation a commencé, j'ai quand même vu que c'était pas si facile que ça, parce que, pour répondre aux questions, il fallait d'abord les comprendre !

Par exemple : la maîtresse nous a demandé : « Trouvez le contraire du mot "compréhensible." »

Là, je me suis senti un peu seul parce que les réponses devaient être individuelles, on n'avait pas le droit de copier sur les autres, et, moi, je ne savais pas ce que ça voulait dire « compréhensible » ! Alors, j'ai levé le doigt et je le lui ai dit.

Gentiment, elle a répondu : « On appelle "compréhensible" quelque chose que tu comprends !

Alors le contraire, c'est le mot qui veut dire que tu ne comprends pas ! Comment ça s'appelle, quand tu ne comprends pas, c'est... c'est... »

Mon cerveau était en ébullition et, d'un seul coup, j'ai trouvé la réponse (c'est mon père qui me l'avait dit !) : « Quand je ne comprends pas, c'est... pas grave ! »

J'étais superfier de moi mais, aussitôt, j'ai senti que l'institutrice elle ne l'était pas !

D'ailleurs, elle m'a mis zéro à la question !

Pourtant, mes parents, ils n'arrêtent pas de me le répéter que c'est « pas grave ». Alors peut-être que c'est eux qui se trompent et que, quand on ne comprend pas, c'est grave ? !

Les recherches sur l'enfant se sont multipliées pour approfondir considérablement la compréhension de son développement dans tous les domaines. Tous ces travaux convergent pour élargir la notion de normalité. L'acquisition de la propreté, précédemment évoquée, en fournit un bel exemple, comme la lecture. Toutefois, si les chercheurs du monde entier s'accordent pour étendre la notion de norme il n'en reste pas moins que tout enfant a besoin d'être évalué pour progresser. Mais, par rapport à lui-même, et non par rapport à une prétendue conformité.

Le carnet actuel d'évaluation de fin de cycle 1 de l'école maternelle : à revoir

L'outil actuellement en vigueur pour apprécier les compétences à l'âge de cinq ans pose vraiment question, dans la mesure où il compare systématiquement les élèves entre eux et met trop fortement en relief les acquisitions absentes. Un enfant peu conforme sera, de ce fait, considéré, précocement et abusivement comme faible. Certains parents en concluent ainsi dès la maternelle que leur enfant est « mauvais en français ! »

La lecture de cette évaluation impressionnante soulève parfois des craintes. Il serait très dommage d'enfermer un si petit enfant dans l'idée qu'il « aurait du mal ».

Valoriser les points forts

Le moteur du développement est fortement affectif, son carburant est le désir de progresser qui doit appartenir à l'enfant. Les acquisitions réussies, aussi petites soient-elles, enracinent le sentiment d'être à la hauteur et d'avoir de la valeur. Elles nourrissent la confiance nécessaire pour continuer d'avancer avec plaisir.

Il est d'ailleurs démontré qu'une relation positive à l'apprentissage donne de meilleurs résultats que la peur de l'échec. Enclencher cette dynamique constructive au plus tôt, comme l'école maternelle française s'y emploie, avec enthousiasme, est bel et bien la priorité. Guidons le parcours de l'enfant dans ce sens. Les points faibles ont évidemment à être repérés afin de faire l'objet d'une attention particulière, mais sans pour autant cacher les points forts. La lecture du carnet d'évaluation, pour être encourageante, demande de mettre l'accent sur ce qui va bien, en premier lieu. Nos enfants sont formidables, ils ont des talents, à nous de les reconnaître et de les saluer, ils en fructifieront d'autant mieux !

L'enfant hors norme

Les enfants porteurs de handicaps divers se situent plus vite que les autres en dehors de la conformité désignée. Ils sont particulièrement exposés, avec leur famille, à des évaluations décourageantes et dévalorisantes. Pour eux, plus que jamais, il importe de savoir valoriser les aspects positifs. Certains pays, comme la Belgique et le Québec, voient l'enfant avant tout, et le handicap accessoirement. L'intégration des enfants porteurs de handicap ne posent pas les mêmes difficultés qu'en France. Il est tout à fait possible de les regarder sans se focaliser sur leur différence ! Ces enfants différents permettent aux autres enfants d'apprendre à vivre avec la différence et à la respecter. Ils conduisent également les adultes à voir chaque enfant dans sa singularité. Indépendamment du handicap, ils développent d'ailleurs remarquablement certaines dimensions, sur le plan affectif comme sur d'autres (sensoriel et auditif notamment).

L'évaluation de l'enfant est nécessaire pour baliser et favoriser ses progrès au sein d'un parcours toujours original. Elle doit cependant être maniée avec prudence pour éviter une comparaison stérilisante à une norme dont on sait bien aujourd'hui la variabilité. Quelles que soient les différences, surtout si elles sont visibles, la valorisation de la personne est le fondement d'un développement heureux, ouvert au monde et aux autres. Être soi-même !

VI – 4,5,6 ans : J'existe…

« J'ai dix ans, c'est peut-être pas vrai mais j'ai dix ans… »
chante Alain Souchon.

En ce qui me concerne, au fil de cette histoire, à vrai dire, j'ai huit ans.

J'ai huit ans et, pour accompagner la remise des prix de fin d'année, la maîtresse du cours élémentaire décide de nous faire jouer un spectacle sur le thème « Les amoureux de Peynet ».

Le rôle de l'amoureuse sera confié à sa propre fille, Annie, qui, il faut le souligner, est notre idole à tous !

D'autant qu'il s'agit, en quelque sorte, d'« une fille pédagogique ».

En effet, elle a quatre années de plus que nous, elle est superbe, plantureuse à souhait, elle sent presque le sable chaud, et son emploi du temps étant différent du nôtre (elle va au lycée !), sa mère la reçoit régulièrement dans la classe au cours de la journée, notamment pendant les séances de lecture !

Là s'opère le miracle.

Nous qui, dans l'ensemble, sommes assez nuls pour ce qui est du déchiffrage de la langue de Molière, devenons surdoués dès l'apparition d'Annie !

Ne serait-ce que pour ne pas démériter aux yeux de la belle !

J'imagine que l'inspecteur n'a jamais dû comprendre pourquoi cette enseignante obtenait de tels résultats ! Comment argumenter une méthode basée sur le fait que, poussée hormonale oblige, nous étions tous plus amoureux les uns que les autres ?

… Mais revenons à Peynet.

Dès le mois de mai commencent les répétitions et, d'abord, la répartition des rôles. L'angoisse est à son comble. En fait, une seule question nous turlupine : lequel d'entre nous va être dans la peau du personnage qui, offrant son bras droit à Annie, tenant un parapluie ouvert dans la main gauche, abritera notre diva ?

Personnellement, m'estimant et de loin le plus épris de tous, je savoure déjà en silence ma victoire presque certaine, imaginant la tête que vont faire les copains à l'annonce de mon nom !

Mais... catastrophe ! Le choix divin tombe sur un autre avec, pour seul critère, le fait qu'il soit le plus grand de la classe !

Quelle injustice ! Compromettre le destin de deux amants pour une vulgaire question de centimètres ! Il ne me reste plus qu'à guetter la suite de la distribution. Quelle fonction va m'être confiée ? Peut-être tenir la robe de l'être aimé, en m'enivrant au passage de son parfum !

Être la chaise sur laquelle elle s'assoit... ? Soudain, mon drame touche à son comble : en raison de ma petite taille, je serai « la goutte d'eau » !

Je devrai tourner autour des amoureux, les mains posées sur les hanches, un sac plastique bleu sur la tête en chantant « gaiement » (! ?) :

« Goutte gouttelette de pluie

Mon chapeau se mouille

Goutte gouttelette de pluie

Mes souliers aussi... »

Étant aujourd'hui, du moins à l'heure où j'écris ces lignes, encore vivant, je suis en mesure d'affirmer que le ridicule ne tue pas !

Curieusement, dès le mois de juin, mes progrès fulgurants en lecture s'estompèrent et, au cours de l'année suivante, j'eus longtemps les livres en horreur !
Allez savoir pourquoi !

Un petit chéri...

Des câlins, jusqu'où ?

La famille n'a pas toujours été formée autour d'un lien affectif, on l'a vu. Aujourd'hui la tendresse se déploie ouvertement dans les relations parents/enfants et pose la question d'éventuelles limites, notamment lorsque l'enfant déclare amoureusement à son parent : « Quand je serai grand, je me marierai avec toi. »

Distinguer les places

La tendresse à l'égard du bébé est fondamentale pour l'harmonie de son développement car le besoin d'amour est aussi vital que le besoin de nourriture. Embrasser, cajoler, caresser font le charme incomparable de cette période attendrissante. Mais jusqu'où cette proximité peut-elle s'apparenter à celle que les parents partagent ? Il n'est d'ailleurs pas exceptionnel qu'un parent se détourne de l'autre tant il n'a d'yeux que pour l'enfant.

Certaines familles sont, plus que d'autres, démonstratives dans leur affection. Le fait est qu'on ne saurait se voiler la face : la tendresse donnée par le parent est susceptible de tirer vers l'amour « adulte ». L'enfant, de son côté, ne sait pas distinguer clairement le registre de la tendresse et celui de la sensualité adulte. Placer la barrière est du ressort de l'adulte.

Embrasser son enfant sur la bouche ?

L'impératif d'inscrire dans la loi l'interdit de l'inceste, pour toutes les civilisations, repose sur le fait que cette pente glissante existe bel et bien dans l'humanité. Une vraie vigilance interdira ce qui pourrait prêter à confusion. Dans notre société, le baiser sur la bouche est le signe d'une intimité spéciale, peut-on la partager avec son enfant sans nourrir un certain flou ? C'est bien parce que les glissements s'effectuent le plus fréquemment à l'insu des intéressés, et parfois même malgré eux, qu'il est fondamental d'y être attentif.

L'environnement social et historique participe évidemment à la délimitation de ce qui est de l'ordre de l'intimité particulière dont l'enfant doit être exclu. Dormir dans le même lit n'a certainement pas la même signification dans la France d'aujourd'hui ou qu'en Bretagne au siècle dernier.

Quand je serai grand je me marierai avec toi...

Soyons clairs et attentifs pour protéger nos enfants, leur mission est d'adresser leur futur amour sensuel à l'extérieur de la famille. La tâche est de les empêcher de prendre la place de conjoint. Que celui-ci soit ou non présent. Symboliquement, le danger de faire couple ou ménage est toujours là. Ce sujet peut tout à fait être abordé simplement.

La vision du corps nu des parents fait de l'effet aux enfants qui grandissent. La vision du corps de l'enfant adolescent fait ressentir quelque chose au parent, aussi une pudeur réciproque est-elle protectrice. Il n'y a pas lieu d'imposer à un enfant une proximité corporelle qu'il ne souhaite plus parce que, comme il le dit lui-même, « il n'est plus un bébé » ; il n'y a pas lieu non plus de subir cette proximité.

Arrive un âge où savonner l'enfant dans son bain n'est plus adapté, puis un âge où la porte de la salle de bains a besoin d'être close. Aller dans le sens de ce développement naturel est souhaitable, c'est aller dans le sens de l'autonomie affective de son enfant, l'aider à grandir.

On se dit tout ?

Doit-on tout dire à ses enfants ?

La réponse est NON !
Doit-on mentir à ses enfants ?
Là aussi la réponse est NON !
Donc, la seule solution qui vaille est :
Comment ne pas tout dire sans mentir ?
À chacun de trouver une réponse adaptée à chaque situation et surtout à chaque enfant !

On a compris combien l'enfant est réceptif, dès son plus jeune âge. Les parents ont donc été incités à s'adresser à leurs enfants en les considérant comme des interlocuteurs à part entière. Au point qu'il est tout a fait banal de voir aujourd'hui une jeune mère ou un jeune père en pleine « conversation » avec son bébé de quelques semaines, spectacle qui aurait amusé ou intrigué nos grands-parents. Aux enfants plus grands, certains déclarent avec fierté « tout leur dire ».

Cependant, jusqu'où parler à l'enfant ? Il est normal et souhaitable de s'interroger sur ce qu'on dit ou pas à l'enfant.

Bain de paroles sans noyade

S'adresser au bébé l'introduit dans le monde, contribue à tisser la relation, l'inscrit dans le langage, c'est primordial et le message est heureusement passé. Quelle jubilation que de se laisser aller à jouer avec les mots pour son enfant ! La communication avec le bébé ouvre la porte à un véritable enchantement qui autorise l'adulte à babiller de concert puis, plus tard, à s'amuser des balbutiements du langage. Un bain poétique et joyeux dont le délice est partagé.

Toutefois quelles sont les limites des bienfaits d'un commentaire ininterrompu sur ce qui entoure l'enfant. « Je te mets tes chaussures », « Maman met son chapeau », « la voiture est grise », « la pluie mouille le manteau »... Quelle place pour le silence, la rêverie, lorsqu'une voix sollicite continûment l'enfant ? Quelle place aussi pour la relation avec le reste du monde qui croise cette bulle bébé-parent très sonore ?

Parler des choses importantes en tenant compte de l'âge

Un enfant gagne à ce qu'on lui dise que sa grand-mère est morte ou que son père est en prison car il saisit le trouble de la famille dont il fait partie. La mise en mots canalise l'angoisse, modère sa diffusion. La difficulté à parler aux enfants des sujets graves est souvent plus une difficulté pour l'adulte que pour l'enfant. En croyant protéger l'enfant d'une réalité qu'il rencontre de toute façon, le parent court-circuite une mission qu'il peine à remplir. Il est toujours possible de se faire soutenir par un proche ou un professionnel en cas de difficulté. Si cela s'avérait impossible, déléguer est aussi envisageable.

Les enfants tendent souvent des perches, subtilement, pour signifier qu'ils sont prêts à aborder un sujet délicat ou fort, c'est le moment le plus propice pour entrer à petits pas dans le sujet. Suivre l'enfant dans son ouverture et son questionnement est idéal. C'est l'ouverture du parent qui autorise l'enfant ou l'adolescent à avancer ses questions. Le rythme de l'enfant est une priorité, ce qui invite le parent à être à l'écoute. Il se facilitera la tâche en se demandant ce que l'enfant veut savoir. Si son père est très malade ? S'il va mourir ? Probablement pas qu'il a le sida.

Je ne lui cache rien ?

Certaines réalités sont particulièrement blessantes et inassimilables pour l'enfant. Quel est l'intérêt de les lui imposer d'emblée ? Le jour où il sera prêt, il posera la question qui dissipera le flou protecteur. « La tante qui est morte subitement, était-ce un accident ? Un suicide ? » « La maladie de maman, qu'est-ce que c'était au juste ? Une dépression ? » « L'amie du bureau chez laquelle papa partait en week-end, c'était sa copine ? » Tant qu'il n'est pas prêt à recevoir la réponse, l'enfant se protège lui-même en évitant la question. Attention au risque de le brusquer sous prétexte qu'il faudrait « tout se dire », « ne rien se cacher ».

Faut-il faire savoir à son enfant qu'il n'a pas été désiré ? Si les conséquences sont jugées néfastes, quel fardeau pour lui : « J'avais prévu de retravailler, je n'aurais pas épousé ta mère, nous aurions pu rester à l'étranger où nous étions si bien… »

L'intimité des parents n'a pas à être nécessairement partagée avec l'enfant, le mot pudeur redevient justement à la mode. Informer son enfant des errements du couple, c'est le plonger dans une angoisse assurée. Notre enfant pourrait se sentir pris en otage, et obligé de prendre parti.

Jardin secret et flou protecteur : pour les enfants comme pour les parents

Très vite, les enfants bénéficient de pouvoir avoir leur jardin secret qui deviendra vital à l'adolescence pour parvenir à se détacher de leurs parents. Les premiers émois ne peuvent pas être confiés aux parents sans un certain risque de confusion. Un parent qui interroge son adolescent sur sa relation amoureuse court le risque de faire irruption dans son intimité. Est-il vital de connaître l'emploi du temps détaillé de ce samedi où le jeune homme est rentré si tard et si guilleret ?

Uniquement en cas de danger, une enquête se justifie. Un adolescent mutique qui passe ses soirées avec une bande de copains mystérieuse dont il revient dans un état inquiétant, cela justifie qu'on pose des questions précises, voire, en désespoir de cause, qu'on sollicite des camarades.

Non, on ne se dit pas tout, on n'est pas transparent pour son enfant. Pour l'un, comme pour l'autre, un jardin secret, avec ses recoins d'ombre est essentiel. On ne lui « cache » pas quelque chose, on le tient à l'écart de ce qui ne le regarde pas. La communication parent-enfant a beaucoup progressé, profitons-en, sans en abuser.

Peut-on parler des sujets difficiles ?

Les parents, souvent, ils sont drôles parce qu'ils nous cachent des choses sans même se douter qu'on les sait depuis longtemps et, à l'inverse, ils nous disent certains trucs que l'on n'est pas en mesure de comprendre.

Ceci dit, c'est plutôt rare que l'on ne comprenne pas ! On comprend, mais à notre manière. En clair, dans ce que nous racontent les adultes, on retient ce qui nous intéresse et nous permet d'avancer !

Tenez, moi qui suis fille unique depuis quatre ans, je viens d'apprendre que j'allais avoir une petite sœur ! Au début, je ne l'ai pas très bien pris mais, petit à petit, je me suis faite à l'idée et j'ai même commencé à imaginer certains avantages !

Il faut reconnaître que, très vite, mes parents m'ont emmenée avec eux à la maternité pour que je sois associée à la préparation de la fête et, côté examens médicaux, j'ai presque tout vu !

Un jour, j'ai même pu découvrir ma future petite sœur à la télévision ! Maman était allongée sur le dos et un docteur en blouse blanche lui passait un appareil sur le ventre en lui racontant tout ce qu'il voyait sur l'écran. Moi, assise à côté, les yeux rivés sur l'image, je n'en perdais pas une miette. Je voyais une tête, des bras, des jambes qui bougeaient et à plusieurs reprises le docteur a même dit son nom : il a parlé de Fée Tusse !

C'était génial ! Enfin je savais qui allait être ma petite sœur : c'était une fée, elle s'appelait Tusse tout allait bien et il n'y avait plus qu'à attendre qu'elle sorte.

Vous voyez, nous les enfants, on comprend beaucoup plus de choses que les adultes ne pourraient le croire... à condition qu'on nous les explique bien et qu'on ne nous en dise pas trop !

Les sujets difficiles sont multiples, prenons, à titre d'exemple, un cas particulièrement douloureux, celui de la mort. Dans la vraie vie, la mort est devenue discrète, à l'abri des hôpitaux et des funérariums, loin de la maison. Pas comme à la télévision. Elle effraie tant les adultes qu'ils aimeraient l'épargner aux enfants, alors ils l'évitent au nom de la protection de l'enfance, de la pudeur ou de la bienséance. Le tabou est là. Lorsque le mensonge ou l'évitement ne sont plus possibles, la dérobade prend la forme de propos opaques, voilés, métaphoriques. Le grand-oncle est « parti », il serait « monté au ciel ». Pour tout un chacun, la question de la mort est délicate, intime et engageante puisqu'elle est le seuil de nos croyances et de nos convictions. Peut-on quand même en parler à son enfant, comment ?

Préserver l'enfant de la mort ?

Il est tentant d'éviter ce sujet dramatique, cependant, tôt ou tard, il viendra fatalement se poser, au gré des aléas de la vie. Pourquoi ruser ou différer anxieusement la confrontation ? « Le chat a disparu. » « Grand-père ne vient plus nous voir. » « Maman pleure beaucoup. » Pourquoi dissimuler la mort ? L'enfant recèle naturellement la capacité d'en entendre parler et doit apprivoiser cette idée d'absence définitive, dès que possible, à son échelle. À nous, adultes, de trouver l'authenticité et la force de lui en parler.

La conscience de la fin de toute vie s'impose d'ailleurs vite à lui, grâce aux animaux, en particulier ceux que nous mangeons. Puis, grâce à son inscription dans une généalogie. « Qui était la grand-mère de papa ? » Dès que possible, emboîtons ce mouvement pour désigner la mort, en la nommant simplement par son nom. Cela dissipera des angoisses diffuses.

Réalité et convictions

Quelles que soient les croyances, les convictions, la philosophie de la vie, il est important de les distinguer clairement de la réalité. Le seul symbolisme freine parfois l'intégration de l'irrémédiable. N'entretenons pas d'ambiguïté, fermons doucement la porte à un questionnement inlassable et douloureux : « Quand est-ce que papa prendra un parachute pour redescendre du ciel ? »

Efforçons-nous de parler vrai au sujet de la mort, sans leurrer l'enfant ni lui imposer une vérité que personne ne détient. La mort est une réalité terriblement concrète et aussi le lieu d'un grand mystère. Ayons l'humilité de le reconnaître, en commençant par dire les choses telles qu'elles sont, pour ensuite laisser ouverte la fenêtre sur cet inconnu. L'enfant ne manquera pas de s'en saisir pour rêver. Il s'imaginera avec beaucoup de créativité des échappatoires intérieures à l'impasse de la réalité. Pourquoi lui fermer cette ressource ? Ceux qui désirent ouvrir l'horizon sur un au-delà, une espérance, veilleront à parler humblement au nom de leurs propres croyances, *a fortiori* quand l'autre parent a des convictions différentes.

Accueillir le sujet lorsqu'il émerge

Il n'y a pas lieu de faire subitement, un beau jour, une leçon magistrale sur la mort que l'enfant n'est pas forcément alors prêt à recevoir. De lui-même et à son rythme, l'enfant s'oriente vers cette grande énigme. Lorsqu'il est prêt à en entendre parler, et parfois si tôt que cela nous étonne, il pose ses questions, très directement parfois : « Tu me donneras ta maison quand tu seras morte ? », « Quand on est mort, est-ce qu'on pourrit ? » Ou de façon plus détournée : « Où est parti le grand-oncle ? », « Pourquoi met-on des fleurs au cimetière », « Quand retrouvera-t-on le chat ? » Saisissons ces opportunités avec tact pour dire la mort, aussi simplement que possible, sans détail superflu. L'enfant ne manquera pas d'en demander plus, s'il le souhaite.

Selon notre sensibilité, nos connaissances et surtout notre appréciation de la situation, sentons-nous libres face aux questions déconcertantes qui surgiront : « Qui viendra me chercher à l'école quand mamie sera morte ? » « Qui s'occupera du chien de tonton ? » « Est-ce que le sang va couler de sa bouche quand il "mourrira" ? »

L'émotion est au rendez-vous, elle est vraie, légitime, indéniable. Pouvons-nous l'accueillir en nous d'abord, sans trop déborder, pour ne pas noyer l'enfant dans notre chagrin ? À l'enfant donnons la chance de crever son chagrin, sans chercher à l'étouffer au plus vite, tant il nous émeut.

Laissons les paroles plaquées qui sonnent faux : « Tu oublieras », « Pleure pas, tu es grand » « Ça ne sert à rien de pleurer... »

Le grand silence, la grande présence

Paradoxalement, un silence complet de l'enfant sur le thème de la mort exprime souvent une excellente compréhension du malaise de l'entourage. La parole sur le grand sujet n'est pas ouverte, l'enfant le sent bien et le respecte loyalement. Des terreurs nocturnes, des inquiétudes disproportionnées viennent parfois exprimer indirectement le tabou. Qui osera le briser ?

Le confronter à la mort ?

La vision d'un corps mort ou d'une personne proche de la mort n'est pas banale, c'est un spectacle potentiellement saisissant. Doit-on l'empêcher ? Les parents en jugeront. Cette éventualité peut aussi être librement proposée à l'enfant. Il saura dire s'il souhaite ou non rencontrer une dernière fois la personne ou, le cas échéant, voir sa dépouille. Son choix lui appartient et il est foncièrement respectable.

Pour les funérailles, l'enfant mérite plus encore d'être invité à participer, c'est un moment important de la vie familiale dans lequel il a sa place, s'il le désire.

La mort fait partie de la vie, autant l'apprendre au plus vite. Prenons soin de rendre le sujet familier afin d'acclimater un phénomène impensable, par définition, mais qu'il faudra, tôt ou tard... vivre.

... qui s'affirme...

Elle refuse de se coiffer ! Des goûts qui se précisent.

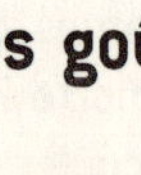

Il faut reconnaître que nous, les enfants, on n'est pas toujours faciles à comprendre parce qu'on est très rebelles, toujours prêts à refuser ce que les adultes veulent nous imposer mais, une fois que

l'apprentissage en question est entré dans nos habitudes, on a un mal fou à s'en passer !

Tenez, pour moi, par exemple, ça a été le supplice de la brosse à dents !

Mes parents insistaient tous les soirs pour que je me brosse les dents après dîner et, de mon côté, j'avais toujours un truc à faire pour y échapper !

Ça a duré plus d'une année !

En général, c'est moi qui gagnais. Mais, petit à petit, les vents ont tourné. Je ne sais pas pourquoi mais, en voyant mes parents se brosser régulièrement les dents après le repas, j'ai senti qu'il s'agissait d'un rituel qui allait me permettre de grandir encore plus !

Alors, du coup, je m'y suis mis aussi et, maintenant, ils n'ont même plus besoin de me le demander, je le fais tout seul !

Sauf quand il n'y a pas d'eau ! L'autre soir, il y a eu une coupure. Plus rien ne coulait des robinets ! Rien qu'à l'idée de ne pas pouvoir me brosser les dents, j'étais malheureux comme les pierres.

En plus, dans la catégorie « brossage » je suis monté en grade : je suis devenu surveillant ! Parce que j'ai une petite sœur de cinq ans qui, une fois sur deux, refuse de passer dans la salle de bains ! Heureusement, j'ai l'œil et, quand elle se défile, je cours le dire à mes parents !

La croissance de l'enfant s'appuie sur l'opposition, la requiert comme on a déjà pu le voir. Du reste, très vite, les repas en témoignent sans ambiguïté, au risque de manquer de sérénité et d'humour. « J'aime pas la salade ! » Tous les parents du monde se heurtent à l'affirmation des goûts de leur enfant. Cette contestation se réalise certainement désormais plus rapidement, plus fortement et, surtout plus douloureusement... pour les parents. L'ouverture au dialogue et une certaine propension à discuter l'autorité transforme la situation éducative. Elle refuse de se coiffer ! Il refuse de se laver ! Qu'en penser ? Que faire ?

Des fondamentaux incontestables mais évolutifs

Sortons de l'illusion, le conflit est non seulement inévitable mais nécessaire et structurant. En remettant les limites, il permet de rappeler les places occupées par chacun et d'ancrer les repères. L'enfant en a besoin. La mission de les lui donner revient, en priorité, aux parents. Une série de données essentielles de la vie ne tolère pas la négociation, même si certaines sont appelées à varier ultérieurement. Plus ou moins d'ailleurs, selon les familles, les cultures, les milieux sociaux et les époques. À titre d'exemple, le sacro-saint lavage complet et quotidien d'aujourd'hui, érigé en loi morale dans nombre de familles, est tout simplement proscrit par les pédiatres scandinaves pour des raisons dermatologiques et... absurde au Groenland.

Quoi qu'il en soit, chaque famille possède ses principes fondamentaux, ils s'appliquent naturellement à l'enfant pour l'inscrire dans la famille et forment le sentiment d'appartenance. Ces lignes directrices de la culture originale de la famille, fermes par définition, n'en sont pas pour autant rigides et éternelles. Si la participation aux fêtes de famille est jugée indispensable, les enfants ne sont pas obligatoirement tenus de rester plusieurs heures à table. Un grand adolescent peut certainement être entendu lorsqu'il revendique le désir de passer le jour de l'an avec ses copains.

S'offrir de la latitude, ne pas dramatiser inutilement

Elle refuse de se coiffer pour aller à l'école et le ton monte, bientôt les pleurs, les cris, jusqu'où aller ? Le repas va t-il être transformé en calvaire pour un filet de maquereau ? Lorsque le conflit est dérisoire pourquoi s'interdire de jeter l'éponge ? Il ne s'agit évidemment pas de « démissionner ». Peut-on « laisser couler », « lâcher prise », « laisser tomber », sans pour autant « baisser les bras », « subir », « abdiquer » ?

Absolument, s'il s'agit de reconnaître l'enjeu d'affirmation de la singularité de l'enfant, de son originalité et de sa personnalité naissante, sans compromettre sa légitimité de parent. Choisissons nos batailles et ne plaçons pas sur le même plan des accrochages mineurs et des points fondamentaux. Des priorités sont à définir. Sachons dire franchement « oui » et franchement « non ».

Bien souvent, l'objet du conflit, en lui-même, est secondaire, l'enjeu est la revendication de sa personnalité par l'enfant, qui cherche à se faire reconnaître comme une personne différente. « Je ne suis plus un bébé » est le slogan de cette manifestation musclée. N'ayons pas peur de la confrontation qui s'esquisse, restons calmes et confiants, dans la plupart des cas, elle se désamorcera.

Apprendre à « gérer » les crises

L'art est subtil car le but est tantôt de tenir bon pour des choses essentielles, tantôt d'accepter de laisser tomber, sincèrement, positivement, convaincus d'être constructifs. Ne tombons pas dans le piège de céder, par fatigue, découragement, peur, ou désintérêt, tout simplement. On nourrirait alors une rancœur délétère qui ne manquera pas de resurgir ensuite, tantôt à l'encontre de l'enfant jugé vainqueur, tantôt à l'encontre de soi-même, si l'on estime que l'on « s'est fait avoir ».

Cet art est rarement inné, il s'apprend plus ou moins patiemment, selon la personnalité et la sérénité de chacun. Une personne avisée de l'entourage fournira une source d'inspiration. Comptons sur l'enfant pour nous donner de multiples occasions de nous former à la gestion des conflits et à la communication non violente. Saisissons cette opportunité gratuite et renouvelée de développement personnel ! « Tu es négligée avec tes cheveux hirsutes ! » ou « Tu es si jolie avec tes nattes ! »

Au-delà de l'enjeu familial, un enjeu social

Tenir bon sur l'essentiel prépare à respecter la loi et donc à prendre sa place dans la société, sans heurt particulier. Sur les points fondamentaux, si les parents ont laissé des flous, d'autres environnements se chargeront de ramener l'enfant du bon côté de la frontière. À commencer par les pairs. Il n'est pas exclu que la petite fille hirsute se prenne de passion pour la coiffure, sous l'influence de ses camarades. Pour des enjeux d'un autre ordre, plus clairement social, comme le respect d'autrui et de la propriété par exemple, le rappel à la règle puis à la loi est une chance. Même s'il est pénible. L'alliance entre les autorités extérieures et les parents est primordiale et ne devrait pas se discuter… au moins devant l'enfant. La directrice de la crèche qui déplore un comportement destructeur doit être écoutée, entendue et relayée. Pas question d'évacuer l'idée de responsabilité, sous prétexte de stress à la maison ou de bruit dans l'établissement. L'enjeu est mineur en apparence mais majeur sur le fond.

L'affirmation des goûts dévoile aux parents un enfant original qui prend des chemins inattendus, le voilà qui se porte vers la guitare électrique, le hand-ball, le jardinage, la coiffure. La naissance de la personnalité est profondément émouvante. Donnons-nous la possibilité de vivre cet émerveillement en acceptant franchement le conflit pour le cantonner à des points fondamentaux.

La construction de l'estime de soi
« Fais pas ci, fais pas ça ! »

Tournesol, vous connaissez...

Mais que savez-vous de l'enfance du célèbre professeur ?

En fait, la légende raconte que monsieur et madame Tournesol, ses parents, rêvaient de faire du petit Tryphon un surdoué. Ils mirent donc tout en œuvre, pour son bien, afin de réaliser leur rêve.

Aussi, alors que ses camarades jouaient en liberté dans la nature, découvraient l'espace, l'environnement, Tryphon devait vite rentrer à la maison étudier !

Pendant que ses copains pratiquaient le théâtre, la danse, apprenaient à communiquer, lui cherchait les réponses à ses questions d'enfant dans les livres scientifiques.

Tandis que les autres inventaient des histoires d'Indiens, d'explorateurs partis à la découverte de terres inconnues, imaginaient leur vie, Tryphon noircissait des cahiers de vacances, résolvant avec une logique implacable les hypothèses mathématiques les plus ardues !

Et les années passèrent...

Au bout du compte, monsieur et madame Tournesol furent récompensés de leurs efforts.

Avec deux ans d'avance, le jeune Tryphon fut enfin lauréat de l'agrégation de physique qu'il obtint avec mention spéciale du jury !

Toutefois, de petits manques commencèrent dès lors à se faire sentir. Le fait de n'avoir pas eu le temps suffisant pour apprendre à se repérer dans l'espace désorientait de plus en plus le brillant professeur qui, souvent errant loin de chez lui et ne sachant retrouver son chemin, était ramené par la police !

Sur le plan de la communication, de même, on ne peut pas dire que le jeune physicien se montrait talentueux.

Très vite, il s'enferma dans son petit manteau, vissa sur sa tête son petit chapeau et devint sourd !

En ce qui concerne la compréhension de cet univers complexe, fait de paradoxes, que seule l'imagination permet d'appréhender, là non plus il ne se révéla pas être un phénix.

En fait, ses talents pour la reproduction stricte des modèles binaires, qui avaient fait de lui d'abord un excellent élève (puisque les programmes de l'école étaient majoritairement conçus pour valoriser ce mode d'intelligence), puis un valeureux scientifique, l'obligeaient à transformer en racines carrées toutes les situations auxquelles il se trouvait confronté, le rendant totalement hermétique au monde qui l'entourait et dans l'incapacité d'élucider tout problème non rationnel !

Étant maintenant en âge de trouver du travail, Tryphon répondit à de multiples petites annonces : « Société cherche ingénieur, etc. »

Cependant, à chaque fois, se produisait la même scène : dans la salle d'attente, au milieu des autres candidats, il était celui qui, bardé de titres universitaires, semblait présenter le maximum de chances pour décrocher le poste.

Mais, systématiquement, celui-ci lui passait sous le nez, le professeur étant, lors de l'entretien d'embauche, estimé trop hermétique, pas assez communiquant, incapable de s'adapter à une équipe et, surtout, de créer (faculté de plus en plus nécessaire au sein d'entreprises en pleine mutation !).

Alors, la mort dans l'âme, Tryphon rentrait chez ses parents, la tête basse et les diplômes sous le bras !

Sa vie aurait pu devenir une tragédie, finir, sait-on jamais, dans un hôpital psychiatrique mais, par le meilleur des hasards, elle trouva un heureux épilogue !

En effet, un beau jour, le chemin du professeur croisa celui d'un jeune reporter, un dénommé Tintin qui, le prenant en affection, décida que leurs routes allaient devenir communes !

À vrai dire, ils étaient tout à fait complémentaires car Tintin, qui avait toujours été, pour le moins, très moyen en classe, avait su, par contre, cultiver son intuition, sa débrouillardise, son imaginaire, son sens de la relation… ce qui lui permettait sans cesse de s'adapter à des situations nouvelles.

Ainsi, Tintin et Tournesol vécurent heureux et, faute d'avoir beaucoup d'enfants, se firent de nombreux amis dont l'histoire s'est chargée de rendre les noms célèbres.

Comment ancrer la confiance dans son enfant, alors même que l'éducation passe par tant de mises en garde, d'interdictions, de commandements ? L'importance de l'estime de soi est fondamentale et l'on sait aujourd'hui à quel point elle s'enracine profondément dans l'enfance. Il n'est jamais assez tôt pour penser à la bâtir et toujours le moment de la cultiver. Une œuvre fondamentale que le parent initie chez son enfant qui devra la poursuivre seul.

Priorité à la sécurité physique et affective

L'amour que l'enfant sera capable de se porter découle de celui que lui témoigne ses parents, ou ceux qui tiennent ce rôle. La continuité et la qualité des soins prodigués, dès la naissance, forment le terreau sur lequel l'estime de soi poussera. Ce mélange toujours unique de tendresse, de présence, d'attention, de manipulation et, en tout premier lieu, de nourriture et de soins prodigués opportunément, rassurera l'enfant en l'installant dans un monde régulier et bienveillant. On a ainsi vu des bébés bien soignés par des parents sécurisants traverser le plus paisiblement du monde des périodes par ailleurs catastrophiques.

Si les circonstances font que les parents ne sont pas en mesure d'apporter eux-mêmes cet environnement sécurisant, il peut être judicieux de trouver les personnes qui les aideront en gardant à l'esprit le même objectif de sécurité physique et affective, dans la continuité. La peur de la rivalité est normale mais le lien avec les parents est irremplaçable, tout le monde le sait sauf eux. De leur propre confiance en eux dépendra la possibilité d'adopter paisiblement une formule adaptée ; celle qui offrira à l'enfant ce dont il a besoin, en complément de ce qu'ils peuvent eux apporter, voire en lieu et place. Il peut s'agir de l'aide d'une grand-mère, d'une tante, d'une nourrice, d'une employée de maison et même parfois d'une institution. Les parents pourront d'ailleurs expliquer leur choix à l'enfant, même tout petit

L'enfant a des besoins auxquels il est fondamental de répondre, d'une manière ou d'une autre. La priorité lui revient.

L'enfant : une personne à reconnaître pour l'éduquer et non la soumettre

Il est certain qu'un long chemin sépare le nourrisson de l'adulte serein, mais ce trajet peut se considérer sous l'angle de l'édification et non du dressage. L'idée de « forger le caractère » si chère à certains, jadis, mérite qu'on y réfléchisse. La « volonté » tant attendue de l'enfant peut-elle s'inculquer ? Par imposition de l'extérieur ? En favorisant la confiance en soi et le désir d'aller de l'avant ? Comment l'enfant peut-il s'approprier les épreuves qu'il surmonte ? En prônant « l'éducation à la dure », que vise-t-on ? Entraîner son enfant au combat, « l'endurcir » ? Reproduire ce qu'on a soi-même subi ? Tout le parcours éducatif se fonde sur la place à reconnaître à l'enfant. Il s'est blessé, il a mal, il vient s'en plaindre. Peut-on lui répondre « ce n'est rien » sans faire l'impasse sur ce qu'il ressent ? Valider ses ressentis ancre l'enfant en lui-même. Quitte, le cas échéant, à les relativiser tranquillement une fois qu'ils ont pu s'exprimer. Ses perceptions puis ses sentiments sont authentiques, fondés, par essence. Avoir mal quand on s'est fait piquer par une ortie, peur de passer son brevet des collèges ou son permis de conduire est absolument normal. La plainte adressée au parent est un signe de confiance, une attente de reconnaissance et de légitimation de ce qui est vécu. Entendre cette plainte facilitera considérablement le soutien ultérieur de l'enfant pour qu'il traverse la difficulté.

Construire l'estime de soi en comptant sur les capacités de l'enfant

Le parcours éducatif n'est, bien entendu, pas un long fleuve tranquille mais sa navigation s'apparente-t-elle à une fabuleuse aventure ou à un calvaire ? Se convaincre de l'intérêt de la tâche et surtout de sa beauté colorera autrement les interdits et les incitations. Plutôt que de regarder ce que l'enfant ne fait pas encore bien, il est possible de mesurer le chemin déjà parcouru pour aborder la suite positivement. L'estime de soi carbure aux encouragements. Le besoin de valorisation de l'enfant est immense et sous-estimé. Pourquoi se priver de souligner tous les acquis et les points forts ? Ce sentiment profond d'être aimé et d'avoir de la valeur donne des ailes et une aisance extrêmement précieuse. Croire dans les capacités de son enfant et l'encourager dans les directions qui lui sont les plus favorables est un formidable moteur.

Il n'est toutefois pas toujours facile d'être encourageant et positif lorsqu'on ne dispose pas soi-même d'une bonne image de soi en tant que parent.

Travailler à sa propre estime de soi comme parent pour la communiquer à son enfant

Quelle que soit la situation des parents, l'enfant perçoit le sentiment qu'ils ont d'eux-mêmes et voit dans une certaine mesure à travers leurs yeux. Entretenir ou même – si elle est déficiente – reconstruire son estime de soi est le plus beau cadeau qu'on puisse faire à son enfant. Vivre avec un parent heureux est inestimable car un message extraordinaire passe : la vie vaut la peine d'être vécue.

La valorisation mutuelle des parents est, de ce fait, primordiale, peut-être même surtout en cas de séparation. L'enfant a besoin d'avoir une bonne image de son père et de sa mère. Dans la tourmente d'un divorce, la dévalorisation et même la disqualification de l'autre parent est un piège redoutable qui se referme sur l'enfant. Attaquer l'autre parent revient à attaquer l'enfant qui peut s'en trouver meurtri et désorienté.

Encourager l'autonomie et valoriser le service

Les acquisitions, même petites, sont déjà des conquêtes qui méritent d'être saluées. Parvenir à s'habiller tout seul, à faire la vaisselle ou tondre la pelouse sont des occasions de valorisation précieuse. Une dynamique vertueuse s'instaure quand l'enfant est fier de franchir des étapes et qu'il est encouragé en ce sens. Très tôt, rendre de petits services est possible, et quoi de plus valorisant que de porter la salière puis, plus tard, la grosse valise ?

Solliciter les enfants, c'est aussi leur permettre de mettre en œuvre leurs capacités et de se sentir utiles. Pourquoi ne pas encourager la participation gratuite à des tâches d'intérêt évident, dans la cité : participer au nettoyage d'une plage, à une collecte pour une association caritative, à un concert dans une maison de retraite ?

L'estime de soi est à la fois fragile et puissante, elle trouve sa source dans l'amour puis s'alimente par des choses simples. Elle demande à être soigneusement entretenue. La transmettre à son enfant implique de la détenir, de l'entretenir ou de l'acquérir : une chance extraordinaire à saisir absolument !

... Jusqu'où ?

Ma famille est très bien, mais elle n'a qu'un seul défaut :

c' est la famille « Il faut... ».

Car, depuis que je suis toute petite (maintenant, j'ai presque six ans !), mes parents ont lu des tonnes de livres sur l'éducation des enfants. C'étaient des livres écrits par des spécialistes qui expliquaient plein de choses et commençaient par ces mots :

— Il faut respecter les rythmes des enfants...
— Il faut écouter leurs besoins...
— Il faut répondre à toutes les questions qu'ils posent, etc.

Après avoir terminé la lecture de chaque livre nouveau, mes parents avaient un « il faut... » de plus dans leur panoplie de « bons parents » et, du coup, ça renforçait ma position de « centre du monde » et les capacités qu'ils m'accordaient depuis ma naissance de tout comprendre !

Par certains côtés, ça a du bon, me direz-vous, mais, quand même, il y a des limites !

J'espère qu'un de ces jours ils liront un bouquin qui s'appelle « Jusqu'où ? » et qu'ils vont aussitôt ajouter ce mot après chaque « Il faut... », comme ça, leurs décisions deviendront plus équilibrées et, finalement, même moi je m'y retrouverai mieux !

Pour être plus clair, prenons un exemple en nous servant tout simplement des phrases citées plus haut et en les terminant par « jusqu'où ? »... et vous allez voir à quel point ça peut devenir efficace !

— Il faut respecter les rythmes des enfants, oui mais jusqu'où ?
— Il faut répondre à toutes les questions qu'ils posent, oui mais jusqu'où ?

Rassurez-vous, nous allons terminer là ce débat d'énumérations qui, pourtant, est infini et devrait systématiquement s'appliquer à toutes les questions que les parents se posent vis-à-vis de leurs enfants y compris après avoir lu des livres, et même s'il s'agit de celui-ci.

La preuve :

« Nous sommes des parents formidables... oui, mais jusqu'où ? »

Une question que chacun doit se poser un jour ou l'autre !

Préserver un espace pour les adultes

L'arrivée de l'enfant recompose en profondeur la vie de la maison, tant celle de chacun des parents que celle du couple, sans oublier l'occupation de l'espace. On a déjà abordé précédemment ce point capital. La place centrale accordée aujourd'hui à l'enfant appelle à ménager, justement, un espace propre aux adultes. Ce petit dernier développera inlassablement et habilement toutes les stratégies pour occuper toute la place. Aidons-le à ne pas y parvenir.

Affirmer la différence adulte/enfant

La question des rythmes est première. Les besoins de sommeil de l'enfant sont grands et essentiels et leur respect assure d'emblée un temps réservé aux adultes, riche pour eux comme pour lui. La surcharge des parents actifs amène parfois à décaler le rythme de l'enfant pour compenser le peu de temps disponible pour la vie de famille. Le respect des besoins fondamentaux de l'enfant est prioritaire mais des aménagements sont toujours envisageables. Ayons l'objectif de maintenir une frontière claire entre le monde des adultes et celui de l'enfant. Le fait de bien considérer l'enfant comme un enfant et de se respecter comme adulte en dépend. Au-delà, la poursuite de la vie de couple et de la vie personnelle ouvre de nouvelles perspectives sans refermer l'horizon sur l'enfant. Mis à sa juste place, il va intégrer petit à petit qu'il n'est pas le centre du monde et qu'un monde adulte, vivant, l'attend.

Quelques grands pièges évitables

Les effets de la présence de l'enfant sur le monde des adultes sont majeurs. En matière de dépenses, de décision de changement de logement, de mode de vie ou de vacances, sa prise en considération est évidente. Jusqu'où cependant ?

Gare aux grandes décisions prises au nom de l'enfant sans anticipation de l'impact sur la vie des parents ! Nombre de mères de famille ayant quitté les centres-ville ou même cessé leur activité professionnelle « pour la famille » se présentent ensuite, mi-figue mi-raisin, comme des « chauffeurs de taxi ». Anticipations réalistes et concertations lucides sont vivement recommandées. Pourquoi ne pas recueillir ici et là le témoignage honnête de prédécesseurs avertis ? L'air pur de la montagne fait rêver, c'est certain, mais, avant de décider de déménager à la montagne, un séjour en novembre ne manquera pas de fournir des éléments complémentaires éclairants.

En matière de finances, question on ne peut plus décisive, la place respective des adultes et des enfants mérite spécialement réflexion. Y a t-il lieu, par exemple, de dépenser plus pour les habits de l'enfant que pour ceux des adultes ?

Paradoxalement, lorsque le budget est serré, les parents peuvent être tentés de protéger l'enfant en le dissimulant et même de compenser cette vraie difficulté par de nombreux achats à son intention. Reconnaître et assumer des ressources limitées n'est pas facile mais cela évite, courageusement, d'entretenir une illusion confondante.

De nombreux petits pièges plus discrets

L'infiltration de la sphère des adultes s'opère par des interstices qu'on ne repère pas toujours spontanément. La nourriture devient mixée, *Le Pont d'Avignon* passe encore sur le poste de musique de la voiture, les week-ends sont hachés par les transports de l'ado chez ses amis... Restons à l'écoute de notre besoin d'avoir une vie à nous, des conversations d'adultes, d'écouter la radio qui nous plaît, de continuer à manger du céleri. Veillons aussi à soutenir la création d'une sphère réservée à l'enfant, en nous gardant de l'ingérence. Sa chambre, ses jouets, ses mails, son téléphone portable, ses histoires d'amour lui appartiennent. À nous de ne pas trop aller y voir, de savoir fermer les yeux, voire de décliner une invitation à nous y intéresser.

Préserver un espace pour les adultes revient à donner à l'enfant sa juste place... d'enfant. Précieuse aujourd'hui, notre vie d'adulte le sera encore plus demain. Un jour les enfants seront grands et devront partir. C'est la vie !

Des soucis en dehors de la famille, comment réagir ?

Très vite, l'enfant accède à des expériences hors famille qui sont naturellement appelées à se multiplier. Le parent, attentif par définition à ce qui arrive à son enfant, découvre qu'il est confronté à des difficultés. Comment réagir ? Cette question, absolument normale, se pose souvent avec anxiété. Ne nous affolons pas et considérons à tête reposée les éléments suivants, ils nous aideront à trouver la réaction qui nous convient. Si tant est qu'on n'ait pas déjà réagi avant même d'avoir pu prendre le temps de s'interroger !

Les problèmes sont inévitables, ils préparent à la vie. Les enfants qui en font part témoignent de la confiance qu'ils nous portent, ils présument qu'ils peuvent compter sur nous, montrons-leur qu'ils ont raison.

Réagir comme s'il s'agissait de soi ?

Se sentir concerné par le problème de son enfant traduit bien la force du lien, un lien si viscéral qu'on en vient à considérer son enfant comme s'il s'agissait de soi. « Lui c'est moi, moi c'est lui. » Aussi, tout ce qui arrive à l'enfant est susceptible d'atteindre profondément le parent, comme si c'était à lui que cela arrivait. On rencontre ainsi des pères qui proposent à leur fils d'attendre leur adversaire à la sortie de l'école ! Un petit dur de cinq ans qui soi-disant « tape » ou une grande fille délurée de 14 ans qui aurait « volé » son MP3 !

Aussi délicat que cela soit, il importe de ne jamais oublier que l'enfant est une personne différente de soi. Il incombe absolument au parent d'être protecteur mais cette protection, pour être durable et efficace, commence par une différenciation. Non, le parent n'est pas l'enfant, sans cela l'enfant ne pourra jamais grandir et espérer conquérir petit à petit sa place d'adulte ; il resterait dépendant de ceux qui se seront toujours précipités pour affronter les épreuves... à sa place.

Apprécier la situation

Il est exceptionnel qu'un problème rencontré par l'enfant demande une réaction immédiate, mais lorsque cela se produit, le temps des questions n'existe même pas et le parent intervient séance tenante. Des enfants qui jouent à s'étouffer avec des sacs en plastique seront évidemment interrompus sur-le-champ par toute personne sensée qui assisterait à cette scène. Les situations extrêmes de ce type, quoique exceptionnelles, existent, ne pas agir tient alors de la « non assistance à personne en danger ». Il n'empêche que, dans la grande majorité des cas, le problème n'a pas cette urgence et demande à être examiné.

Dès que l'enfant est en collectivité, il s'expose aux aléas de la vie en groupe et aux conflits qui en font partie. À peine entré en crèche, il expérimentera immanquablement des accrochages et des rivalités avec ses jeunes condisciples. Un petit camarade l'aura mordu, il aura tiré les cheveux d'une autre. Plus tard, un camarade aura « volé » sa corde à sauter, sa calculatrice, sa console de jeux, son rôle dans la pièce de théâtre de fin d'année...

Parier sur les capacités de l'enfant à faire face, dès que son âge le permet

Si l'enfant est trop jeune pour s'exprimer sur ce qui lui arrive, les adultes responsables du lieu où le problème s'est produit sont les interlocuteurs pertinents.

Les dames de la crèche doivent savoir que l'enfant s'est fait mordre afin de veiller à ce que cela ne se reproduise pas. Il doit être possible de leur en parler et c'est à elles que revient de traiter le problème. Si les choses ne s'arrangeaient pas, alors la directrice peut être un recours supplémentaire. Quoi qu'il en soit, la tentation de faire justice soi-même doit être évitée. Elle court-circuiterait la légitimité des responsables et placerait l'enfant en porte à faux.

En revanche, si l'enfant est en mesure d'expliquer ce qui se passe, il a des chances de parvenir à régler son problème par lui-même tout en étant soutenu par ses parents. Se donner du temps pour l'écouter et comprendre ce qui se passe est capital. En se gardant d'une réaction passionnée à chaud, on se créera la possibilité de décanter la situation pour mieux la traiter. Que le parent soit en colère, scandalisé, indigné, attristé ou même personnellement atteint, l'objectif premier est d'aider l'enfant à faire face.

Commençons par parier sur les capacités de l'enfant à parvenir à se faire respecter. Pourquoi ne parviendrait-il pas à interdire qu'on le frappe ou encore à exiger qu'on lui rende ses billes ou son Ipod ? Gardons toujours à l'esprit l'objectif d'un enfant suffisamment sûr de lui pour parvenir à demander réparation... ou, à l'inverse, à réparer son erreur. Rien n'exclut qu'il trouve la force intérieure d'aller restituer lui-même un disque « emprunté », demander des excuses, nettoyer les graffitis ou faire ses heures de colle. Sans pour autant crier à l'injustice ou se sentir condamné. Gardons à l'esprit qu'une punition juste permet de classer, enfin, un dossier épineux.

Considérer l'intérêt d'une intervention

Si l'enfant ne parvient pas à régler son problème par lui-même, parce qu'il n'ose pas ou parce que sa tentative reste vaine, il revient au parent d'estimer la conduite qu'il souhaite adopter. Est-il souhaitable de demander audience à la maîtresse pour la disparition d'une gomme parfumée à la fraise ? Ne pas réagir est souvent plus difficile que de réagir. C'est parfois l'occasion pour l'enfant (ou l'adolescent) de tirer des enseignements fondamentaux, à partir de petites mésaventures. Apporter toutes ses richesses en colonie de vacances, qu'il s'agisse de billes ou de jeux vidéo, n'est pas prudent.

Les problèmes mineurs placent déjà l'enfant face aux conséquences de ses actes. Le grand adolescent passe en conseil de discipline, il a fumé du cannabis dans les toilettes du lycée. Maman ira-t-elle pleurer dans le bureau du proviseur ou supplier son amie professeur de français ?

Si nécessaire, intervenir graduellement, en s'appuyant sur les recours appropriés

Toute collectivité est organisée et hiérarchisée, les possibilités de recours sont toujours prévues. Gare à leur mise en défaut d'emblée qui peut braquer les interlocuteurs et retarder la résolution du problème ! L'animatrice du centre aéré, l'entraîneur de l'équipe de football, le proviseur s'attacheront d'autant plus volontiers à régler le problème qu'ils ne se sentent pas blâmés et disqualifiés d'entrée de jeu. L'alliance est certainement l'entrée en matière la plus porteuse. Des ennuis majeurs peuvent entraîner la mobilisation de recours croissants. Au-delà d'un certain stade, la barrière de la loi est franchie et il revient à la police de prendre l'affaire en charge. Pour un œil au beurre noir récupéré dans une fin de match houleuse ? Un emprunt forcé de téléphone portable entre camarades ? Un trafic d'ecstasy ?

En somme, la rencontre des problèmes à l'extérieur de la famille est inéluctable et... formatrice. Dès qu'il sera en mesure de s'y atteler, l'enfant apprendra beaucoup en tâchant de les régler par lui-même. L'intervention des parents ne s'avérera nécessaire que dans un nombre réduit de cas. Ils sauront les déterminer. Aidons les enfants à apprendre à traiter la majorité de leurs difficultés. Pour les cas restants, les recours existent, mobilisons-les très graduellement. Gardons la justice pour les cas exceptionnellement graves. Les policiers n'ont pas à occuper la place des surveillants, des professeurs, des proviseurs et surtout des parents.

Les cadeaux : un sujet sensible, une dette renouvelée ?

Sans tomber dans le cliché de l'orange à Noël, rappelons-nous que les cadeaux étaient jadis exceptionnels et que le problème était souvent de parvenir à dégager de l'argent pour pouvoir en faire un. Désormais, l'embarras est du côté du choix, tant l'accessibilité des objets et leur multiplication se sont accrues. Faire un cadeau est alors d'autant plus difficile que les besoins fondamentaux sont dans l'ensemble, satisfaits. Mais le cœur du « problème » n'est pas là, la vraie difficulté est affective et donc, potentiellement, poignante.

Un enjeu affectif supplémentaire : se sentir aimé de l'enfant

Une charge affective nouvelle est effectivement venue se greffer sur ce sujet sensible par essence : la vérification de l'amour que l'enfant porte au parent. Toujours destiné à prouver l'amour, le cadeau vise désormais également à rassurer le parent sur le fait d'être, lui aussi, suffisamment aimé. Sans que cela soit toujours conscient, le parent vise à être confirmé comme bon parent à travers le cadeau qu'il fait. Cette inquiétude confine même parfois à la peur ; elle culmine à l'occasion de la recherche des cadeaux de Noël, fête de la famille par excellence. Derrière la question « Est-ce qu'il va aimer ce cadeau ? » s'en dissimulent d'autres : « Est-ce qu'il m'aime ? », « Suis-je un bon parent ? », « Mon cadeau est-il suffisamment gros ? » Ces interrogations, jadis probablement impensables, reflètent les bouleversements de la place de l'enfant précédemment évoqués à plusieurs reprises. Elles traduisent aussi la fragilité de certains parents qui cherchent à compenser le manque de temps dont ils disposent pour s'occuper de leur enfant. Se racheter avec des cadeaux ?

Sans qu'on ne s'en rende toujours compte, le cadeau se leste en douce de la double mission de prouver l'amour et de vérifier si l'on est aimé en retour. Il devient donc un sujet particulièrement délicat, un baromètre de l'amour !

La course aux cadeaux : évitable ?

La force du lien avec son enfant suscite l'envie – ou le besoin ? – de lui faire un cadeau remarquable, plus « gros », c'est-à-dire en fait plus cher que les autres. Lorsque le comité d'entreprise du travail fait déjà un cadeau important, les grands-parents et les oncles et tantes aussi, les enchères montent. La logique inflationniste s'empare des anniversaires et des fêtes, et la satisfaction devient affaire de nombre et de taille. Les enfants se demandent alors entre eux très normalement : « Qu'est-ce que tu commandes pour Noël ? »

Difficile d'échapper à la comparaison avec les cousins, les camarades, les voisins ; ce point se corse dans les familles recomposées, surtout quand les parents ont un pouvoir d'achat nettement inégal. Certains parents finissent même par éviter de partager les fêtes avec des concurrents trop puissants pour échapper à l'épreuve du moment crucial où leur enfant se retrouvera devant un « tas » bien plus petit que celui des autres. Le destin de la majorité de ces merveilles se passe néanmoins de commentaires. Cette concurrence insensée et ruineuse serait-elle immanquable ? Osons nous entendre entre adultes pour faire, par exemple, un cadeau à plusieurs ou limiter leur nombre.

Cultiver le désir, tout simplement

Le but du cadeau est de procurer du plaisir, or ce fruit savoureux se cultive. Une série de cadeaux n'entraîne pas nécessairement un plaisir plus vif qu'un seul cadeau bien choisi. La magie du cadeau tient au flash d'amour qu'il peut déclencher lorsqu'on se sent compris, choyé, aimé. Rien de surprenant donc à ce que l'intention compte tant. Repérons alors les goûts de l'enfant et résistons au plaisir de lui offrir tout de suite ce qu'on a trouvé !

La rareté participe indéniablement au plaisir puisque le cadeau conserve son caractère extraordinaire. En donnant à l'enfant le temps d'avoir envie et l'espace pour ressentir le manque, on crée pour lui les conditions de son désir, un beau cadeau, sans aucun doute. Quelle est délicieuse cette barbe à papa géante si souvent désirée en sortant de l'école et enfin dégustée ! Qu'il est inoubliable ce petit vélo rouge choisi avec papa pour l'anniversaire de ses sept ans !

Un cadeau pour lui, avant tout

Gardons à l'esprit qu'en faisant un cadeau à l'enfant on se fait aussi plaisir à soi. Qu'on en juge par la pluie de doudous et de petits vêtements raffinés sur les nouveau-nés tellement irrésistibles. La tentation est bien souvent d'offrir ce qu'on aimerait pour soi, ou ce qu'on aimerait que l'enfant aime, ou un cadeau pour faire grandir... en oubliant un peu vite l'intéressé. Assez vite, il est possible de lui donner la parole, quel honneur et quel plaisir de réfléchir à ses désirs et de pouvoir les émettre ! Laissons l'orgueil de côté et donnons-nous le droit à l'erreur, si le cadeau ne tombe pas à pic, inutile de s'en attrister soi-même outre mesure, rien de catastrophique : des solutions sont évidemment envisageables.

Faisons confiance à l'enfant pour avoir des idées, si on lui donne la possibilité d'y réfléchir. Relâchons la pression qui confère inutilement un caractère dramatique à ces moments, l'essentiel est d'être ensemble et de témoigner son amour.

Place à la créativité

Un spectacle de marionnettes, un match de football, un accès à MSN, une descente de rivière en canoë, un concert rock, une boom, un week-end à Londres, autant de moments précieux à graver dans le cœur plutôt qu'à stocker dans les placards. Les moments exceptionnels à partager sont innombrables et marquants, ils représentent une source intarissable de cadeaux qui mettent justement l'accent sur la qualité d'un moment à partager.

Plutôt que de chercher des choses compliquées, on peut aussi transformer en cadeau un désir qu'on n'aurait pas, sans cela, assouvi. Le fameux blue-jean, si tendance et si exorbitant, prendra tout son relief au pied du sapin.

Les cadeaux sont une occasion privilégiée pour faire plaisir. Aussi est-il important d'en préserver précieusement la magie. Oublions la compétition et la pression pour cultiver et déguster ce plaisir, l'amour ne s'achète vraiment pas.

VII – 6/12 ans : mon petit royaume s'étend au-delà des murs de la famille. L'imaginaire, le mensonge et les héros

Il était une fois un petit garçon qui n'avait pas de chance.

En fait, c'était un petit garçon comme les autres, aussi beau, aussi intelligent mais, en plus, il était rêveur !

Sa tête était un château magnifique dans lequel se passait un tas de choses à lui.

Souvent, dans sa tête, c'était la fête ! Ces jours-là, il avait plein de rêves multicolores et il était gai, et il parlait, il parlait !

Mais la maîtresse ne l'entendit pas de cette oreille ! Elle ne voyait pas, devant elle, un enfant joyeux, avec un château en fête d'où jaillissaient des rêves qui parlent, mais un élève bavard, peut-être même inattentif, peut-être même dissipé.

Et elle se mettait très en colère, la maîtresse. Tellement, que le château du petit garçon ne savait plus où donner de la tête. Alors, comme il se sentait attaqué, sa bouche devenait un pont-levis qui se fermait aussitôt, et les rêves ne pouvaient plus sortir !

Et il était triste. Et il se taisait…

Pourquoi la maîtresse le disputait-elle ? Pourquoi lui criait-elle « Tu n'es qu'un perroquet ! » ?

Ce n'était pas lui qui parlait, c'étaient ses rêves !

Ses parents, en désespoir de cause, lui conseillèrent de laisser ses rêves à la maison. Mais il leur répondit : « C'est impossible ! Ils doivent aussi apprendre à lire, mes rêves ! Ils doivent venir à l'école comme moi ! » Toutefois, après mûre réflexion, il finit par se rendre à l'évidence et accepter l'idée qu'ils n'avaient peut-être pas complètement tort.

Aussi, pour protéger ses rêves, il décida de les laisser dans le grand canapé du salon, sous un coussin bien chaud ! Tous les soirs, en rentrant de l'école, il les retrouverait et leur apprendrait lui-même à lire.

Pourtant, certains matins, il s'en allait pas très rassuré !

Il se disait : « Pourvu que mes parents, sans le faire exprès, ne s'assoient pas un jour sur mes rêves ! »

De nouveaux horizons

Les copains

J'ai dix ans et, d'un seul coup, ma vie vient de basculer !

En fait, ça fait des années que ça menaçait mais les conditions n'étaient pas encore totalement réunies. Je vais tout vous expliquer, vous allez comprendre. Je suis né à Paris et on y habitait.

C'est là que j'ai grandi, que j'ai tous mes copains… sauf l'été où, depuis toujours, on va en vacances dans le Sud-Ouest, dans le Lot-et-Garonne, pour être plus précis. Parce que mon père et ma mère, ils sont de là-bas.

On n'y a plus vraiment de famille, vu que tout le monde est parti un peu partout en France et même à l'étranger, mais mes parents, ils tenaient à « conserver leurs racines », comme ils disaient ! Pour moi, c'était pas grave, parce que je m'amusais bien, à la campagne : c'était les vacances, il faisait beau, je roulais à vélo, je nageais, on allait visiter des grottes préhistoriques ! Que du bonheur !

Mais je sentais bien, à chaque fois qu'on rentrait à Paris, que mes parents ça les turlupinait !

Ils avaient un vieux rêve : revenir à plein temps dans leur village, là où ils avaient gardé la ferme de ma grand-mère, la ferme dont les volets restaient fermés onze mois par an depuis qu'elle était à la maison de retraite.

Ça faisait longtemps qu'ils y pensaient et ils en parlaient de plus en plus.

Ils disaient que, là-bas, tout était formidable et sain : l'air pur, les légumes et les fruits frais, le bon pain, le calme, le silence... Un peu comme le paradis, quoi !

À force de le dire, aux dernières vacances de Pâques, ils ont décidé de sauter le pas. Le grand projet de migration s'est mis en marche : grâce à l'informatique, mes parents allaient enfin pouvoir travailler depuis la ferme, en « montant » une fois ou deux par mois à Paris pour faire le point avec leurs collègues. Aussi sec, pendant l'été, on s'est installé sur place pour vivre toute l'année dans la maison des vacances. Nouvelle école, nouveaux copains à trouver... au début, pour moi, ça a été plutôt difficile ! Surtout que rien n'était simple : entre le ramassage scolaire, le matin de bonne heure, les longs week-ends sans musée et sans cinéma (faut dire que la salle la plus proche était à plus de vingt-cinq kilomètres !)...

Quant au paradis prévu, on s'est rapidement rendu compte qu'il était plutôt du genre paradis perdu ! Dans la région, il n'y avait presque plus de paysans : ils étaient à peu près tous partis travailler à la ville et les rares fermiers qui subsistaient vivaient des subventions européennes accordées à ceux qui acceptaient de laisser leurs champs en friche. Je vous dis pas le décor ! Pour de vrai, c'est en vivant sur place à l'année qu'on s'est réellement aperçu de l'ampleur du désastre grandeur nature !

Les boucheries, les épiceries, les boulangeries (celles qui faisaient encore du bon pain il y a peu de temps...) avaient fermé l'une après l'autre et étaient devenues des agences immobilières affichant en vitrine des photos de maisons en pierre à vendre, avec le texte en anglais.

Ça tombait à pic, parce que dans un rayon de dix kilomètres tous nos voisins l'étaient, anglais ! C'étaient des gens très sympas, venus dans le Sud-Ouest passer leur retraite au soleil mais qui, malheureusement, en raison de leur âge, n'avaient aucun enfant (hormis en juillet-août, quand leur nombreuse famille venait passer les vacances).

Ceci dit, pour mes parents, ça n'a pas été sans problèmes non plus car, collés toute la journée à leur écran d'ordinateur, ils ont très vite renoncé à se chercher des amis.

Ainsi, eux comme moi, nous avons ensemble pu découvrir que le monde avait changé comme par « enchantement » : le champ de tournesols était devenu un terrain de golf, la ferme du village à côté s'était transformée en table d'hôtes et, faute de fruits frais (ceux achetés au supermarché du coin venaient de Rungis !), je me suis retrouvé, les jours sans école, vautré au fond du canapé en train de regarder à la télé les reportages sur la « nature » tout en dévorant des barres chocolatées !

Heureusement, tout malheur a du bon : grâce à l'antenne satellite et aux jeux vidéo, je peux voyager depuis la maison et, en plus, en allant faire les courses avec ma mère... j'ai appris l'anglais !

L'enfant se socialise en entrant à l'école maternelle, petit à petit il s'intéresse à ses camarades et noue des amitiés. Une grande étape se franchit avec l'école élémentaire où les amitiés prennent une place croissante, la vie familiale n'est plus aussi exclusivement au centre de sa vie. Quels sont les enjeux des relations intenses que l'enfant développe avec ses copains ?

Une ouverture sur le monde

Les copains témoignent de la capacité de l'enfant à élargir son cercle relationnel au-delà des limites de la famille, ils sont donc des signes positifs de sa croissance. Sa personnalité s'affirme dans des choix parfois surprenants. Gardons-nous de les critiquer car ces amitiés ouvrent considérablement son horizon en l'initiant à toute une gamme de sentiments et de situations nouvelles. Admiration, domination, séduction, jalousie, rivalité... Tout le jeu des relations humaines s'expérimente dans cette société miniature, en son nom propre, à l'écart de la famille.

Un garçon timide se liera avec un autre très différent de lui, cabotin et farceur. Trois copines vont s'inventer un monde bien à elles, à l'écart des autres. Une fille athlétique devient la star de l'école entourée de sa cour de fans. Deux camarades s'élisent mutuellement « meilleurs amis ». La société avec ses hiérarchies est déjà là. L'enfant vit des moments forts, heureux et malheureux, toujours formateurs.

Son monde à lui

Quoique récentes, ces amitiés n'en seront pas moins vives. Elles connaissent des aléas, des drames, remarquablement éphémères. « T'es plus ma copine ! » À nous de le laisser construire son nouveau monde en lui accordant le plus de latitude possible. Elle n'a pas été invitée à un goûter d'anniversaire ? Son ami se détourne de lui pour préférer un autre camarade ? C'est leur vie et les aléas de relations humaines sans fard, il n'y a pas lieu de s'en offusquer ou de s'en attrister, même s'il faut réprimer parfois un petit pincement de cœur. Assurons-nous seulement de ce que l'enfant ne prenne pas une place de souffre-douleur.

Valorisons plutôt les manifestations positives de sa jeune vie sociale, elles nourrissent sa confiance en lui. Lorsque l'enfant paraît isolé ou pris dans une relation qui inquiète le parent, il est toujours possible de l'aider à élargir son cercle en créant d'autres opportunités, une simple sortie à la piscine ou au parc peut suffire. Sans oublier que certains enfants, comme certains adultes, aiment être seuls.

Filles et garçons, bien séparés

Les premières amitiés se bâtissent entre soi, à l'exclusion du sexe opposé. Des cultures s'esquissent, toutes les filles du groupe se coiffent avec un bandana puis font en sorte d'avoir un sac à dos identique. Les garçons se passionnent pour le skate-board, un jeu d'aventure en ligne. La différenciation du groupe des filles de celui des garçons est spectaculaire et ces deux univers commencent par s'affirmer en s'opposant. Cette ségrégation peut surprendre les adultes car ils ont oublié combien il est important de pouvoir d'abord confirmer son identification sexuelle en intégrant le groupe des camarades de même sexe. Pas question de faire des jeux de filles, insistent les garçons, et elles le leur rendent bien. En dépit de la mixité, les cours de récréation témoignent du besoin des unes et des autres de s'enraciner dans leur différence.

La richesse des nouvelles relations nouées avec les copains et les copines est immense, sans angélisme, car les enfants sont authentiques. Tout en restant attentifs, laissons-les vivre le plus pleinement possible ces passions de cour de récréation, elles décentrent de la famille en offrant du reste une échappatoire en cas de difficultés à la maison. Elles ouvrent aussi la voie à l'identité sexuelle grâce à la construction de deux mondes bien différents, pour ainsi dire étanches... pour commencer.

La lecture

Dès que j'entre dans sa classe, un cours moyen première année, l'institutrice me met au courant : « Il faut que je vous parle d'un élève qui écrit des choses extraordinaires ! Il n'a que 10 ans mais ses rédactions sont dignes de Rimbaud ! »

Elle m'en sort une, au hasard. Le thème en est : « Racontez une promenade en forêt. »

Le texte du gamin, inscrit en diagonale sur la feuille, commence par :

« Forêt,
Brillance,
Flutence,
Violence... »
Époustouflant !

Je lui demande : « ... et il en a écrit d'autres comme celui-là ? »

Nous sommes au mois de mai et depuis le début de l'année, elle les conserve tous. Elle m'en sort une pile, plus étonnants les uns que les autres !

Très fière, elle se voit déjà figurant dans les futurs livres consacrés à son « génie » avec, sous sa photo : « L'enseignante qui a découvert le poète. »

Happé par cette perspective de célébrité certaine, je m'imagine moi-même représenté à ses côtés avec, pour légende : « L'homme qui a découvert l'enseignante du poète »... faute d'être l'homme qui a vu l'homme qui a vu l'ours !

Toutefois, avant de trop spéculer sur l'avenir, je décide d'aller parler au petit Rimbaud pendant la récréation. À ma question : « Comment fais-tu pour écrire des rédactions aussi fabuleuses ? » il refuse de répondre dans un premier temps. Revenant à la charge avec obstination, je lui propose un marché malhonnête : « Si tu me le dis, je te donne trois euros ! »

(Inqualifiable, vous l'avouerez ? J'espère que mes confrères psychologues ne me tiendront pas trop rigueur de tels actes !)

Là, en tout cas, je sens que l'argument commence à être de poids. Il réfléchit et dit : « Cinq euros ! » Je renonce au marchandage. Il prend ma rançon, me fait jurer de ne rien dire à l'institutrice (je le jure) et me confie :

« Tu sais, j'ai vu au début de l'année que, quand la maîtresse ne comprenait pas, elle mettait une bonne note ! Alors j'écris n'importe quoi, en vitesse, et elle trouve ça beau, elle me donne la meilleure note. Tu me jures que tu lui diras pas, hein ? ! »

Je vous assure que, même si je ne l'avais pas promis, je n'aurais rien avoué à l'enseignante.

Car que pouvait-il arriver de mieux : la maîtresse, qui avait sans doute rêvé dans sa jeunesse d'être poète, recevait Rimbaud dans sa classe et lui, de son côté, avait trouvé la combine pour utiliser les adultes et les cuire à sa sauce, sans fatigue !

Un couple idéal, en somme...

La maîtrise de la lecture est attendue avec impatience par les parents, au point que certains devancent parfois cet enseignement scolaire, par hâte de mettre au plus tôt le pied à l'étrier à leur enfant. Les débats sur les méthodes font rage, régulièrement relancés par des états des lieux alarmistes soulignant en rouge l'enjeu de cet apprentissage fondamental. Le sujet est passionné, bien au-delà de la dimension technique, mais quel est l'enjeu réel de la lecture ?

Savoir lire en février, l'année du cours préparatoire ?

La hâte des parents pousse à un apprentissage le plus précoce possible. La compétence de l'enseignant est même parfois jugée selon ce seul critère. Modérons cette ardeur qui presse inutilement le pas, elle pourrait susciter un apprentissage médiocre. Laissons également aux spécialistes les querelles sur les méthodes, elles dramatisent inutilement le sujet. Rassurons-nous plutôt, l'enfant saura lire. Mais le temps nécessaire pour dominer ce processus complexe est extrêmement variable selon les individus.

L'important n'est pas de lire le plus vite possible, mais de lire bien et surtout avec plaisir, cela demande parfois un certain temps, il est vrai.

Le plaisir de lire : essentiel

Le plaisir de lire est la clé d'un apprentissage de qualité et son objectif. Donnons aux enfants et à leurs enseignants le temps de s'amuser avec les lettres et les mots, de transformer en jeu l'entrée magique dans ce richissime univers de l'écrit. Halte au parcours du combattant, place à la chasse au trésor ! La soif de conquête s'alimente par de petites énigmes : reconnaître un nom sur une enveloppe, déchiffrer l'étiquette d'un cadeau, deviner le parfum d'une glace qui commence par fr... Libérons la lecture de sa coquille scolaire, en valorisant ses multiples usages. Lire une liste de courses, le nom d'une ville sur un panneau indicateur, autant de séquences qui déploient la puissance de cette initiation, même lorsqu'elle est encore fragile.

Un plaisir à entretenir

N'abandonnons pas la partie dès que l'apprentissage est enclenché, le plaisir de lire demande à être cultivé pour enraciner une aisance véritable, si précieuse pour la suite. Là encore, mettons notre ingéniosité à profit pour stimuler l'enfant par des lectures qui l'intéressent. La priorité n'est pas l'acquisition prématurée d'une culture classique (qui deviendra cependant possible et vivante) mais l'approfondissement d'un désir de lire. Pourquoi ne pas faire un tour à la bibliothèque et repérer ce qui l'attire. Un livre sur les motos ? Une revue sur des vedettes de la télévision ? Et, pour nous, un livre sur la cuisine aux huiles essentielles ? Prendre soi-même du plaisir à lire rend aussi la lecture enviable. Donnons-nous ensemble la liberté, le temps et la quiétude pour nous abreuver à cette source, en famille.

Assurément, la maîtrise de la lecture est un enjeu majeur pour la suite des apprentissages, une vraie mise en selle pour un long voyage scolaire. Dépassons le devoir pour l'école en rappelant déjà combien elle est une compétence réelle de la vie de tous les jours et, surtout une source de plaisir. La lecture est la clé d'une autre dimension du monde, un toboggan vers l'imaginaire. Parions sur l'envie de lire, elle donne des ailes.

Les apprentissages scolaires : un continent pour souffrir ou grandir ?

Je me promène au cœur de la forêt de livres (j'allais écrire de la jungle) dressée chez mon libraire, parmi les étagères et les présentoirs du rayon « Enfants » (« Psychologie », « Éducation », etc.).

Mon regard est assailli par les dizaines de titres plus racoleurs les uns que les autres. Depuis J'apprends à lire à mon bébé, *de Glen Doman (un vieux classique) jusqu'aux exploits récents d'Arthur dont les parents sont à ce point des génies de l'éducation qu'ils ont su, à eux seuls, répondre à cette question que des milliers de pédagogues n'avaient pu résoudre, à savoir : « Comment réussir à l'école ? » (titre de manchette).*

Enfin, la méthode idéale que tout le monde attendait !

Dorénavant, si les parents d'élèves n'ont pas des enfants qui brillent en classe, on saura à qui revient la faute : à eux-mêmes, bien sûr ! C'est parce qu'ils n'ont pas lu, ou mal, les mille et un « trucs » simples qui ont conduit ledit Arthur vers les sommets de l'intelligentsia !

Ils sont impardonnables ! D'autant que, depuis quelques années, certaines maisons d'édition scolaire avaient pris soin de les accompagner vers le succès grâce aux cahiers de vacances.

Ne lit-on pas, dans le feuillet central, détachable, de l'une de ces publications destinées aux enfants de trois à quatre ans : « Les dix commandements du parent modèle » ?

Toutefois, en zigzaguant parmi ces livres de recettes miraculeuses, je repense à ce vieil Irlandais, rencontré dans un pub de Galway, qui m'avait quelque peu fait réfléchir en évoquant ce proverbe celtique dont la traduction (approximative) est : « La vie d'un homme oscille le plus souvent entre deux tendances : la tristesse et l'ennui ! »

Il m'avait commenté cette maxime en disant :

« La tristesse, c'est de ne pas être, de ne pas posséder ! De ne pas être un grand musicien, un grand peintre, de ne pas être riche... De ne pas avoir une femme, un mari, des enfants... De ne pas posséder une maison, une voiture...

L'ennui, c'est le sentiment qui risque très vite de remplacer la tristesse, une fois qu'on est, que l'on a.

Ennui de pas avoir la femme, le mari, les enfants dont on a rêvé ; ennui de ne pas posséder la plus belle voiture dernier cri, la plus somptueuse maison... »

Alors le souvenir de ce vieil Irlandais se superposant aux bouquins parlant d'enfants géniaux, de parents performants, je me demande si le travail de tout parent n'est pas, avant tout, le même que celui des enfants, c'est-à-dire :

— Apprendre à aimer ce qu'on EST ;

— Savoir aimer ce qu'on A.

Mais, pour faciliter cet apprentissage-là, je n'ai à ce jour trouvé que bien peu de livres chez les libraires !

Dans notre société où le travail des enfants a été interdit et où leur participation au travail domestique est souvent modeste, l'école est le terrain par excellence de confrontation à l'effort. Une rencontre forcément laborieuse qui débute par de longues heures assis, loin du terrain de foot. Comment encourager l'effort demandé par le travail scolaire ?

Souffrir ?

Oui, progresser demande du travail, de la concentration, des efforts, reconnaissons-le... positivement. (Un adulte retournant en formation dans le cadre de son emploi retrouvera ce sentiment déplaisant d'immobilisation qu'il avait probablement oublié.) Plutôt qu'en faire le début d'un long calvaire inexorable, promouvons plutôt l'envie de réussir, le goût de l'effort et de l'accomplissement. Parvenir à écrire son nom est déjà une performance pour le petit, saluons-la fièrement. La reconnaissance de ses efforts le soutient. L'enfant doit parvenir à s'appliquer et mobiliser son énergie. S'il se sent récompensé, il fera de son mieux et en tirera de la fierté. Les occasions où il « se donne du mal » sont multiples. Elles demandent à être appréciées, généreusement.

Grandir

L'enfant doit devenir responsable de son travail, l'enjeu est de taille. Travailler pour soi est un moteur formidable qui crée l'envie de se dépasser en favorisant l'autonomie. L'honnêteté est de rigueur, l'objectif serait-il de nous satisfaire en premier lieu ? De soutenir la comparaison avec le cousin aux yeux des grands-parents ? L'enfant comprendra vite qu'il achète l'amour et la paix avec les bonnes notes. Mais à quel coût ?

La porte est ouverte au bras de fer des devoirs, au chantage affectif : « Si tu apprends bien à lire, je t'offrirai un vélo. » Comment l'enfant peut-il se sentir maître de son apprentissage ? Saluons ses progrès, valorisons-les mais ne les confisquons pas. Acheter les bonnes notes n'est pas responsabilisant, mais rien n'interdit de récompenser, à l'occasion, un beau résultat. »

Nombre de « blocages scolaires » traduisent des soucis à la maison. Le terrain scolaire gagne beaucoup à être libéré des enjeux familiaux. À l'abri des aléas de la vie familiale il sera plus fertile. Si papa et maman se disputent, l'idée de les rassembler avec des soucis tombera moins sous le sens.

Donner du sens aux apprentissages

Il veut devenir pompier ? Il pourrait en discuter avec un vrai pompier et découvrir alors le chemin à parcourir pour embrasser ce beau métier. Il passe aussi par l'école. L'orthographe est fastidieuse ? Mais indispensable pour commander un DVD sur Internet. Les apprentissages qui prennent du sens deviennent motivants et vivants. « *My name is Lucile* », annonce très fièrement la petite fille aux touristes japonais amusés ! De quoi adoucir la mémorisation ultérieure des verbes anglais irréguliers. Au-delà de leur contenu, les apprentissages scolaires nous inscrivent dans une chaîne de transmission solidaire entre les générations. Merci à ceux qui nous ont appris à écrire notre langue, faire un exposé et sauter en longueur. Nous leur devons une belle partie de ce que nous avons eu la chance de devenir. Leur application et leur enthousiasme ont mué en professeurs bien des petits élèves.

Dégageons la portée des apprentissages scolaires pour en faire une suite de cordes que le jeune chevalier ajoutera à son arc, grâce à son courage et à sa persévérance. La quête du Graal, quoique difficile, n'en est pas moins passionnante.

Comment faire avec les devoirs ?

Dès que la phrase « fais tes devoirs » est prononcée, la tension monte dans la famille. Ces fameux devoirs, officiellement interdits depuis plusieurs décennies à l'école primaire, sont cependant une nécessité, les parents sont les premiers à le reconnaître. Comment faire pour que l'exercice ne tourne pas au pensum ?

Évitons l'obsession...

Il y a d'autres moyens d'accueillir son enfant en fin de journée que de lui demander ce qu'il a comme devoirs. Nos enfants sont des enfants, avant d'être des élèves, les résultats scolaires sont importants mais ne résument pas leur vie. Surtout, le travail scolaire doit devenir leur domaine propre et une implication excessive des parents risque de déposséder l'enfant de son travail en le rendant dépendant. Comme on s'occupe si bien pour lui de ce qu'il y a à faire, il s'en trouve dispensé. Une juste distance le responsabilisera, ses devoirs lui appartiennent, ses résultats aussi. Pourquoi ne pas profiter du temps des devoirs pour plier le linge ou faire notre courrier à ses côtés ?

L'autonomie dans la gestion des devoirs se construit tout en le soutenant. L'art est subtil mais fructueux car en s'appropriant son travail, l'enfant s'en approprie aussi les fruits. Les notes sont peut-être moins élevées que si le parent avait tout corrigé mais elles reflètent vraiment ses efforts. Visons juste : non pas un résultat final amélioré voire faussé par notre intervention, mais une progression réelle qui lui appartient et qu'il pourra apprécier, les exercices donnés par les enseignants vont dans ce sens. Sauf cas exceptionnel, il n'y a pas lieu d'en rajouter, notre enfant a assez d'un professeur et la place est prise.

Lorsque les devoirs tournent au cauchemar, donnons-lui la liberté d'attendre que les choses se décantent. Une contrainte trop forte peut dégoûter : quelle sera la saveur de cette récitation apprise au prix d'une dispute et de larmes ? Son appétit de savoir supporte mal le gavage.

En cas de difficulté, tournons-nous positivement vers son enseignant, une alliance est fondamentale et rassurera l'enfant.

... sans perdre de vue ce terrain d'échange passionnant

Sans en faire une préoccupation centrale, accordons une véritable attention à son travail scolaire. L'enfant se sentira épaulé et valorisé, son envie de le réussir sera alimentée. Plaçons l'accent sur la qualité du temps consacré en le concentrant. Au-delà, l'efficacité décroît, la tension monte et la petite corvée devient une montagne.

Toutes les occasions de donner du sens à ses efforts sont précieuses. Il sera honoré de parvenir à écrire la liste des courses et de réciter son poème à sa famille. Renforçons dès que possible ses apprentissages par des applications concrètes qui leur donnent toute leur valeur. Intéressons-nous avec lui à ce qu'il apprend, c'est un moyen privilégié de nourrir la communication familiale et de faire un lien entre les générations. Même grand-père sait peut-être encore une récitation apprise à l'école, il a été un petit élève confronté à l'apprentissage des divisions, il s'en souvient certainement et pourrait peut-être donner un coup de main.

Un moment sensible

Les tensions au sujet des devoirs ne sont pas une fatalité, même si c'est un terrain propice à l'affrontement. Attention à la critique de l'enseignant, elle sape le travail en cours et déstabilise l'enfant. Interdisons-nous l'engrenage des disputes, si le sujet devient miné, n'hésitons pas à passer le relais. Le grand fils de la voisine sera peut-être honoré d'apporter ses lumières sur la géométrie et il est fort probable que dans ce nouveau contexte pacifié et stimulant la leçon devienne digeste. Veillons à ce que cet exercice reste serein en privilégiant calmement une plage de temps brève.

Les devoirs assurent des progrès, ils donnent une possibilité de se rattraper, une opportunité de vérifier que la leçon a été comprise en l'appliquant, une chance d'aller parfois un peu plus loin. Ils sont indispensables. Il appréciera beaucoup qu'on s'y intéresse positivement, qu'on soit présent ou non lorsqu'il les fait. Apprenons surtout ensemble à humer le charme des petits cahiers.

Peut-il rentrer seul de l'école ?

Je m'appelle Sophie. J'ai dix ans.

Je vis seule avec ma maman qui, pour qu'on puisse manger, travaille beaucoup. Le matin, elle part en courant de bonne heure et, le soir, elle rentre tard, très fatiguée.

Alors, moi, depuis cette année, j'ai toujours au fond de ma poche la clé de la maison.

Après le petit déjeuner, je pars toute seule en classe avec mon gros sac rouge à roulettes, le midi je reste à la cantine et, à 16 heures quand je sors de l'école, je fais quelques courses dans le quartier pour préparer le repas vu que maman elle n'a pas le temps. Une fois que c'est prêt, je n'ai plus qu'à l'attendre en faisant mes devoirs et en jouant avec l'ordinateur.

Les voisins, ils disent tous à ma mère que je suis formidable, que je suis « très en avance pour mon âge ».

En fait, ils disent ça parce qu'ils ne savent pas ce qui se passe dans ma tête et dans mon cœur.

Mon vrai rêve, ce serait d'être une petite fille comme les autres, que quelqu'un vienne me chercher à la sortie de l'école avec un pain au chocolat, qu'on m'emmène dans des boutiques qui sentent bon les fruits et les légumes.

Une petite fille qui aurait une maman. La mienne, je ne la vois presque jamais et, quand on est toutes les deux, elle me prend pour sa confidente ; elle me raconte tous ses soucis au travail, avec les copines, avec les hommes...

Heureusement, il y a ma mamie ! Souvent, je vais passer le week-end chez elle quand maman elle reçoit le monsieur « qui vient faire des travaux ». Quand je rentre le dimanche soir, je vois bien qu'il n'y a pas eu de travaux et que le monsieur, que je ne connais pas, il a toujours la même odeur, mais je m'en fiche.

L'essentiel c'est de partager un bon moment avec mamie et de rattraper le temps perdu ! Avec elle, j'ai le droit de redevenir une petite fille, toute petite, et elle me lit des histoires, et elle me fait goûter des bons petits plats, et on va au marché le dimanche matin et, toutes les deux, assises côte à côte sur un banc, on prend le temps de regarder passer les nuages dans le ciel ! Mamie, elle sait donner des noms d'animaux aux nuages alors, ensemble, on peut rêver en silence...

Le jour viendra où il rentrera seul de l'école, mais quand ? Comment apprécier le moment opportun pour franchir ce cap aux conséquences concrètes et symboliques d'envergure ?

Des critères variés à considérer

Les risques du trajet sont à évaluer précisément et la donne ne sera pas la même s'il faut traverser deux autoroutes ou une simple rue. Il faut un peu de temps pour apprécier le réel niveau de danger de l'environnement, pour imaginer tous les cas de figure et brider une imagination anxieuse. Non, les campagnes ne sont pas sillonnées par des maniaques à la recherche de porteurs d'organes à prélever !

L'âge de l'enfant n'est pas un critère en soi, certains seront prêts tôt, d'autres non. Si rien ne l'impose, offrons-nous la liberté de respecter son rythme. La priorité est la mise en confiance de l'enfant, elle est la clé du succès.

Quelques astuces pour une préparation sereine

Toutes les précautions jugées utiles peuvent être prises avant de donner le feu vert. Pourquoi pas quelques répétitions, la première par exemple, ensemble, en repérant chaque étape de ce grand périple, la seconde en se laissant guider par l'enfant, et pourquoi pas une troisième, si nécessaire, en se tenant un peu à distance ? Les imprévus prévisibles peuvent être considérés. Et s'il avait oublié sa clé ? Si le métro était en grève ? Quel numéro appeler en cas de problème ? Quel voisin sera susceptible de l'accueillir si la serrure était bloquée ? Les solutions de secours calmement envisagées pareront à la plupart des contretemps.

Rentrer seul de l'école est une grande étape dans la vie de l'enfant, elle se franchira d'autant plus tranquillement qu'on aura pris le temps de la baliser et de la préparer concrètement. La seule question restante est alors : quand serons-nous prêts à le laisser rentrer seul ?

Quelle place pour les écrans ? Télévision, jeux vidéo, ordinateurs : nouveaux envahisseurs ?

J'ai neuf ans et, quand je regarde la publicité, à la télévision, je me dis que j'ai drôlement de la chance d'être un enfant d'aujourd'hui, parce que, enfin, on est pris au sérieux !

Quand je vois les vieilles pubs des années 80, il n'y en a que pour les adultes : leurs voitures, leurs machines à laver sans calcaire, leurs parfums... et, dans ces années-là, même pour les produits qui nous concernaient, c'était un adulte qui en parlait à un autre adulte : un docteur en blouse blanche expliquait à une maman ce qu'elle devait donner à manger à ses loupiots ; deux femmes, deux copines, s'échangeaient leurs bons plans pour ce qui est des marques de couches-culottes, etc.

Heureusement, dans les années 90, nous, les enfants, on a commencé à prendre du galon dans le domaine de la pub. Deux petits garçons parlaient devant une nouvelle voiture. L'un disait à l'autre :

«Mon père, il l'a achetée. Elle est super. Il faut tout de suite dire au tien de faire pareil ! »

Aussitôt, le deuxième loupiot devenait représentant en automobile... et, hop, toute sa famille se retrouvait sur la route du bonheur, dans ce fameux monospace conçu pour les gamins !

Pourtant, cet épisode n'était qu'une mince étape vers notre pouvoir absolu à nous, les enfants, dans ce fabuleux empire de la publicité.

Maintenant, depuis peu, les spécialistes c'est nous... et les parents sont ringards (surtout les papas !). On peut, par exemple, voir à la télé un père complètement idiot qui ne sait même pas que dans la bouteille de lait posée devant lui, sur la table de la cuisine, il n'y a pas de lactose ni de cholestérol et que ce lait est particulièrement riche en Oméga 3 ! Par chance, sa fille, âgée de 7 ou 8 ans, est docteur en médecine et lui explique tout ! Pour enfoncer le clou, à l'autre bout de la cuisine, la maman confirme le diagnostic de la petite en ridiculisant encore un peu plus le pauvre papa ignare ! Elle lance, en écho : « Évidemment ! Tout le monde le sait ! »

Le père, archinul, disparaît presque sous la table, rouge de honte, en faisant une tête de gamin ! Dans la pub suivante, c'est encore plus fort ! Là, c'est un papa qui sort son bébé d'un landau avec des gestes très délicats mais, soudain, ledit « bébé » prend une voix grave d'adulte et démontre précisément à son père l'intérêt de faire installer un système de climatisation pour régler la température ambiante dans chaque pièce de la maison. Et le bébé ingénieur semble si convaincant que, visiblement, le père va obéir au plus vite à ses conseils techniques.

Il serait très long de dresser la liste complète des publicités issues du même tonneau que je peux voir à la télé et vous comprendrez que, moi, je me régale !

Enfin, nous, les enfants, on est au pouvoir ! Enfin, la société est pensée et conçue par les industriels et les marchands de trucs en tout genre pour la « ménagère de moins de dix ans » qui, très prochainement, pourra devenir une petite « Lolita », maquillée, portant une minijupe, des chaussures à talons hauts... ce qui la rendra très séduisante pour les hommes qu'elle croisera dans la rue ! C'est le meilleur des mondes ! Moi, bien que je n'aie que 9 ans, je jubile déjà, parce que, à la télé, je ne vois plus que des enfants et des dessins animés ! En plus, ce qui est super, c'est que le poste est dans ma chambre et que, jour et nuit, je peux regarder les programmes que je veux !

Ça aussi, c'est moi qui l'ai conseillé à mes parents (d'installer une télé dans ma chambre), pour qu'ils puissent être tranquilles de leur côté et, comme dans les pubs, ils m'ont cru ! Un jour, s'ils sont sympas avec moi, je leur montrerai comment fonctionne le « contrôle parental ». Mais ce n'est qu'un début !

Parce que, tout seul dans ma chambre, je me sens hyper bien et, en plus, je commence à avoir plein d'objets qui m'accompagnent dans la vie de tous les jours !

Des téléphones portables et des ordinateurs pour communiquer avec des gens partout sur la planète, pour écrire des blogs, pour entrer dans les réseaux où on peut se dire des choses qui ne regardent pas les parents… et même des robots M ! En fait, les robots, c'est pour bientôt.

L'autre jour, aux infos, j'ai vu qu'on vendait des « chats-robots », avec des poils, qu'on peut caresser, aimer, à qui l'on peut parler et même qu'il y aura, d'ici quelques années, des « enfants-robots » entièrement électroniques mais qui ressembleront tellement à des vrais qu'ils deviendront nos amis, pourront vivre avec nous, dans notre chambre et nous raconteront plein de choses à condition de ne pas oublier de recharger leurs batteries !

Vous vous rendez compte : maintenant que les enfants vont être de plus en plus au pouvoir et que tout va être conçu pour eux, en vase clos, grâce au matériel que les parents vont acheter… ça va être génial, la vie en famille !

Entre les pyramides, les châteaux et les montagnes chemine calmement un petit Ange.

Devant lui, sur la route, arrive un homme. Ils ne se connaissent pas. L'Ange tue l'homme et, heureux, sans s'arrêter ni même se retourner, continue sa promenade. Grâce à sa victime, il vient de gagner une vie !

Un second homme se pointe à l'horizon. Aussitôt l'Ange l'extermine à son tour. Une deuxième vie gagnée !

Il jubile !

Ainsi de rencontre en rencontre, au fil des meurtres, l'Ange rafle des vies pour lui-même.

Il en possède maintenant près de vingt !

Quelle belle journée !

L'avenir est à lui !

Suis-je en train de vous décrire l'Enfer ?

Non ! L'Ange est seulement un loupiot, insouciant, s'amusant avec sa console électronique ! Jouant à donner la mort, du bout des doigts, sans se poser plus de questions.

Jouant à tuer pour pouvoir continuer à exister.

C'est normal : on lui a expliqué dans la notice de la disquette que c'était ou lui ou celui d'en face, partant du principe que cet « autre » ne pouvait être qu'un ennemi !

Aujourd'hui, donc, face à sa console, il joue ! Seul !

Seul face à une mort banalisée, « pour de rire », loin de toute valeur morale...

Mais que fera-t-il demain de ses jeux d'enfant ?

Ces nouveaux venus ont un talent fou pour prendre une place croissante dans nos vies. Des programmes télévisés dédiés aux tout-petits, des concours de chant qui tiennent toute la famille en haleine, du tennis en chambre grâce à la console, des concerts *en live* sur Internet. Sans oublier les nouvelles possibilités inouïes et infinies de rencontrer des copains à distance... Ces écrans sont étonnants, véritablement captivants. Comment composer avec ces envahisseurs séduisants ?

Des invités fascinants, serviables...

La télévision et ses descendants s'offrent comme des portes fantastiques sur de multiples univers. L'horizon se déploie, dans le temps, l'espace, l'imaginaire. Les écrans introduisent dans des mondes extraordinaires *via* un reportage sur les fonds marins, des images d'archives sur la Première Guerre mondiale, Zorro et la campagne présidentielle. Les parents galopent pour ne pas se laisser semer par un mouvement vertigineux déplaçant les repères antérieurs. Le petit a souvent de l'avance et le voilà qui nous devance dans l'exploration de ces galaxies, au risque de tomber dans des recoins plus que louches. La relation parent-enfant se réinvente, pour faire face à des possibilités démultipliées susceptibles de nous déborder. L'enfant revendique sa boîte mail, donne rendez-vous à ses copains après l'école sur MSN et surfe on ne sait pas forcément où. L'accès à l'ordinateur devient un enjeu éducatif. Les parents, de leur côté, se reposent volontiers sur ces écrans pour rallonger leur nuit ou le « tenir tranquille ». Ces mines d'or demandent une exploitation prudente. Le danger serait de nous laisser hypnotiser en douce.

… *mais potentiellement dévorants*

La communication dans la famille est vitale il serait dommage que les écrans la brouillent. La télévision pendant les repas détourne l'attention et appauvrit l'échange, un DVD en voiture est une belle récréation. Ce temps suspendu, partagé dans une grande proximité, autorise des conversations inhabituelles, parfois exceptionnelles.

Le temps que nous consacrons aux écrans est à doser, ils n'ont pas leur pareil pour capturer notre attention et notre temps. Ne les laissons pas accaparer le cœur de nos vies et reléguer les moments vraiment partagés à la périphérie.

Il n'est pas évident de trouver l'usage des écrans qui nous convienne, tant sur le plan relationnel qu'éducatif. La communication dans la famille est fondamentale, préservons-la de ces sirènes.

Faut-il donner de l'argent de poche ?

Moi, à huit ans, je n'ai jamais eu d'argent de poche et je ne m'en porte pas plus mal.

Quand je vois tous mes copains qui en ont et qui passent leur temps à calculer ce qu'ils vont pouvoir acheter ou pas, à essayer d'économiser, à être obligés de choisir entre un truc et un autre alors qu'ils ont envie des deux… je les plains !

Pour moi, l'argent, c'est pas un problème. Quand je veux quelque chose, je le demande à mes parents et ils me l'offrent, c'est tout ! Et c'est comme ça depuis que je suis tout petit.

Au début, presque tous les soirs, ils me ramenaient un cadeau et, dès que je voyais papa ou maman arriver je leur demandais : « Qu'est-ce que tu m'as acheté aujourd'hui ? » Vous voyez bien que l'argent ce n'est pas une question très sérieuse.

D'ailleurs, mes parents, ils sont super, parce que, eux aussi, ils ont tout compris.

Le soir, à la télé, ils regardent Qui veut gagner des millions ? ... *et ils trouvent presque toutes les réponses.*

En plus, dans la rue, quand ils n'ont plus d'argent, ils s'arrêtent devant un mur, ils tapent quelques chiffres et l'argent sort tout seul, du mur ! Vous ne me croyez pas ? Vous n'avez qu'à essayer !

Mes parents travaillent dur, ils partent tôt le matin, rentrent tard le soir mais ils ne gagnent pas grand-chose, alors, l'argent, à la maison, il est plutôt rare, surtout les deux dernières semaines du mois !

Là encore, sans la télé, je finirais par croire que l'argent il n'est pas fait pour moi, et que, même si j'apprends un métier je n'en aurai jamais !

C'est là que la télé vient à mon secours. Heureusement, on a trois postes à la maison. Un dans ma chambre, un dans celle de mes parents et encore un autre dans la salle de séjour, comme ça on peut la regarder en mangeant ! Alors, pendant que je suis scotché devant Star Academy, *mon père lui, il regarde en différé* Qui veut gagner des millions ? *Et il est fort, mon père : il trouve presque toutes les réponses ! Du coup, on sait très bien que, un jour, quand papa sera millionnaire, moi je pourrai devenir une star !*

En plus, en ce moment, il paraît que c'est la crise. Au journal de 20 heures, on nous montre tous ces pauvres gens qui avaient plein de sous de côté et qui, du jour au lendemain, ont tout perdu !

Il y a même un ancien maître-nageur, devenu homme d'affaires, qui a réussi à plumer une tonne de banques et de personnes célèbres sur toute la planète ! Il leur a volé plusieurs dizaines de milliards d'euros, juste en leur faisant un beau sourire de papy aux cheveux blancs et en leur promettant monts et merveilles. C'est rigolo qu'il y ait autant de gogos chez les riches !

Moi, en tout cas, j'ai compris. L'argent, il ne faut surtout pas le garder, et même, le mieux, c'est quand on n'en a pas et qu'on achète quand même des choses ! Parce que les choses, elles sont tout de suite à vous et, pour payer, on voit après... si ça se trouve, après, l'argent il n'aura plus du tout de valeur et on aura bien roulé les marchands qui nous ont vendu des machins à crédit !

D'ailleurs, même le crédit, c'est de la rigolade. Prenez les voitures, par exemple : là aussi, j'ai vu à la télé que, comme les fabricants ils n'arrivaient plus à en vendre, ils faisaient des « crédits gratuits » ! Tu achètes et tu ne dois rien ! Le rêve !

Et puis, finalement, c'est mon père qui a raison, une fois de plus ! Lui, depuis toujours, il achète comme ça et il dit : « Si un jour on arrive plus du tout à joindre les deux bouts... on pourra se faire de l'argent en jouant au Keno *ou au* Loto *! Le mois dernier, au café où je vais acheter mes cigarettes, il y a encore un bonhomme qui a gagné 10 000 euros ! C'est marqué en toutes lettres au-dessus du bar ! » De toute façon, on sait maintenant qu'on n'aura plus jamais de problèmes d'argent, parce que ma mère, la semaine dernière, elle a reçu une lettre avec son nom et son prénom écrits en gros dessus et, en couleur dorée il était marqué qu'elle avait gagné le gros lot, qu'elle avait été choisie pour être la grande gagnante !*

Il lui suffisait de passer une toute petite commande et elle recevrait le chèque illico ! La chance ! Inutile de vous dire qu'elle a commandé tout de suite et, maintenant, on n'a plus qu'à attendre !

Spontanément, l'argent ne représente rien pour l'enfant. Pourquoi ne pas préférer les belles pièces dorées aux bouts de papier ternes dont les grands semblent faire grand cas ? La valeur de l'argent s'apprend, elle n'a rien d'évident. D'autant plus que les paiements sont de plus en plus dématérialisés. Bien pratique ces petites feuilles qu'on signe et qui, une fois tendues à la marchande, permettent de repartir les cabas chargés ! L'argent de poche peut être un moyen de donner un sens, une valeur et une réalité à ce moyen d'échange aux allures de baguette magique.

L'argent a du sens

Il représente du travail et se gagne, c'est ce que l'enfant doit comprendre. Difficile, voire impossible, s'il lui pleut des cadeaux luxueux venus de parents manquant de confiance en eux. Couvrir ses enfants de vêtements de marque peut donner une fierté temporaire. Mais n'est-ce pas confondant pour l'enfant qui concentre, malgré lui parfois, une part importante des ressources familiales ? Combien donner ? Des sommes modérées, en rapport avec l'âge et l'environnement. Un enfant de 6 ans n'a pas les mêmes besoins ni la même aptitude à gérer sa richesse qu'un adolescent de 14 ans. En collectivité il est souvent plus simple et protecteur d'adopter une règle commune, lorsque l'argent de poche est permis, il peut être demandé aux parents de ne pas dépasser une somme raisonnable.

Un espace pour apprendre la liberté.. et la gestion

Avec sa petite somme l'enfant fera l'expérience de la réalité et des principes élémentaires de gestion. Si je craque à la boulangerie, adieu mon jeu vidéo du mois prochain ! Céder aux sirènes de la satisfaction immédiate et y réfléchir ensuite avec parfois un peu d'amertume, c'est se préparer à résister au surendettement. Le report de la satisfaction s'apprend avec plus de plaisir à la clé ! Les parents, de leur côté, auront à résister à la tentation d'éponger les dettes. L'argent donne du pouvoir... le fameux « pouvoir d'achat » jamais illimité. Il serait dommage d'interdire cette expérience : la frustration fait grandir ! Encore faut-il que les parents sachent, eux aussi, se comporter en adultes, en la matière.

Un dû ? Non, un bonus !

L'argent de poche se mérite, faute de quoi il perd de sa valeur. C'est une valorisation qui, très exceptionnellement, perd son sens si l'enfant est vraiment odieux. Qu'est-ce que les parents chercheraient alors à acheter, quand même ? La paix ? L'amour ? Une alliance ?

Ce moyen simple de gratification garde néanmoins une dimension éducative. Suspendre l'argent de poche fait certainement plus réfléchir qu'une douche froide. Il est la contrepartie d'une participation normale aux tâches !

La valeur de récompense de l'argent de poche en fait aussi la saveur. Le recevoir est alors une petite fête.

Un espace pour grandir et rêver, un petit laboratoire d'autonomie et de liberté

L'argent de poche s'inscrit dans le temps, il permet de faire des projets, de construire des châteaux en Espagne. « Avec tant de semaines d'argent de poche je pourrais m'offrir ce jean hors de prix qui me fait tant envie. Je pourrais m'acheter ce que mes parents ne m'achètent pas : j'aurai alors un espace de liberté et j'expérimenterai, à ma mesure, mon autonomie. » Un moyen précieux d'asseoir son originalité.

Acheter avec son argent de poche le jouet refusé par les parents, quelle jubilation ! À travers l'argent de poche se transmettent des valeurs et un certain rapport au désir et au plaisir.

Que faire face à une demande d'animal domestique ?

Comme j'ai sept ans et que, depuis des années, je demande à avoir un chien à la maison alors que je sais très bien que c'est impossible, mes parents ont eu une idée de génie : m'envoyer une semaine en vacances dans un centre équestre ! Sur la notice il y avait marqué :

« Découverte de la nature à travers des randonnées quotidiennes à dos de poney ! »

C'était assez cher mais, pour combler le vide affectif créé par l'absence du chien, ils n'avaient pas vraiment le choix. J'y suis partie début août et dès mon retour à la gare, la première question de mes parents a été : « Alors, c'était bien, le poney ? »

Là, j'ai été obligée de leur avouer la vérité : « Il n'y avait pas de poneys ! Les autres, ils m'ont dit que, l'année dernière, les poneys avaient tous été malades et que, cette année, ils n'avaient pas encore eu le droit d'en reprendre ! »

Mes parents étaient rouges de colère et, illico, se préparaient à porter plainte pour publicité mensongère et exiger le remboursement du séjour !

Heureusement, pour calmer leur ardeur, j'ai ajouté :

« ... je ne veux pas que vous écriviez, parce que c'était super ! Tous les jours, on a joué à cache-cache avec les copines ! En plus, là-bas, il y avait un chien qui était nul et méchant, il n'a pas arrêté de nous faire peur ! Finalement, les chiens, c'est pas terrible... ! »

Tous les enfants du monde rêvent un jour d'avoir un animal de compagnie et les parents sont régulièrement confrontés à cette demande. Quelles sont les implications d'un tel projet ? Qui s'en occupera ? Qui l'assumera ? Un certain nombre d'aspects méritent d'être pris en compte avant de laisser une tante affectueuse offrir un poisson rouge ou... un poney.

Une responsabilité à mesurer

Un animal représente indéniablement un engagement qui peut déjà s'apprécier en termes de temps et d'argent. Combien coûte un hamster à l'achat ? À combien revient l'entretien d'un chat, avec sa caisse de voyage, sa litière, ses vaccins, sa castration, ses croquettes ? Quels soins sont à prévoir pour un chien ? Combien coûte la pension d'un cheval ?

Toute une série de questions pratiques qu'il est bon d'anticiper, notamment en matière de garde de l'animal lorsqu'on s'absente. Est-on prêt à se déplacer avec la bête ? Qui est susceptible de la garder ? À quelles conditions ? L'enfant aura tôt fait d'éluder ces questions dont la réalité ne manquera pourtant pas de s'imposer au plus vite ; il est donc du ressort du parent d'apprécier autant que possible les conséquences d'une adoption. Le charme d'un lapin n'est pas le même dans une maison avec jardin que dans un appartement parisien aux plinthes savoureuses.

À qui revient le soin de l'animal ? L'âge de l'enfant est à considérer avec réalisme, est-ce lui qui sortira le chien le soir ? Qui le conduira et attendra dans la voiture quand il ira monter le poney ? Offrir à un enfant un animal dont l'entretien s'avère coûteux et prenant exige une grande lucidité. Réfléchissons au sujet des visites chez le vétérinaire en famille. Qui assumera la décision d'une transfusion sanguine pour la chère petite bête ? Qui renoncera éventuellement aux soins ?

Une occasion de gagner en autonomie

Le projet demande à être mûri et soupesé, tout spécialement lorsqu'on n'a jamais vécu avec un animal domestique et que les contraintes sont ignorées. Prenons le temps de recueillir plusieurs expériences sincères. Les avantages et les contraintes propres à chaque animal sont à découvrir et considérer. Qui nettoiera l'aquarium ?

Une fois le projet adopté, les soins à donner à l'animal présentent une occasion privilégiée de responsabiliser l'enfant. Entretenir une litière est une tâche récurrente qui initie, modestement mais sûrement, aux contraintes de la vie. Si l'enfant est en âge d'assurer le soin de l'animal, il devra affronter un questionnement très formateur : quel régime suivre, quel mode de vie adopter, comment éduquer ? Dans le domaine des soins vétérinaires aussi les avis varient fortement. Des croquettes *light* pour le chat sont-elles vraiment nécessaires ? Le laisser rencontrer ces problèmes par lui-même, d'abord, fournit une excellente occasion pour discuter ensemble des joies et des peines de l'éducation.

Une ressource pour les moments difficiles

Cet être vivant qui partage intimement la vie de l'enfant devient un appui privilégié dans les hauts et les bas de son existence. Il est un camarade de jeu comme de peine, à même, par sa seule présence, de rendre la solitude supportable. Ce rôle sera hautement appréciable à la charnière entre l'enfance et l'adolescence, quand il s'agit d'apprendre, peu à peu, à « se garder tout seul ».

Ce confident remédie à l'isolement et au sentiment d'incompréhension de l'adolescent. Nombre de chagrins voire de deuils ont trouvé refuge dans le col chaud et doux d'un chien bien-aimé. Bien des colères ont pu se calmer grâce à ces compagnons supportant docilement des reproches parfaitement injustes et quelques coups de pied aléatoires.

Une leçon de vie

L'animal nous confronte aux mouvements de toute vie : la naissance, la croissance, la vieillesse, la maladie, la mort. Sans oublier la grande question de la reproduction. L'enfant traversera avec lui des questionnements essentiels en se décentrant de sa propre existence. Il saisira, par cette voie, la relativité de sa propre place dans le monde.

En premier lieu, la responsabilité d'un autre être vivant permet à l'enfant de le découvrir dans sa différence, ses richesses, ses besoins, ses limites et ses contraintes. Un écureuil n'est pas une poupée et un coup de griffe ou de dent le lui rappellera sans détour. Le chat et le poisson rouge ne font pas forcément bon ménage.

Un animal n'a pas à être maltraité, l'enfant y est très sensible. En se révoltant contre de mauvais traitements il manifeste le besoin d'un respect fondamental, tant pour la bête en question que pour lui-même.

Enfin, l'animal domestique fait prendre conscience de bien des choses, il va mourir et l'enfant rencontrera alors la finitude de toute relation, la force du deuil et son caractère normalement transitoire. Lors d'une épreuve majeure, l'animal qui lèche son poil, se nourrit, fait ses besoins rappelle le cours ininterrompu de la vie, malgré tout.

Adopter un animal revient à élargir la famille, cette ouverture apporte de nouvelles possibilités relationnelles, des contraintes, des joies et une occasion renouvelée de jouer. Aux parents d'anticiper, le plus concrètement et honnêtement possible, ce à quoi ils s'engagent. Libres à eux de passer un contrat réaliste avec l'enfant, et de le faire respecter. Aux parents et aux enfants de se lancer dans cette aventure passionnante pour la vivre ensemble, s'ils le désirent.

Le temps des secrets

Le mensonge

> *« Vivre, c'est avoir un truc en plus*
> *de tout ce qu'on nous a appris »*
> Jacques Brel

Un jour, Picasso donna, sans le savoir, un conseil essentiel aux parents en croyant ne parler que de « peinture »...

En effet, à ce journaliste qui le questionnait à propos d'un paysage au ciel « génialement rouge » peint par lui, il répondit :

« Oh ! Vous savez ! Si j'ai fait un ciel aussi génialement rouge, comme vous dites, c'est parce que je n'avais plus de bleu ! »

Prudence avec ce mot « mensonge » qui pèse si lourd dans nos consciences. Pendant de nombreuses années, il est, de toute façon difficile de recueillir une parole d'enfant en raison des influences conscientes et inconscientes qu'il peut subir et des loyautés qu'il peut ressentir. Ceci étant dit, comment réagir lorsqu'il se met à raconter des histoires ? La maîtresse n'aurait pas dit d'apprendre la leçon, il aurait encore trouvé une pièce dans la rue donc il a acheté des chewing-gums parce qu'un camarade le lui a demandé...

Il se crée un monde bien à lui

Une réaction trop virulente n'est pas indispensable, la morale n'est pas l'unique enjeu de cette question. Le mal ne s'empare pas de lui, l'enfant atteint simplement l'âge où il doit construire son petit univers personnel et il s'y emploie... en inventant des histoires ! Il s'essaie à signer lui-même le cahier lorsque les appréciations lui font redouter une remontrance et, mis face à cette signature bizarre... n'a plus aucun souvenir. Il imagine en fait une réalité de son cru qui l'aide à se démarquer de la famille. Cette capacité à mentir est paradoxalement bon signe car il ose imaginer son propre monde. Ne diabolisons pas cette expérimentation de la frontière entre son monde intérieur et la réalité, elle est nécessaire. Traitons-la à son échelle, simplement et fermement : « on ne ment pas ».

Héros et récits fabuleux

L'imaginaire galope dans son univers intérieur naissant, il se régale de jeux vidéo dont les personnages étonnants peuplent même sa vie. Il parle des rencontres avec ses héros, émaille le récit de détails grandioses. De quoi être un peu perplexe ! Les souvenirs se déguisent joyeusement en exploits. Oui, le jour où la jeune fille est allée à Paris, elle a pu rencontrer la vedette qui fascine tant les amies de son âge, celle-ci lui a d'ailleurs promis de l'inviter à un casting... À dose homéopathique, la fabulation est saine et amusante mais il arrive qu'elle prenne des proportions exagérées. L'invention constante de prouesses glorieuses témoigne fréquemment d'un besoin de compensation lorsque l'enfant ne se sent pas à la hauteur.

Les mondes virtuels : un support remarquable

Les jeux vidéo offrent des possibilités extraordinaires pour déployer la vie imaginaire. Notre garçon rondouillard et plutôt timide de dix ans se glisse dans la peau d'un Viking sanguinaire de deux mètres qui sillonne la planète sur un drakkar invincible accompagné de ses trois jeunes épouses. Avec l'univers virtuel, l'imaginaire entre dans une quatrième dimension fascinante. Cette ressource stimule l'imagination, elle peut aider l'enfant à traverser une période de fragilité, en lui procurant notamment de nouveaux amis virtuels à un moment où les vrais amis manquent à l'appel. Mais ne la laissons pas envahir sa vie. La nouvelle génération de jeux de rôles qui se poursuivent en continu pourrait laisser le virtuel l'emporter sur la réalité, ce serait dommage.

Les mensonges de l'enfant tiennent avant tout de l'invention, ils marquent un temps où l'enfant apprend à se mettre à son propre compte, du point de vue mental. Ils sont le signe de ce qu'il grandit et, s'ils demeurent épisodiques, ne doivent pas inquiéter. Mais si l'enfant se réfugie en permanence dans une vie inventée qui le détourne durablement de son environnement, il manifeste probablement un certain mal-être. Pourquoi ne pas aller prendre l'avis d'un professionnel qui aidera à le décrypter ? Sans oublier de nous amuser de ces gros bobards.

Aurait-il honte de moi ?

Popeye n'a vraiment rien pour lui, à bien des points de vue !

D'une part, il n'est physiquement pas terrible : petit, maigrichon, le bonnet marin de travers, la pipe mal embouchée…

D'autre part, il est follement amoureux d'une femme, Olive, qui, de son côté, ne lui rend son amour que lorsqu'il est le plus fort !

Il marche, main dans la main, avec sa dulcinée, le cœur en bandoulière. C'est le paradis ! Soudain surgit Brutus qui, tel un bulldozer, se rue sur le pauvre matelot et, pour gagner les faveurs de la belle, le réduit presque en miettes, l'envoyant d'un simple uppercut voler à un kilomètre de là !

Et voici Olive qui, sans vergogne, se met d'emblée à se pâmer d'amour pour son nouveau héros : « Brutus ! My Brutus ! » glousse-t-elle ! Un vrai scandale !

Fort heureusement, Popeye possède une arme secrète : une force miraculeuse, invisible, qui n'apparaît qu'au moment où il avale des épinards.

Et justement, se trouve au fond de sa poche une boîte du précieux légume, qu'il engloutit d'une traite !

Aussitôt dit, aussitôt fait : pour l'amour d'Olive, il pulvérise instantanément l'intrus obèse et le propulse, d'une manchette, jusqu'à l'horizon !

Avec l'aide des épinards, il a pu sortir de lui cette force invincible grâce à laquelle il reconquiert le cœur de l'irrésistible Olive qui, avec aplomb, oubliant Brutus, déclare à nouveau sa flamme au brave marin... !

Connaissez-vous des Popeye ?

Oui, sans doute ! Personnellement, j'en rencontre souvent. Il s'agit, par exemple, d'un enfant en apparence pas très talentueux, selon les critères d'intelligence à la mode, mais possédant en lui, telle la force cachée de Popeye, bon nombre de dons insoupçonnés qui, pour s'épanouir au grand jour, ont seulement besoin du « regard épinard », valorisant, des adultes qu'il aime. Il n'y a rien à craindre pour lui si ces adultes savent lui témoigner la confiance indispensable, l'accepter et le reconnaître tel qu'il est !

Par contre si, à l'image d'Olive, ces mêmes adultes l'incitent à croire qu'il n'est aimé que quand il est plus fort (« Tu as 8 sur 10 ? ! » « Pourquoi n'as-tu pas 10 ? »), on peut légitimement avoir quelques inquiétudes pour ce « petit Popeye sans épinards » qui risque d'enfouir très profondément et pour longtemps ses aptitudes secrètes et de n'avoir de lui-même qu'une image négative !

Tiens, une idée ! Peut-être conviendrait-il que les psychologues créent le concept d'« adulte épinard » ?

Lui qui aimait qu'on lui prenne la main pour aller à l'école demande désormais qu'on le dépose un peu loin, le voilà qui s'éloigne d'un pas pressé, comme s'il voulait éviter à tout prix d'être vu en notre compagnie... Son regard a changé et il n'apprécie plus qu'on plaisante à la boulangerie, qu'on continue à porter notre poncho péruvien. Un âge vient effectivement où l'enfant semble avoir honte de ses parents. Que se passe-t-il ?

Une sensibilité nouvelle aux regards des autres

L'empressement avec lequel il nous demande d'ôter notre jolie cape exprime un besoin de conformité profond et normal. La famille n'est plus tout pour lui, son horizon s'est élargi et les copains jouent désormais un très grand rôle. Il s'efforce de trouver sa place dans son environnement, le plus normalement possible. Le temps où il se jetait dans nos bras et nous manifestait franchement sa tendresse est révolu. Plus question de faire les fous dans la rue, surtout si l'on risque de croiser quelqu'un de l'école ! Il ne s'agit pas d'un rejet, même si cela en a parfois l'allure mais d'une prise de recul : il grandit, c'est donc bon signe.

Un jeu pour se distancier

Ce cap de croissance lui demande d'arriver à se détacher des divinités que ses parents représentaient jusque-là. Il nous attaque donc pour nous ramener à de plus justes proportions. « Tu as des petits seins », « Tonton est beaucoup plus riche que toi », rides, taille du logement, réussite professionnelle, performance sportive, tout est bon pour fournir un moyen de nous diminuer. Soyons lucides et solides, il vise en fait, en nous, le parent qui représente tant pour lui, ce géant auquel il vouait un culte et dont il a le plus grand mal à se détacher. Même si ce n'est pas simple, ne prenons pas « personnellement » ces attaques, l'enfant a besoin d'un parent qui tienne bon et résiste à ses petites flèches (bien acérées et ciblées cependant, le nain est habile !). Il est sain et souhaitable qu'il se risque à les tirer. Épargnons-lui notre vulnérabilité, il aurait alors trop peur de nous blesser vraiment et inverserait les rôles en s'efforçant de nous protéger.

Saisissons plutôt la nécessité de ces attaques sporadiques pour ne pas les prendre en plein cœur.

Des différences douloureuses

L'enfant s'identifie à ses parents et, dans cette période où il a besoin de se fondre dans l'environnement, ressent vivement tout ce qui les singularise. L'obésité, une maîtrise de la langue incertaine, une couleur de peau différente, toute différence visible de ses parents peut faire souffrir l'enfant, tant il est perméable au regard d'autrui. Là aussi, l'enjeu est de tenir bon et d'assumer le mieux possible cette différence, il verra qu'on peut vivre avec. Sa souffrance indéniable d'enfant créera chez lui une tolérance particulière à toutes les formes de différences, une qualité humaine inestimable.

Un enfant capable d'attaquer ses parents s'évertue à grandir, aidons-le en ce sens en revêtant une petite cuirasse et en nous gardant de riposter sur le même terrain, le combat serait trop inégal. En fait il n'a pas vraiment honte de moi, il a surtout besoin de s'imaginer qu'il pourrait se passer de ma présence. Aidons-le, en mettant notre orgueil dans notre poche.

Préserver le temps de l'enfance

Préparer l'avenir !

Jusque-là, ma vie était rose. Je fonctionnais comme tout le monde : chaque chose, chaque effort que je faisais devait me rapporter du plaisir et, en plus, ce plaisir arrivait tout de suite. C'était génial, mais, d'un commun accord, mes parents et la maîtresse sont en train de m'apprendre un truc superdouloureux : travailler en classe maintenant pour, soi-disant, réussir plus tard ! ?

Ça paraît simple mais ça n'a rien d'évident, parce que « plus tard » je ne sais pas trop ce que ça veut dire ! Surtout si je regarde autour de moi. À la télé, je vois plein de jeunes qui disent qu'ils sont bardés de diplômes et qu'ils ne trouvent pas de travail.

Mais, même à la maison, des fois, je n'arrive pas à bien comprendre. Tenez, par exemple, mes parents ils ont des tonnes de dettes. C'est à cause des télés et des ordinateurs.

À chaque fois qu'il sort un nouveau modèle, ils l'achètent à crédit vu qu'il est beaucoup mieux que l'ancien mais, avant d'avoir fini de le rembourser, il y en a déjà un autre encore mieux et il faut vite courir le chercher !

Alors, vous voyez, pour moi, préparer l'avenir, c'est pas gagné d'avance !

Pourquoi lire un livre alors que regarder un film est si simple et distrayant ? Le sens de l'effort est tout sauf inné, il demande d'aller à l'encontre du mouvement premier de satisfaction immédiate. Il s'agit de se donner du mal en pensant à plus tard, de se faire violence en prévision de l'avenir, d'apprendre à calculer alors que les calculatrices existent. La nécessité et l'importance de parvenir à se donner de la peine tombent sous le sens. Cependant, comment aider l'enfant en ce sens ?

Envie de persévérer, goût de l'effort

Travaillons à composer avec le mouvement premier du « tout, tout de suite ! » qui nous anime tous. On a rappelé le besoin d'apprendre à l'enfant à attendre. L'acceptation progressive de la frustration est la condition d'une inscription adéquate dans la réalité et la société. Le renoncement au plaisir immédiat découle de l'anticipation de plaisirs ultérieurs plus grands et moins éphémères. Préparer l'avenir appelle un pas de plus. Parvenir à des réalisations supérieures requiert le goût de l'effort et du courage.

Ces moteurs puissants font de l'enfant l'acteur de son développement, un conquérant confiant, désireux de réussir... non un petit soldat acculé à se battre. La transformation de la soif de conquête spontanée en ténacité passe par l'échec. L'enjeu est précisément d'arriver à supporter d'échouer pour pouvoir, ensuite, réussir. Qu'il est difficile de ne pas abandonner la partie, voire renoncer. L'envie de laisser tomber dès que l'adversité se présente est toujours là !

Un apprentissage progressif et patient fondé sur la réussite

La bicyclette présente un bon exemple de ce qui se joue. Un tricycle donnera peut-être un avant-goût puis viendra l'heure de l'aventure. Les essais seront nombreux, les chutes immanquables. La qualité, la durabilité et la rapidité des résultats tiendront à l'envie de remonter en selle et de triompher. L'ajustement de l'obstacle à franchir évitera la lassitude, la démotivation, le rejet. D'où l'importance des petites roulettes et d'un vélo à la taille du jeune aventurier. Le vrai enjeu, au-delà du pilotage de l'engin admirable, est que l'enfant se rende compte qu'en persévérant il réussit. Une dynamique constructive quasiment inépuisable s'enclenche.

À nous de fixer des objectifs motivants et réalistes respectant le désir de l'enfant. Le plaisir est déterminant. Evitons les abandons prévisibles en l'engageant dans des voies qui lui font envie.

Viser haut pour son enfant, sans l'écraser par ses propres ambitions

La prise en considération de la personnalité et des goûts de l'enfant est fondamentale afin qu'il puisse s'approprier son parcours. Créons la place pour déployer des goûts nécessairement fragiles et incertains au départ. Veillons à ne pas lui prêter nos propres ambitions, il serait capable de les réaliser par amour sans se préoccuper de ce qui l'intéresse vraiment, ce serait bâtir sur du sable et l'exposer ultérieurement à un effondrement et une insatisfaction cruelle.

L'art est délicat dans la mesure où l'enfant ne sait pas au départ ce qu'il aime ni dans quelle direction aller. Créons avec ingéniosité les occasions de lui faire faire des expériences variées pour qu'il se découvre. Tournons-le vers le monde. Il s'intéresse aux voitures, pourquoi ne pas le laisser passer un moment avec son oncle dans le garage où ce dernier travaille ? Elle aime la gymnastique, suscitons une rencontre avec l'entraîneur.

Quel que soit le chemin qui s'ébauche, confrontons progressivement l'enfant à la réalité, de manière constructive. Devenir boulanger ou vétérinaire implique un certain mode de vie, des études spécifiques. Encourageons-le en croyant en son potentiel, en ouvrant des horizons prometteurs. Ses chances de le révéler en dépendent.

Préparer l'avenir requiert d'apprendre à échouer pour réussir ensuite. C'est l'école de tous les champions, grands ou petits. La persévérance est un arbre puissant et fructueux, plantons-le attentivement en donnant le goût de l'effort sans dégoûter.

J'arrête le judo !

Il grandit et élargit son horizon, nous l'encourageons dans ce sens et il développe des centres d'intérêts en dehors de la famille. Sa participation à l'équipe de hand-ball de l'école, à un cours de musique ou de judo semblait positive. Mais le voilà qui veut brusquement tout arrêter. Comment réagir face à un décret de ce genre ?

Cerner ensemble ses réserves et tenter de les lever

Prenons le temps de parler avec lui de ce qui motive ce revirement, avant de le prendre au mot. Serait-il déçu d'avoir manqué la sélection pour la rencontre départementale ? Le camarade avec lequel il s'entendait si bien a déménagé ? Il regrette le moniteur de l'année précédente ? Prendre l'autocar le soir pour rentrer lui fait peur ? Les raisons de sa baisse de motivation sont à creuser. On découvrira souvent qu'elle est distincte de son intérêt pour l'activité qui peut néanmoins persister.

Écoutons-le attentivement en validant son point de vue. Même si ses craintes nous paraissent, à nous adultes, dérisoires, elles ne le sont pas. Elles sont légitimes par définition, il n'y a pas lieu de les déconsidérer, encore moins de s'en moquer. Le simple fait d'avoir à se changer dans un vestiaire commun avec le cours de danse peut vraiment lui ôter l'envie d'aller au judo. On pourra chercher avec lui comment l'aider à surmonter son rejet. Parions sur la solidarité des adultes en consultant éventuellement le responsable de l'activité, il aura certainement des idées pour rendre le retour en car plus rassurant ou assurer un coin « garçons » et un coin « filles » séparés.

Besoin d'affirmation ?

La demande d'interruption de l'activité traduit-elle un besoin d'affirmation ? Là encore, accordons-lui une véritable attention pour trouver le compromis qui ménage ce besoin louable et notre propre point de vue. Si l'éducation musicale ou la pratique d'un sport nous semblent fondamentales, concédons-lui cependant une marge de manœuvre pour lui donner envie de coopérer. Il veut arrêter le judo ? Quelle autre activité physique lui plairait ? Il bloque sur le piano, pourquoi ne pas réfléchir à la guitare ? L'enjeu est fréquemment de se sentir exister par soi-même, la participation à un choix peut parfois suffire à faire toute la différence.

Néanmoins, si l'enfant est vraiment déterminé et que l'opposition tourne au bras de fer, donnons-nous les moyens de prendre position calmement, avec souplesse et fermeté. Commençons par discuter entre parents déjà, la musique est peut-être fondamentale pour papa. Le débat n'a pas à créer de dissension entre les deux parents. De véritables enjeux éducatifs sont en jeu, ils tiennent parfois très à cœur l'un ou l'autre et peuvent être un sujet de tristesse ou de rancœur. Derrière la question de l'apprentissage du piano se cache peut-être le besoin de pouvoir partager avec son enfant un héritage familial auquel on tient tout particulièrement. Donnons-nous le temps d'en débattre pour adopter une position réfléchie, d'un commun accord. Deux années de judo, c'est peut-être effectivement déjà bien, doit-il obligatoirement devenir ceinture noire comme papa ?

Préférer la transition à la rupture

Si l'envie d'arrêter s'avérait ne pas être une toquade qu'il regretterait éventuellement plus tard, trouvons le moyen d'achever l'expérience en préservant le plus possible sa cohérence. Les ruptures abruptes sont à réserver aux situations extrêmes. L'année présente des moments charnières propices aux changements de cap : poursuivre au moins jusqu'à la fin du premier trimestre ? Jusqu'à Pâques ? Idéalement jusqu'à la fin de l'année ou la ceinture orange ? La rupture est rarement souhaitable quand elle laisse en plan ce qui a été engagé. Contraindre à terminer l'année quand chaque séance est une vraie corvée, est-ce impératif ?

Quand il veut arrêter soudainement une activité qui paraissait enrichissante jusque-là, nous pouvons en profiter pour réfléchir aux positions éducatives auxquelles nous tenons. S'il s'agit d'un besoin d'affirmation, entendons-le et trouvons une issue acceptable pour les deux parties. L'essentiel est certainement moins le judo ou le piano que la capacité de s'inscrire durablement dans un projet, à titre personnel.

L'informer des « choses de la vie » ?

Samedi midi, peu après la sortie de l'école.

Dans un restaurant chinois, assis face à face au fond de la salle, un homme avoisinant la trentaine et un gamin d'environ cinq-six ans.

« Ça a marché, cette semaine, en classe ?

« Oui... »

« La maîtresse, elle a été contente de ton écriture ? La dernière fois, c'était pas fameux ! »

Le loupiot regarde fixement un aquarium posé près de la porte d'entrée.

« T'as vu, papa, les petits poissons ils suivent leur maman ! »

« Oui... dis-moi, elle t'a dit que tu faisais des progrès en écriture, la maîtresse ? »

« Ouais... »

« Montre-moi comme tu écris bien maintenant ! Tiens, voilà une feuille et un stylo. Tu peux écrire "papa" ? »

En tirant la langue, le garçon écrit « papa » en lettres rouges.

« C'est bien ! Et... tu peux écrire "papa je t'aime" ? »

La main de l'enfant trace lentement les mots sur la feuille : « papa je t'aime »

Le père ne dit plus rien et le petit regarde à nouveau l'aquarium, fixement...

Nombre de sujets sensibles surgiront tôt ou tard sur le chemin de la vie, chômage, divorce, maladie. Faut-il parler de ces sujets délicats ou chercher, contre vents et marées, à protéger l'enfant en le tenant à l'écart ? Nous parlerons ici de la sexualité qui pose spécialement la question de l'information et du respect de l'enfance.

Mesurer la banalisation d'un domaine qui n'a rien d'anodin

Le tabou sur la sexualité a été largement levé en France, dans des proportions surprenantes. Certaines affiches publicitaires placardées dans les rues auraient été, il y a peu, interdites aux moins de douze ans. Nombre de séries télévisées tout public diffusées aux heures de grande audience évoquent naturellement la vie sexuelle de leurs héros ou la montrent même. Le filtrage des images et des propos en revient aux parents, c'est nouveau et pas simple du tout. Néanmoins, ce filtrage est nécessaire pour protéger l'enfance, on l'a déjà souligné. L'enfant sera de toute façon, un jour ou l'autre, exposé ou témoin de scènes où la sexualité est en jeu ; il a besoin d'une parole adulte pour en amortir l'impact. Comment l'y préparer ?

Donner le droit de parler de sexualité

Créons vite l'occasion d'en parler pour ne pas laisser le silence s'installer. La question de la filiation amorce d'elle-même le sujet de la sexualité puisque l'enfant apparaît comme le fruit de la rencontre amoureuse de ses parents. L'enfant qui en ressent la possibilité ne manquera pas de poser ses questions. Autoriser et encourager un échange sur la sexualité est fondamental car cela lui reconnaît une place « normale » dans la vie. En outre, en cas de problème, le sujet ayant été autorisé, il osera prendre la parole. Bien des abus ont été douloureusement ensevelis dans le silence tant le sujet était inabordable !

Trouver un registre clair mais pudique

Le vide absolu n'est évidemment pas souhaitable, cependant n'oublions pas l'immaturité de notre jeune interlocuteur. Rangeons les histoires de cigognes et de roses dans les livres de fables sans cependant nous lancer dans un exposé médical inadapté, encore moins dans des propos complices. Allons à l'essentiel en des termes simples et pudiques, celui-ci ne réclamant ni long discours, ni schéma. Il doit comprendre qu'il existe un sexe féminin et un sexe masculin, donc deux sexes différents et incomparables, même si le second est plus visible que le premier. L'enfant saisira que ses parents ont une vie sexuelle féconde, à l'écart de laquelle il doit se tenir. Sa place en sera d'autant plus claire et juste, même et peut-être surtout si les parents sont séparés. Les adultes ont accès à un domaine de la vie important et agréable qui lui est aujourd'hui interdit parce qu'il est encore un enfant. Il lui sera permis plus tard.

Respecter l'âge de l'enfant

En grandissant, il osera poser des questions plus précises auxquelles on répondra selon sa sensibilité et ses capacités. Si le sujet nous gêne trop, autorisons-nous à passer le relais à l'autre parent ou à un proche plus à l'aise. Un livre destiné aux enfants, bien choisi, peut rendre un grand service. Adoptons une position claire sur le sujet primordial de la sexualité. Une information adaptée est indispensable, l'enfant doit disposer de repères pour situer sans ambiguïté ce domaine dont il est issu, quel que soit son lien biologique avec ses parents. L'accès prématuré à des images et à des propos « pas de son âge » est à limiter, même si cela demande de prendre le contre-pied d'une société qui oublie trop souvent l'enfance.

Préservons et protégeons l'enfance de notre enfant tout en le préparant à une vie sexuelle heureuse. Le jeu en vaut la chandelle.

VIII – L'adolescence ; « mes parents, ces nuls dont j'ai tant besoin » : Entre rejet et dépendance, l'apprentissage mouvementé de l'autonomie.

Je ne vois vraiment pas pourquoi les adultes nous trouvent compliqués ! Nous, les adolescents, on est très simples.

La règle du jeu qui nous permet de grandir, c'est-à-dire d'être à la fois bébé et adulte, selon les jours (et surtout pas ni l'un ni l'autre !), c'est de nous poser simultanément deux questions contradictoires qui doivent avoir la même réponse.

Bon, je vois, pour vous, ce que je dis là n'est pas très clair. Alors faisons un exercice. Moi, par exemple, je me demande toujours en même temps si mes parents m'aiment (et j'en ai besoin plus que jamais) et s'il est bien vrai que je suis tombé sur les plus nuls ! Dans les deux cas la réponse doit être positive.

Vous voyez, ça devient limpide notre mode d'emploi (du moins en théorie !) Et on est presque tous pareils ! Au collège, j'ai une copine de 13 ans qui me disait l'autre jour : « J'ai besoin que mes parents me donnent des conseils pour ne pas les suivre. »

Élémentaire ! Si ses parents attendent qu'elle suive leurs conseils, ils sont mal partis mais, s'ils ne lui en donnent pas, c'est elle qui est mal partie car, quoiqu'on dise ou prétende, nos parents sont toujours des modèles… quitte à être des modèles à ne pas suivre.

En plus, je vais vous faire une confidence. Pour bien nous comprendre, il faut savoir que, le plus souvent, on parle à l'envers, afin de mieux marquer la différence et se sortir de l'enfance.

Nouvel exercice : moi, j'adore mes parents à un point que vous ne pouvez pas imaginer, mais j'en ai marre de les aimer autant. Je voudrais bien, loin d'eux, développer au maximum ma propre vie amoureuse. Alors, plus je les aime plus je leur dis que je les déteste ! C'est génial !

Vous verriez la tête qu'ils font quand j'envoie sur leur téléphone portable un SMS où il est écrit :

« Je vous déteste… »

Après, ils n'arrêtent plus d'y penser et de se demander ce qu'ils ont pu faire de mal pour qu'on en arrive là !

Idem, dans les moments où, inversement, c'est moi qui ai besoin d'être rassuré quant à l'amour qu'ils me portent. Là, je leur dis : « J'ai pas demandé à vivre ! ! ! » et illico j'ai la réponse qu'il me faut.

Enfin, moi, je vous raconte tout ça mais, en vérité, je suis très peu concerné car je suis entièrement persuadé que mes parents ce ne sont pas mes parents ! Ce n'est pas possible que des gens aussi moches et ringards qu'eux aient pu faire un enfant comme moi !

À coup sûr, j'ai été adopté et ils n'ont pas encore osé m'en parler. Mes vrais parents, ils sont ailleurs, ils sont super et, un jour, je les rencontrerai ! Je le sais mais, pour l'instant, je vais me débrouiller avec ceux que j'ai à la maison parce que, bien qu'ils soient nuls, faute de mieux je n'en ai pas d'autres !

Lutter pour être autonome

« Jamais content ! » C'est toujours mieux ailleurs

Beaucoup de gens nous appellent « les ados ». On peut se demander pourquoi ?

Un jour que mon père était très énervé contre moi (c'est normal, j'avais fait ce qu'il fallait pour), il m'a donné sa réponse et, lui qui d'ordinaire ne prononce jamais de gros mots, il s'est un peu lâché en disant :

« Si on vous nomme "ados" c'est parce que vous pouvez autant être adorables qu'adoléchiants ! ! ! »

J'avais la honte de l'entendre parler comme ça et, en même temps, ça m'embêtait qu'il n'ait pas, pour une fois, complètement tort !

Il voulait faire du tennis et nous reproche de devoir se lever le samedi pour s'y rendre. Rien de ce qu'on lui propose ne semble convenir, les critiques vont bon train, à l'encontre des parents surtout, mais aussi du collège, des professeurs, de la caissière du supermarché... L'insatisfaction chronique, caractéristique de l'adolescence, est évidemment pénible et lassante, exaspérante parfois. D'autant plus qu'il prétend que ce qu'il souhaite est accessible : « ailleurs ». Que se passe-t-il ?

Critiquer pour pouvoir se détacher

Il a grandi, son horizon s'est considérablement élargi, grâce à l'école notamment. Une mission cruciale reste à accomplir : desserrer les liens qui le rattachent si fortement à sa famille pour se préparer à la quitter. Même si le temps de s'éloigner pour de vrai est loin d'être venu, il a besoin de se convaincre de son intérêt, de le rendre désirable.

Nombre d'arguments sont alors mis en avant. La vie serait tellement mieux si les parents étaient divorcés, s'il était en pension, les parents de ses amis sont soi-disant beaucoup plus compréhensifs, modernes, généreux, riches, ouverts, beaux... En somme sa vie d'avant ne semble plus avoir grâce à ses yeux. Comme s'il peignait l'extérieur en rose et l'intérieur en noir pour faciliter la sortie du cocon familial. Ses parents « retardent » ; sa chambre est moche ; la France, c'est nul...

Un mouvement normal, nécessaire et souhaitable

La dépréciation au long cours de son univers quotidien est naturellement décourageante. On la supportera peut-être un peu mieux en comprenant son caractère constructif, paradoxalement. S'il continuait à aimer son ancienne vie, il aurait infiniment plus de peine à la quitter. Il n'y penserait même pas. Le héros du film *Tanguy* illustre bien ce blocage de croissance qui retarde l'émancipation, destinée de chaque enfant à laquelle les parents doivent se préparer. Même si cela n'est pas simple. Ne le laissons pas non plus gâcher la vie familiale par ses récriminations incessantes. Il a décidé de critiquer le camping, les voisins, la Vendée... Restons à l'abri de sa pluie acide et ne nous employons pas à lui faire plaisir à tout prix. Pas question d'organiser systématiquement les allées et venues avec l'autre camping, « moins nase ». Le perpétuel insatisfait c'est lui, pas nous.

Un rôle caricatural à prendre comme tel ?

Il joue un numéro. Derrière ses revendications d'autonomie et d'affranchissement de l'autorité parentale se dissimule, en fait, un profond besoin de sécurité et d'ancrage. Le temps de se détourner de nous arrive, ses accusations démesurées visent à l'en persuader. Gardons-nous de les prendre trop vite au pied de la lettre, cela engagerait des joutes promptes à dégénérer.

Une prise de recul nous permettra de comprendre que nous ne sommes plus ses héros, et il le clame haut et fort, dans un style un peu appuyé à notre goût. Pouvons-nous en apercevoir secrètement le caractère tragicomique ? Ceux qui possèdent un tact immense sauront peut-être manier l'humour avec ce grand sensible. Un remède efficace mais terriblement délicat contre l'exaspération et la contamination.

Profond besoin d'être rassuré en toile de fond

Notre jeune insatisfait doute beaucoup de lui. Il doit faire face à des changements qui le dépassent et se sent cruellement incompris. Le souhait de le comprendre est illusoire. Il ne se comprend déjà pas lui-même. Il nous demande en fait de le sécuriser et de l'aimer, tout simplement. On ne peut pas dire qu'il s'y prenne très directement, il est vrai. Aidons-le en veillant particulièrement à la qualité de la relation, il a besoin plus que jamais de confiance.

Sa mutinerie ne le rassure guère, en définitive. Il n'est pas prêt à larguer les amarres et doit même s'accrocher fortement à son ancre dans cette période souvent houleuse. Laissons-le rêver de son ailleurs idyllique, sans en prendre ombrage. Il a besoin d'y croire même s'il sait au fond de lui-même qu'il n'existe pas, par essence. Laissons-le s'aventurer mentalement dans des ailleurs soi-disant meilleurs, mais au fond impressionnants, solidement campé sur ses bases familiales.

L'adolescence passe par une dévalorisation active de ce qui est connu, pour oser s'en écarter plus tard. Face à cette étape souhaitable mais pénible, armons-nous de patience et d'humour, souhaitons-nous bon courage et travaillons à profiter de la vie. Nous en rirons probablement ensemble plus tard.

Affrontements ouverts et résistance active : de la crise à l'opposition larvée

Je viens d'avoir seize ans et je n'ai toujours pas « fait ma crise ! »

Pourtant tout le monde dit que l'adolescence est une période de crise… Eh bien la mienne, elle ne vient pas ! Bien sûr, je me sens un peu bizarre, par moments, à la fois grand et petit, serré dans mon nouveau corps qui a grandi très vite, mais de là à parler de crise !

Et le pire, c'est que j'ai plein de copains à qui ça fait pareil : leur crise n'arrive pas non plus ! Du coup, mes parents commencent à s'inquiéter ! Est-ce que c'est normal ? Est-ce que je ne vais pas la faire beaucoup plus tard ?

Histoire de les rassurer, je crois qu'un de ces jours je vais me lancer. Je vais me payer une petite crise pas trop sévère mais assez visible pour que ma famille sache que le rituel a été respecté et que, pour ce qui est de mon développement, j'ai réussi l'examen de « passe-âge » !

Pas simple de s'engager dans la sortie de l'enfance ! La méthode est nécessairement forte, par explosion ou freinage. Le cours de la vie familiale, un temps pacifié, renoue avec les éclats de la petite enfance. Sportif ! Il ne veut plus manger à la cantine. Sa désinscription devient un sujet de revendication brûlant. Il faut demander quinze fois qu'elle cesse son interminable douche. Qu'il freine ou qu'il s'oppose ouvertement, le conflit est généralement là. C'est normal et c'est bon signe. Bien des variantes sont possibles : explosif, sporadique, larvé, souterrain, mutique… La contestation bat son plein. Tant mieux, on sait au moins ce qu'il pense et l'explosion est moins redoutable que l'implosion.

Comment se positionner face à ce grand enfant qui semble nous « chercher » ?

Une lutte pour un désir d'indépendance

Même si elle frise le comique tant elle est systématique, son opposition a sa raison d'être. Il cherche à se connaître en se différenciant, en rejetant ce qu'il a été, il s'emploie à découvrir ce qu'il pourrait devenir. Le contraste est à l'honneur. Le voilà qui devient végétarien alors que sa famille aime tant la viande !

Ses déclarations péremptoires sont souvent plutôt des interrogations. S'il fait une histoire pour l'inscription à la cantine, c'est pour viser une autonomie moins simple qu'il n'y paraît. Il se demande, en fait, s'il serait capable de préparer ses repas, de s'organiser avec d'autres camarades. Ses demandes et ses refus véhéments ne sont pas à prendre pour argent comptant. Apprivoisons plutôt ensemble ce projet louable d'indépendance, en cernant les domaines dans lesquels il nous semblerait opportun de lui octroyer des petites tranches de liberté. Si l'on accédait d'emblée à ses demandes, il serait vraisemblablement lui-même embarrassé. Prudence car il lui sera certainement difficile de reconnaître sa témérité.

Nous pouvons être beaux joueurs, ne pas triompher ou ricaner si son projet de sortie piscine tombe à l'eau. La peur teinte les premières expériences de liberté, nous en souvenons-nous ? Décelons-la sans la mettre en relief, elle est au cœur de l'aventure d'affranchissement progressif. Inutile de la dénier ou de la majorer.

Il semble demander à être largué mais, au fond, n'y est pas prêt du tout. Elle veut faire une première sortie en centre-ville avec des amis ? Donnons-nous le temps d'y réfléchir et fixons ensemble un créneau limité. On sera peut-être surpris de la voir rentrer plus tôt. Le parfum d'aventure l'a suffisamment grisé et il ressent le besoin de rentrer au bercail ? C'est bien comme ça.

N'ayons pas peur du conflit

Ne serait-ce que d'un point de vue pragmatique, une bonne scène est probablement moins délétère qu'une opposition larvée qui, prolongée, pourrit le climat familial. L'aspiration à avoir des explications mesurées est certainement illusoire. L'adolescence procure un sens du spectacle incontestable. Effets spéciaux assurés !

L'affrontement n'oblige pas à monter automatiquement sur ses grands chevaux. Choisissons nos batailles et ne désertons pas. S'il se montre à la hauteur de la confiance qu'on lui témoigne, pourquoi pas la cantine une fois par semaine, pour commencer ? En revanche, la sortie en auto-stop pour le concert nocturne, à 13 ans, c'est non. Ne le laissons jamais l'emporter sur un point qui nous importe, la définition des places de chacun est en jeu. Il n'y a aucune raison de le laisser piloter l'avion familial. Ni même de le laisser parler sur ce ton.

Vive l'intransigeance sur la violence verbale et physique ! S'il se rend menaçant c'est que la frontière est franchie, c'est que des mesures sans appel sont à prendre pour la rétablir. Le pouvoir de nous intimider ne doit pas être conquis, l'enjeu est majeur. Même si elles font l'objet d'un tabou, les violences familiales ne sont pas exceptionnelles. Elles laissent toujours de vilaines cicatrices. L'intervention d'un tiers s'avère parfois nécessaire et d'un grand secours.

Ne nous imaginons pas au-dessus ou au-dessous du conflit

L'histoire personnelle d'un parent fait parfois obstacle à cette capacité de s'opposer à son adolescent. Que le conflit soit ressenti comme trop dangereux, trop douloureux ou même inacceptable voire impensable. Prudence, le terrain est encore plus miné. Tombons les masques du dédain, du faux-détachement ou de la prétendue supériorité. Le conflit n'est ni superflu, ni méprisable, ni risible, ni même facultatif. Il est inévitable et prévient le sabordage.

Soyons humbles, honnêtes et courageux. Si nous sommes d'attaque, l'adversaire devra tôt ou tard se débusquer. Le pire serait qu'il retourne son agressivité contre lui-même.

On ne se battra qu'après avoir défini ce qui en vaut la peine. Acceptons d'aller chercher de l'aide si la tâche s'avérait pour l'instant trop difficile à remplir par nous-mêmes, pour des raisons qui nous regardent. Une mise au diapason de nos réactions évacue des motifs de dispute et renforce bien à propos la solidarité. Les dissensions parentales seraient malheureusement une aubaine pour l'ado.

Par sa quête d'affrontement, l'adolescent vérifie notre résistance et notre cohérence. De petites victoires le sortiront de l'enfance en douceur. Plus que jamais, rassurons-le sur notre solidité par une attitude fiable et constante, jamais il ne devra piloter le navire familial. Nous sommes les maîtres du jeu mais il a certainement le droit de ne pas perdre toutes les manches. Il arrive un âge où l'on ne régente plus la vie de son adolescent.

Répondons présent à notre adolescent qui a tant besoin de nous pour grandir qu'il ne cesse de nous « chercher ».

Un redoutable attaquant !

Le jeu auquel je préfère jouer avec mes parents, c'est la bataille navale !

Comme je suis très fort pour sentir leurs points faibles, j'envoie sur leurs bateaux (c'est-à-dire sur eux) des skuds là où ça fait mal ! Et à chaque coup, je gagne !

« Touchés » mais surtout pas coulés car, pour que je puisse naviguer, moi, l'adolescent, ce n'est pas le moment que mes parents coulent !

Il lutte pour conquérir son autonomie et donc du terrain sur notre domaine. Ne rêvons pas, la conquête passe nécessairement par l'opposition et l'affrontement. Comment recevoir les attaques le moins mal ?

Des attaques verbales variées mais toujours percutantes

« Quoi que je fasse, cela ne va jamais ! », « Si tu crois que j'ai envie de vivre une vie comme la tienne… », « Tu me fais la morale sur les sorties mais toi tu bois tous les soirs. » Cessons pudiquement cette liste terrible des reproches qu'il nous adresse adroitement. Il déploie un remarquable talent pour nous toucher là où le bât blesse. Comme s'il s'ingéniait à nous tendre un miroir grossissant impitoyable, avec une prédilection pour ce qui nous renvoie à notre déclin. « T'as des bourrelets », « Tu t'essouffles vite »… Il vise juste, la jeunesse est de son côté, il nous le fait savoir en nous renvoyant à notre vieillesse (considérable vue de sa fenêtre). Travaillons à garder notre calme, à ne pas prendre les balles en plein cœur, à éviter l'escalade et surtout à nous fortifier. L'exposition à ses assauts continuels est facultative. Et si nous en profitions pour voir nos amis, faire ce que nous aimons ? Nous ne sommes plus tout jeune mais cela ne nous empêche pas d'avoir un grand plaisir à suivre le Tour de France et à aller voir le dernier James Bond. La vie est à aimer plus que jamais, cela nous rendra plus fort et serein. Il verra, au passage, que cela vaut la peine de vieillir et se sentira donc moins coupable de nous « abandonner ».

Pour se sentir grand, il a besoin de nous « descendre », c'est dur mais c'est logique. Rien ne l'autorise cependant à dépasser les limites fondamentales du dénigrement et de la disqualification. « Tu as des cernes sous les yeux », ce n'est pas agréable à entendre, on ne manquera pas de le lui signifier. Mais pouvons-nous être beau joueur en évitant de rétorquer par un cinglant : « Et toi des boutons partout ! » Son image est fragile, ne cédons pas à la tentation de ripostes fracassantes.

« Tu es vieux et gros », là c'est hors jeu. Il nous doit des excuses. Un point c'est tout. Les paroles insultantes et blessantes sont à proscrire. Dans les deux sens.

Des comportements qui nous mettent à mal

Les actes suivent souvent le même chemin de provocation et d'attaque. Là aussi il déploie son talent pour nous inquiéter en touchant là où cela fait mal. Il jouera en virtuose avec nos cordes sensibles. La mère est diététicienne, son appétit se réduit drastiquement. Le père est très soucieux de réussite scolaire et professionnelle : il manque le lycée. Ses parents redoutent les dangers de toute sorte, elle s'absente des soirées entières...

Décelons la manœuvre avant de nous affoler, évitons de faire trop vite de cette crise une maladie, tout en restant vigilants. Il est fort probable qu'en cessant de nous affoler de son amaigrissement, elle reprenne assez rapidement de l'appétit. L'arrière-plan de ces agissements est le besoin de s'assurer qu'on se soucie de lui. Il attire notre attention, s'efforce de nous inquiéter... pour vérifier que nous l'aimons tout simplement.

« Pour nos ados soyons adulte ! »

Le titre de l'ouvrage du spécialiste Philippe Jeammet sur l'adolescence résume l'enjeu crucial de la période. À nous de tenir le coup et d'éviter de tomber dans le piège de la rivalité. Il a besoin de faire un pas en avant, acceptons de faire un pas en arrière en assumant vraiment notre statut d'adulte. Il rêve d'un scooter, est-ce le moment que son père s'achète une moto ? Elle se bat pour avoir le droit de se maquiller, sa mère doit-elle encore porter la minijupe ?

Ces attaques sont redoutables mais nous pourrons les contenir en les cadrant. Restons solides et fiables, ces attaques feront long feu. Plus que jamais, montrons-lui que quelques cheveux blancs n'empêchent pas de profiter de la vie. C'est ce dont il veut, au fond, se convaincre.

L'inertie, de la morosité aux idées morbides, la nostalgie de l'enfance

« Tu sais, vu qu'il est fils unique et qu'il va avoir dix ans, ce serait une bonne idée de l'envoyer en colonie de vacances pour qu'il apprenne la vie en collectivité. En plus, les enfants ils aiment y aller. Ça leur donne un sentiment d'indépendance... »

C'est une amie de ma mère qui est en train de lui expliquer cela. Moi, j'écoute, pas convaincu du tout !

À vrai dire, depuis toujours, chaque été je suis parti avec mes parents à la campagne, à la mer, à la montagne... on était drôlement heureux, tous les trois ! Mais, cette année, je sens que les vents vont tourner !

Début juillet. Nous entrons côte à côte dans la gare. Ma main est blottie au creux de celle de ma maman. Papa porte le sac de voyage rouge tout neuf et à roulettes qui va m'accompagner ! Resserrés sous une pancarte au milieu du hall immense, plus de cent enfants attendent avec des sacs qui ressemblent au mien.

Quelques-uns rigolent, beaucoup ont les yeux rouges, certains pleurent... C'est le groupe avec lequel je vais partir.

Les parents sont figés à quelques mètres de nous et il y en a aussi qui pleurent, mais en tournant la tête pour que ça ne se voie pas.

Mon père a un sourire bizarre qui fait semblant d'être rassurant.

J'ai une énorme boule qui gonfle au fond de la gorge et je serre le sac rouge très fort entre mes jambes. Dans une demi-heure, le train va démarrer. Avec le cœur déchiré je vais regarder par la fenêtre du wagon mes parents devenir de plus en plus petits à l'entrée du quai.

Pendant les trois heures du trajet, je serai noyé dans le flot des autres enfants que je ne connais pas. Ce soir, on va arriver dans une maison inconnue, peut-être un vieux château pourri ! De toute façon, je suis sûr que ça va être moche...

Demain matin, on sera tous réveillés à la même heure, on descendra ensemble prendre un petit déjeuner dans une grande salle, on écrira à nos familles la même carte postale nulle pour les rassurer : « Chers parents, j'ai fait bon voyage... »

En début d'après-midi, il y aura la sieste obligatoire (je déteste la sieste ! ! !). Et puis... et puis... Pourvu que je ne fasse pas pipi au lit, la nuit, parce que des fois ça m'arrive quand j'ai peur !

Je sais que, souvent, j'aurai très envie de pleurer et que des larmes couleront toutes seules sur mes joues quand je penserai à mes parents.

Je dirai aux moniteurs que j'ai une grosse poussière dans l'œil et qu'elle me fait très mal et que ça me brûle.

Alors on m'emmènera à l'infirmerie de la colo mais l'infirmière, en m'examinant, ne verra rien d'anormal. Et moi, je me sentirai vide, seul, plus seul que jamais, abandonné à l'infini.

La contestation décrite précédemment sous son jour battant et pétaradant prend aussi, parfois, une tonalité inverse, d'inertie et de dépression. L'adolescence est également une période morose où les questionnements existentiels s'agglutinent. Le danger de l'enlisement est à surveiller.

« J'ai pas demandé à vivre ! »

Les « pourquoi ? » de la petite enfance deviennent caricaturaux ; plus tragiques que comiques, hélas. L'ado peut s'abîmer dans des réflexions pessimistes sur le sens de la vie, la finitude, le néant. L'idée de la mort le fascine souvent, il la questionne, la sonde, la caresse parfois. Attention s'il se désintéresse de ce qui le reliait au monde, s'il néglige ses amis, son groupe de rock, son équipe de volley, son chien adoré ! Essayons de lui permettre de reprendre pied en l'aidant à s'investir dans la vie. Un séjour chez des cousins qu'il apprécie ? L'accompagner aux matchs qu'il délaisse de plus en plus ?

Prudence à l'égard des groupes ou des dérives sectaires qui recrutent leurs clients sur ce terrain glauque. Certains groupes au comportement collectif pathologique banalisent superficiellement des conduites destructrices. Vivre exclusivement la nuit et se nourrir de viande crue n'est pas une simple fantaisie !

Le spectre du suicide ?

La peur du suicide repose sur une réalité à cerner concrètement. Chaque année les observatoires de la santé des adolescents confirment un état de fait sensiblement identique. Les trois quarts des adolescents vont bien, dans l'ensemble. Un quart serait en difficulté, une proportion qui devrait relativiser l'appréhension des parents. Une vraie prudence est de mise car, parmi eux certains ne manifestent pas leur mal-être. Là se situe le principal danger. Ne prenons donc jamais à la légère un appel au secours, une allusion inquiétante, un changement brusque d'attitude. Il veut donner sa guitare qu'il aime tant et tient curieusement à faire le tour de tous ses proches : alerte !

La sortie de l'enfance tient de la mue, de l'arrachement d'une peau trop étriquée. La grisaille voire le marasme peut être une phase transitoire. Repérons-le et trouvons de l'aide auprès des associations spécialisées. Elles sauront nous aider à évaluer la situation et nous aiguiller sur une aide éventuelle. Confiance.

Le corps au cœur de la lutte d'indépendance

La sexualité à l'horizon

Au cœur de l'adolescence se trouve la puberté, cette transformation impressionnante du corps qui le rend mature, apte à la sexualité et la procréation. Avant d'être réalisable, la sexualité devient physiquement possible, quel changement majeur ! La voix des garçons mue, les filles découvrent les règles, les poils poussent... Le corps de l'enfant se métamorphose en un corps adulte bien avant que l'esprit ne puisse en faire autant. La question de la sexualité, sujet important et délicat saute aux yeux. Cette jolie jeune femme est notre petite fille de quatorze ans !

C'est le temps des amours naissantes, des élans ardents du cœur et du corps. Comment se situer comme parent face à ce changement majeur ?

Entre exhibition...

La tendance à exhiber ce corps jeune dans toute sa force, sa vitalité et sa beauté, est remarquable. Les nombrils auraient tendance à se montrer, les jupes à se raccourcir, la force à se dénuder. À coups de pulls moulants et de gels coiffants, la surenchère dans l'affirmation de la féminité et de la virilité est à l'affiche. Ce jeu parfois appuyé avec les signes de l'identité sexuelle traduit en fait un profond besoin de se rassurer et de se situer dans son sexe. Il apprivoise une place d'homme ou de femme, et n'est pas maîtrisé, il se joue de plus en plus précocement. L'érotisme d'un string dépassant d'un pantalon n'est certainement pas visé comme tel, des malentendus regrettables peuvent en découler. Donnons à notre jeune la mesure des signaux émis par certaines attitudes et tenues vestimentaires, intentionnellement ou non. Le monokini n'est pas dans les habitudes de toutes les plages de la Méditerranée.

Donnons un avis sur les tenues qu'il entend porter, en veillant toujours à être protecteur. Méfions-nous de la pente glissante sur laquelle son apparence adulte nous tire, l'ambiguïté n'est pas toujours simple à cerner. La présence de papa lors de l'achat du premier soutien-gorge n'est pas une nécessité.

… et honte

Ce penchant à mettre en relief son anatomie traduit aussi de grandes peurs. Il a le plus grand mal à s'approprier son corps en mutation, à l'accepter, l'aimer. Ses oreilles lui semblent trop grandes, son nez trop large, son pénis trop petit, ses seins trop gros ou trop petits… Apprivoiser ce corps passe par quantité de moments devant la glace, de comparaisons, de doutes déchirants. Un chemin ardu dont l'issue est lointaine et jamais assurée. L'habitation paisible de ce nouveau corps passe parfois par sa mise à distance dans des tenues amples, véritables armures protectrices. Les vendeurs de sweat-shirts et de tenues de sport camouflantes ont de quoi travailler.

Introduire la sexualité prudemment mais positivement

Si la sexualité a été abordée dès la petite enfance, il sera plus facile d'en parler plus avant. L'information sur ces risques doit être clairement transmise, elle est indispensable et désormais aisément disponible. Veillons toutefois à placer l'accent sur la face positive et agréable de ce domaine. Replaçons la sexualité du côté de la vie et de ses plaisirs, en faisant passer à l'arrière-plan ses dangers. Les mises en garde sont impératives mais veillons à ce qu'elles ne nouent pas un lien trop étroit entre relation sexuelle et maladie. Contrebalançons la grisaille d'une information médicale performante mais nécessairement inquiétante. Faisons montre de prudence et de vigilance, sans voiler de noir ce foyer de réassurance fondamentale.

Le lieu par excellence de l'affirmation de soi et du respect de l'autre...

On n'insistera jamais assez sur le respect dû au corps et à la personne, à soi et à l'autre. La sexualité est une activité très spéciale, engageante par essence, elle exige le consentement. Ne sous-estimons pas l'impact de la diffusion de la pornographie, elle banalise des pratiques crues que les adolescents finissent par trouver normales. La mise en scène d'abus dans ce contexte est dangereusement confondante. Jeu ou viol ? Qui est là pour le dire ? Ne pas oser s'opposer, est-ce consentir ?

Conférer de la valeur et du sens à la relation amoureuse et sexuelle est une priorité. Transmettons l'idée d'un domaine essentiel qui s'ancre dans l'amour. Protégeons sa découverte en aidant notre enfant à ne pas se laisser emporter par les rapides d'une société qui éclipse le temps irremplaçable des premiers baisers.

... et de sa liberté

Par définition, la sphère sexuelle est éminemment intime, elle est le lieu par excellence de l'affirmation. Aidons l'adolescent à se l'approprier progressivement en nous gardant de l'ingérence. Cette dimension lui appartient, elle ne nous regarde pas outre mesure. Contribuons à la privatisation de cette sphère en restant le plus possible à distance. Laissons à la sexualité sa dimension d'émancipation en évitant de l'inclure dans la vie familiale comme une activité banale. L'adolescent aurait alors moins à gagner à conquérir son propre chez-lui.

La sexualité est une aventure existentielle. Jetons délicatement les bases qui permettront à notre adolescent de la vivre prudemment et harmonieusement, le moment venu.

Recherche d'ailleurs

Les copains comme nouvelle référence

Depuis l'école maternelle, la place des copains n'a fait que croître dans sa vie, là c'est le sommet. Comme s'ils ne se voyaient pas assez à l'école, à peine rentrés à la maison, ils se « rencontrent » sur Internet ou se téléphonent encore ! Ils organisent des sorties ensemble, forment des groupes très liés dont ils paraissent dépendants. De loin, on les confondrait presque, tant ils s'emploient avec succès à se ressembler : même coupe de cheveux, même sac à dos, même baskets... Que se joue-t-il dans cette focalisation sur les copains, en dehors de la famille ?

Un bon signe... pas toujours simple à vivre pour les parents

Ces attachements marquent une prise de distance par rapport à la famille. Les copains lui sont extérieurs par nature, ni frères ou sœurs, ni cousins, ils sont choisis par l'intéressé lui-même. Ils mettent à l'épreuve sa capacité à vivre à l'extérieur. Son goût en la matière nous surprend et parfois nous irrite. Elle était tellement gentille sa copine d'avant, qu'est-ce qu'elle peut bien trouver à celle-là ? Elles s'échangent même leurs escarpins ! Cela nous échappe et c'est le but. Sa prédilection pour des personnalités très différentes de la sienne est une autre source d'étonnement. Il se trouve des amis éloignés de lui et même parfois à son opposé pour rechercher précisément ce qu'il n'est pas. Cela ne signifie pas qu'il va perdre son identité, il la cherche et son goût se forme. La vigilance reste de mise car dans certains cas exceptionnels, il peut se laisser entraîner à des expériences nuisibles. Que l'art d'être parent est subtil !

Des concurrents ?

La conquête du monde extérieur passe par des attachements très forts, ailleurs. Difficile parfois de ne pas se sentir en concurrence et même en rivalité avec ces nouveaux venus dans sa vie qui, vus sous un certain angle sembleraient prendre « notre place ». La sortie piscine en famille du dimanche matin est désormais boudée, il préférerait y aller le samedi après-midi ! Une dispute avec les copains et c'est la catastrophe, la vie n'a plus l'air d'avoir de sens ! Les rapprochements qui se créent dans ces amitiés sont intenses, passionnels souvent, avec des revers de chagrins, de haine et de rancœurs. Les jeunes font l'apprentissage indispensable et mouvementé des relations humaines avec ses conflits et ses jeux d'alliances complexes, à l'abri des murs du lycée, le plus souvent. Ils semblent tout se dire, font des projets ensemble, s'imaginent le même avenir et nous paraissent tellement inséparables. Ces liens sont effectivement essentiels pour la construction de leur personnalité car ils se cherchent et se trouvent dans et à travers les copains. C'est le temps si particulier des paires, le « meilleur copain », la « meilleure copine » sont de véritables doubles. On les croise dans les bus ou sur le chemin du lycée, enchaînés l'un à l'autre par un baladeur, une oreillette chacun dans l'oreille.

Le temps des codes et des bandes

L'entrée dans l'univers des copains passe par des rituels d'initiation. Intégrer le groupe devient un enjeu majeur et réclame d'adopter des signes distinctifs communs. Écouter des musiques spécifiques, porter impérativement les cheveux longs, consommer telle ou telle chose... Il s'agit bien d'intégrer un groupe soudé, défini et entretenu par ses règles, ses codes, ses célébrations. L'originalité elle-même est soigneusement codifiée : on porte des jeans troués mais pas n'importe lesquels et pas n'importe comment. L'étiquette est curieuse et voyante mais stricte. Porter des chaussettes hautes avec tel pantalon : la honte !

Le besoin de ressembler aux autres met en œuvre une créativité débordante, propre à chaque époque et destinée à laisser les adultes perplexes. Retrouver ses copains pour la fête de la musique ou refuser de se couper les cheveux prend une tournure existentielle dont nous nous passerions souvent volontiers. L'enjeu est de trouver une identité commune, de jeunes, en se démarquant de nous, les vieux.

La vie familiale est moins au cœur de ses préoccupations, acceptons-le comme le signe de ce qu'il parvient à grandir, tout en restant notre enfant qui a besoin de nous, mais différemment. Lâchons du lest pour ne pas le retenir prisonnier, malgré nous, car ce mouvement nous renvoie au temps qui passe fatalement. Le moment où il devra se sentir capable de quitter le nid se profile à l'horizon, gare à la nostalgie et au barrage ! Ses copains deviennent une autre référence, personnelle, c'est positif même si cela ne nous plaît pas toujours. Faisons-lui vraiment confiance en restant attentifs.

Le temps de la révolte et de l'utopie : des cultures extrêmes

Chaque siècle, chaque pays a ses martyrs !

Les nôtres sont sans doute, pour une part, les Français nés à la fin des années 1940.

Rendez-vous compte : ils avaient tout juste vingt ans en 1968 et, pour pouvoir exister, étaient contraints de manifester, pavé au poing, face à leurs pères, au cri de : « CRS, vos enfants sont dans la rue ! »

Puis le temps a passé.

Ils ont vieilli, sont devenus d'« honorables » pères et mères dits « de famille », ont commencé à constituer leurs dossiers de retraite...

Et les voici à soixante ans, en 2008, prêts à affronter une nouvelle vie.

Mais, stupeur, qu'apprennent-ils ? que les retraites sont supprimées faute de cotisants !

Alors, drame !

Revoilà nos soixante-huitards, quarante ans après, à nouveau pavé au poing (les vieilles techniques ne s'oublient pas), en train de hurler, cette fois face à leurs fils : « CRS, vos parents sont dans la rue ! »

Même Sigmund en perdrait les pédales.

L'adolescent s'emploie à se détacher de son monde familier en regardant dans une toute autre direction. Par principe, ce que la maison propose convient mal et il prétend toujours que ce serait mieux ailleurs. La rébellion occupe déjà le terrain capillaire, à coups de mèches multicolores et de frange dans les yeux. Il va même plus loin en formant de grands projets, rarement réalistes, qui proclament sa différence. Il parle de faire le tour du monde en scooter, d'arrêter ses études pour rejoindre un cirque, de partir vivre en Australie. Comment comprendre cette aspiration à renverser le monde qu'il connaît ?

Besoin de rêver sa vie

Hors de question qu'il suive la voie tracée par ses parents dont il se plaît à souligner le manque d'intérêt, quand il ne la méprise pas ouvertement. Le rejet est à l'honneur dans un mouvement de révolte et de provocation. Pas question de faire des études interminables comme ses parents ! Jamais elle n'aura d'enfants ! Ou : jamais elle ne travaillera comme sa mère qui n'est jamais à la maison pour s'occuper de ses enfants ! Jamais il n'ira tous les jours au travail, « comme un con ». Il aura une vie beaucoup plus passionnante que la nôtre en élevant des chevaux en Sibérie, en devenant un guitariste célèbre ou un champion de foot. Ces projets mirobolants, toujours aux antipodes de la vie de ses parents, traduisent le besoin de s'imaginer un avenir nouveau, foncièrement différent et personnel. Ils sont normaux et profondément souhaitables car cette perspective utopique lui permet de s'approprier son avenir. Cette rêverie peut être accompagnée sans qu'on la brise, n'ayons pas peur de rêver avec lui ces horizons inattendus, ne fermons surtout pas cette fenêtre au nom du réalisme ; il s'y résoudra de lui-même à l'issue de championnats de football décevants et de lassitude des répétitions de guitare. Mais rien n'exclut qu'il réussisse.

Se garder de l'enfermer dans un avenir préconçu

Le temps des destinées tracées par la naissance est révolu. On ne devient plus prêtre ou militaire en raison de son rang de naissance. Pourtant l'influence familiale demeure prépondérante et la place pour conquérir son propre avenir n'est pas toujours octroyée. Nos désirs ne sont pas obligatoirement les siens. Par amour, il est capable de les suivre longtemps et de s'apercevoir très tard, ou trop tard, que la direction de sa vie lui a échappé. Il construira son avenir en s'appuyant sur ses passions et l'expérience d'exigence et d'excellence qu'elles l'auront fait faire. Faisons-lui confiance et faisons confiance à la vie en les encourageant. Il s'essouffle au lycée mais se passionne pour l'informatique, ne lui supprimons pas l'engin sous prétexte qu'il doit se concentrer sur ses études, il en fera peut-être son métier ou un aspect de celui-ci. Il se « donne » à fond dans un domaine, encourageons-le, il apprend à se dépasser.

L'horizon des possibles est vaste, une fille peut devenir chirurgien et il existe bien des guitaristes professionnels. Autorisons-le à se démarquer quand il en manifeste le besoin, cela lui épargnera une affirmation tardive et violente ou peut-être aussi le sentiment d'être passé à côté de sa vie, tant il n'a jamais été question d'en prendre les rênes.

Pourquoi pas un retour sur notre adolescence, à nous, nos aspirations brûlantes, notre rejet du monde de nos parents, classés nécessairement comme ringards, pour comprendre que la remise en cause de l'adolescent nous vise moins personnellement que comme parents ? Nous sommes les piliers d'un monde qu'il faut pouvoir s'imaginer renverser. L'aspiration à la révolution de nos adolescents est le signe positif de leur capacité à se rêver leur vie, pour pouvoir ensuite s'y engager, en vrai.

Alcool et drogues

La consommation d'alcool et de drogues fait partie de la recherche d'ailleurs si caractéristique de l'adolescence, c'est une réalité de cette période qui fait évidemment peur. Aucun parent ne peut se croire absolument à l'abri, cette illusion ouvrirait la porte à une désillusion d'autant plus grande et renversante. Ne nous voilons pas la face, tous les jeunes rencontrent de plus ou moins près la possibilité de consommer de l'alcool et même de la drogue, à un moment de leur vie où le besoin de conformité est très fort. On a dit combien les copains devenaient une nouvelle référence très valorisée. Regardons en face cette question pour en saisir les enjeux.

Un arrière-plan complexe

La recherche de sensations nouvelles et intenses est un volet important du besoin d'expérimentation de l'adolescence. La quête mouvementée de l'identité attise l'envie de se griser en flirtant avec les substances psychotropes que sont l'alcool et la drogue. Boire deux ou trois bières pour lever les barrières de la timidité en vue d'inviter une fille à danser, hésiter à fumer du cannabis pour « voir ce que cela fait » ou intégrer un groupe, prendre sa première « cuite ». Il s'agit avant tout d'expériences, leur dimension initiatique est réelle. Peut-on les modérer ? Les canaliser ? Leur donner les moyens d'y faire face le moins mal possible ? Leur interdire d'exister ?

En tant que parent protecteur, on aimerait certainement interdire cette zone grise, mais elle perdrait alors ses fonctions d'exploration des limites qui visent, par définition, à se soustraire à notre autorité et à notre contrôle. Veillons à ne pas systématiquement diaboliser tout écart, cela radicaliserait la question déjà glissante du dosage. Ne regardons pas trop vite notre adolescent comme un alcoolique ou un toxicomane. La consommation festive d'une bière ou d'un rhum-Coca, un joint partagé à sept ou huit lors de la fête de la musique ne sont pas du même ordre qu'une ivresse hebdomadaire ou que la consommation de cannabis en solitaire, dans sa chambre, chaque soir.

La découverte des bornes que l'expérience lui apprendra à ne plus vouloir dépasser est nécessairement hasardeuse. Si la transgression est vécue comme effroyable, comme s'il avait définitivement succombé au Mal, il aura moins aisément l'idée de reprendre le contrôle après cette sortie de route. Dans ce domaine, encore plus que dans les autres, la transmission d'une échelle de la démesure est protectrice.

Des nuances de fond à garder à l'esprit

On aimerait tant qu'il se dispense d'atteindre la barrière de la loi en s'interdisant de lui-même toute consommation de drogue ou la conduite en état d'ébriété ! Ce n'est malheureusement pas garanti, on le sait bien, au fond de nous. Aussi est-il essentiel de rappeler la loi sans ambigüité. Quelle qu'ait été notre histoire personnelle, la drogue et l'ébriété au volant sont interdites. Sourire de sa consommation de cannabis l'encouragera à passer à la vitesse supérieure. Il cherche à atteindre des bornes dans la transgression pour marquer une étape probablement inévitable de son parcours d'émancipation. Sous couvert d'une largeur de vue superficielle, ou du besoin de se rassurer, la complicité du parent estompe la reconnaissance indispensable de la transgression.

La valeur de l'exemple, l'impératif de cohérence

Mettons nos actes en cohérence avec nos paroles. Comment être crédibles si nous lui imposons le spectacle récurrent de l'ivresse ? Tenons-le à l'abri de nos propres dérapages qui entament notre crédit. Soyons humbles en déléguant le rôle de rappeler la loi à celui ou celle qui en a la légitimité. Gare aussi à la publicité de nos propres errements de jeunesse, il pourrait l'entendre comme une incitation à égaler ou dépasser nos « exploits ».

Quelles que soient nos options privées, le renvoi à la législation est primordial car il rappelle le caractère fondamental, protecteur, universel et incontestable de la loi. Interdisons-nous devant lui les comportements illicites et les discours contestataires, sur l'usage des drogues « douces » en particulier.

Le besoin d'une vraie contestation conduirait l'adolescent à rechercher plus loin et plus dangereusement la limite. Ou encore à adopter un contre-pied strict qui l'enfermerait dans un mode de vie rigide.

La bienveillance dont bénéficie l'alcool en France rend l'exercice acrobatique. La notion de risque est très variable selon les cultures et les familles ; c'est un fait, dont on doit tenir compte. Dans certains cas, l'ivresse est tolérée vis-à-vis d'un adolescent relativement jeune, dans d'autres jamais. Appuyons-nous tout simplement sur la loi.

Instaurer un climat de confiance pour en parler

N'attendons pas pour ouvrir la discussion à propos de la drogue et de l'alcool, sans en faire une obsession. Si le sujet a pu être abordé et que des mises en garde ont été calmement formulées, notre adolescent s'autorisera certainement à en parler s'il se sent en danger. On prendra alors ensemble la mesure de pratiques à la tournure préoccupante, lorsqu'il ne s'agit plus de s'étourdir lors d'occasions exceptionnelles entre amis, mais de se « défoncer » le plus vite possible.

La confiance nouée avec l'adolescent est la balise qui épargnera bien des naufrages, elle est fragile car le terrain est mouvant et l'adolescent terriblement sensible. Il peut se trouver amené à consommer de la drogue non par envie mais par incapacité de refuser, au sein d'un environnement où il faut faire comme les autres, être comme les autres. Le manque de confiance en soi et le besoin de ressembler aux autres concourent à le rendre vulnérable, accordons donc justement la priorité à la confiance. S'il nous fait part de soucis, gardons toujours à l'esprit qu'il nous témoigne de la confiance. Laissons pour plus tard les explications retentissantes, l'heure est à la solidarité dans l'adversité.

S'il s'avère entré dans un cycle de consommation problématique, osons aller en parler à des spécialistes pour chercher de l'aide. Les parents sont très bien placés pour détecter les problèmes mais très mal placés pour agir. Des associations spécialisées existent, elles sauront établir le dialogue et proposer des aiguillages pertinents. Agissons vite, sans nous affoler, la situation est sérieuse et préoccupante, mais ne la dramatisons pas outre mesure, cela l'enliserait.

Drogue et alcool sont des sujets sensibles de l'adolescence. Restons vigilants et parions sur la confiance, la cohérence et la valeur de l'exemple. S'il s'est procuré suffisamment de sensations avec trois panachés, il n'éprouvera pas le besoin d'arriver jusqu'au coma éthylique. Il s'agit d'accepter, sans complaisance ni diabolisation son besoin de flirter avec les limites... et de pouvoir compter sur nous pour le sortir de l'ornière s'il venait à y tomber.

Son jardin secret : musique, téléphone et MSN...

La place étonnante prise par les nouveaux outils de communication rend particulièrement spectaculaire le besoin éternel des adolescents de se ressembler et d'être liés les uns aux autres. Ils passeraient volontiers des soirées entières à se rencontrer sur Internet, se téléphoner, s'envoyer des textos. Le téléphone portable occupe une place de choix dans la mesure où il sert de trait d'union avec ses fameux copains. Un nouveau cordon ombilical, dirigé vers l'extérieur de la famille, cette fois ? Comment composer avec ces enclaves du monde des copains dans le monde familial ?

Leur musique : un espace de rêverie et un facteur d'identification

La musique, à laquelle ces instruments modernes facilitent considérablement l'accès, offre un moyen privilégié de se reconnaître entre soi et de se doter d'une identité commune très précieuse pour parvenir ensuite à se définir soi-même. Aimer la même musique c'est déjà être un peu pareil et moins seul, c'est rassurant à l'heure où les repères sont à construire et où le monde de l'enfance s'éloigne. Voilà un moyen sympathique, inoffensif et vivant d'affirmer son identité, un peu sonore parfois il est vrai ! Cette musique « de jeunes » nous bouscule et c'est son but, elle revendique le renouveau de la jeunesse, c'est bien en soi, quels que soient nos goûts en la matière. Il n'est pas indispensable de dénigrer par principe cette créativité effervescente, il sait déjà que nous sommes des vieux. Ce mouvement de jeunesse décoiffe, il est fait pour cela. Mais rien ne nous empêche d'écouter la musique qui nous plaît et d'apprécier le silence. Le casque est une belle invention.

Responsabiliser l'accès à ces instruments modernes

Le gain d'autonomie considérable qu'apporte un téléphone portable ou un ordinateur appelle un ancrage dans la réalité. Ces outils sont luxueux. Même s'ils deviennent accessibles, ils ne sauraient être exigibles. Ils ont un coût, veillons donc à le rappeler en réintroduisant la notion de consommation. Responsabilisons-le dans leur usage en fixant un budget ou en en faisant une idée de cadeau intéressante. Profitons de cette excellente occasion pour lui apprendre à gérer l'argent, tant au sein de la famille qu'avec ses copains. Qui utilise le forfait de qui ? Qui paiera le dépassement ? Comment ?

L'ancrage dans la réalité est à assurer, la frontière avec le jouet n'est pas évidente. La facture s'en portera mieux et son sens de l'autonomie aussi.

Des passerelles avec le monde extérieur, pas des boulevards

L'ouverture inouïe sur le monde *via* Internet autorise des escapades extraordinaires. La maison doit cependant demeurer le lieu de référence. Comme pour le téléphone fixe d'autrefois, il n'y a pas lieu de perturber outre mesure le cours de la vie familiale. Peut-on raisonnablement accepter qu'il téléphone à table ou écoute son baladeur ? Qu'il passe la nuit à « chatter » ? L'accès des parents à l'ordinateur peut-il être compromis ? L'enjeu éducatif est réel. Même si le maniement de ces outils performants est un bagage pour l'avenir, il n'y a pas lieu d'oublier l'essentiel, la nécessité de gérer une activité relationnelle potentiellement envahissante. Apprenons-lui à déconnecter pour se reconnecter à la vraie vie.

Les risques d'enfermement dans un univers virtuel et de mise à l'écart de la vie familiale existent. On peut les déjouer en gérant d'emblée judicieusement l'usage de ces progrès technologiques indéniables.

À partir de quel âge ?

Le téléphone portable présente deux visages extrêmes : à la fois recours inestimable et moyen de contrôle permanent. Il rendra un grand service si le bus ne vient pas mais conduira aussi à une perte d'autonomie si l'adolescent est tenu, à tout instant, de pouvoir donner à son parent sa localisation et d'expliquer ce qu'il fait. Il n'est pas vital de vérifier toutes les cinq minutes s'il ne nous a pas appelé. Le moyen de trouver un usage rassurant et constructif pour les parents comme pour l'enfant existe, chacun inventera le sien. Inutile d'appeler maman pour savoir s'il faut vider le lave-vaisselle. Inutile aussi de le larguer dans une grande ville inconnue avec son téléphone portable pour unique bouée de sauvetage.

La mise à disposition de ces équipements modernes appelle réflexion, en fonction de la capacité de l'intéressé à les utiliser sainement. La décision pourrait tenir compte de deux balises : vers 6-7ans ans il n'est vraisemblablement pas en mesure d'en faire un usage adéquat, vers 13-14 ans, il lui sera difficile de ne pas en avoir. Rien n'interdit cependant l'originalité, mais à quel coût ?

Le progrès technologique est là, qu'il nous enthousiasme ou nous désole, nous devons nous y adapter. La réactivité des adolescents fait d'eux des pionniers qui auraient vite fait de prendre le contrôle de ces outils fantastiques. Une gestion raisonnable de ces ressources s'apprend. À eux de veiller sur leurs nouveaux jardins secrets, à l'heure du numérique et des réseaux interplanétaires.

La nostalgie de l'enfance : bébé et ado dans le même temps

Souvent, j'ai mal au ventre, pourtant je ne suis pas malade.

Ça peut paraître bizarre vu que je viens d'avoir quinze ans et que je mesure 1 m 80 mais, celui qui a mal au ventre, c'est le petit qui est caché tout au fond de moi !

Des fois, il se réveille et j'ai besoin que mes parents me touchent le ventre pour voir si tout va bien, comme avant !

Mais c'est pas toujours facile à dire parce que, ce petit, je fais de gros efforts pour que personne ne le voie !

L'autre jour, j'ai dit à ma mère : « J'ai mal au ventre. »

Et elle m'a répondu : « Qu'est-ce que tu as encore mangé ? Tu as encore bu du Coca et pris un McDo avec ta grand-mère !

On lui avait dit de ne pas t'en acheter ! ! ! »

Tester le code pénal : la recherche des limites

Le temps de l'expérimentation

L'autre soir, il y a un copain de mon père qui est venu dîner à la maison. Un type génial ! Son métier, c'est pilote de ligne. Il voyage toute l'année et il gagne plein d'argent. Des fois, même, il peut en gagner encore plus que les autres et il nous a expliqué comment.

C'est une histoire de kérosène. Il nous a dit que, dans la compagnie où il travaillait, il y avait une « prime au kérosène » pour récompenser les pilotes qui en consomment le moins !

Avec mon père, on ne comprenait pas bien et on lui a demandé comment il faisait pour limiter la consommation. Aussitôt, il nous a répondu : « Chacun a sa technique ! La mienne, elle est simple, je décolle le plus vite possible et je monte presque à la verticale jusqu'à 10 000 mètres. Comme ça, au décollage, l'avion consomme beaucoup, mais, grâce aux vents ascensionnels, à cette altitude-là, il se met à planer !

Du coup, je peux ralentir les moteurs et me laisser porter jusqu'au début de la descente ! Là, de nouveau, je remets la gomme... et les passagers ont intérêt à attacher leur ceinture et à relever leur tablette en vitesse ! »

Admiratif, mon père a risqué une seconde question : « ... Mais si la tour de contrôle te demande de remonter ? » « La tour de contrôle ? Tu parles ! La plupart du temps, ils nous demandent de différer l'atterrissage pour ne pas se casser les pieds à gérer le trafic ! Moi, je continue la descente et à eux de se débrouiller ! Bien sûr, je demande des explications et, s'ils m'apportent des arguments, je remonte illico, mais, s'ils n'en ont pas, c'est leur problème ! »

Assis à table, je l'écoutais du haut de mes seize ans en pensant que, en tant qu'adolescent, je vivais un peu pareil : mettre la pression, se défoncer, planer, rêver, redescendre in extremis, *préparer mes dossiers au dernier moment, ne pas tenir compte des messages de mes « parents/tour de contrôle » s'ils manquent de précisions, c'était tout moi !*

Je lui ai fait part de ce que je ressentais, mais il m'a rétorqué :

« Tu as raison, sauf qu'il y a une sacrée différence entre nous : moi, je sais exactement où je vais atterrir ! »

L'adolescent est un enfant qui a grandi. Il cherche à ne plus être un « gamin ». Il est censé avoir intégré dans la petite enfance un certain nombre de limites et une place appropriée, autrement dit plus au centre de la famille et donc encore moins du monde. Si les parents ont su donner des cadres, des limites, des sanctions, il aura intégré la notion de règle et de faute. Mais l'heure est venue où il ressent le besoin de voir ce qui est possible et ce qui ne l'est pas afin de réapprendre ce qui est permis et défendu.

Un besoin de tester remarquable et épuisant

Il « pique » des disques, resquille dans le bus, fait la grève de la participation aux tâches familiales. Il est toujours en retard, elle reste des heures sous la douche. L'adolescent attend des réactions. Serait-il atteint de surdité ? Non, il attend vraiment que nous nous fâchions et surtout que nous mettions en acte nos vaines menaces. Il entend aller quand même chez son copain alors qu'il n'a pas fait son travail, et passe outre le contrat explicite. Il essaie pour voir ce qui s'ensuivra. À nous alors de lui montrer que les règles sont toujours valables, de le rappeler à l'ordre et, s'il le faut, le sanctionner. Sans avoir peur de lui faire de la peine, le problème n'est pas là. Il en va de notre crédit et de son sentiment d'impunité. Il n'est pas tout-puissant, ni le chef de famille, et doit le savoir. Aussi usant que cela soit, il s'agit de répondre aussi méthodiquement que possible à ces nombreux tests par une remise en place du cadre et des limites. Non, elle n'a toujours pas le droit de téléphoner sur le portable de sa mère, ni de se servir dans le porte-monnaie des courses.

Non au roi de la « négo »

Il a une énergie et un talent fou pour discuter nos décisions. Pourquoi n'irait-il pas chez son copain ? Il fera son travail plus tard. « C'est promis. » D'ailleurs tous les autres parents le permettent, alors pourquoi pas nous ? N'entrons pas dans un cycle de négociation épuisant. Il ira jusqu'à ce qu'on l'arrête « pour voir ce que cela fait ». Autant s'épargner des marchandages déplacés en fermant la porte à la négociation. Expliquons le cadre et appliquons-le sans tergiverser. Quand les devoirs ne sont pas faits, on ne sort pas. S'il y a lieu de reconsidérer les règles, assurons-nous d'avoir toujours la situation en main, d'être les décideurs du changement. Il n'a pas à décréter un nouveau fonctionnement, c'est à nous d'en décider. Toutefois, pourquoi ne pas étudier ses demandes, tant qu'elles ne virent pas aux exigences ?

Laissons-le tirer les conséquences de ses actes

Il s'est montré irrespectueux à l'égard de ses professeurs et passe en conseil de discipline ? N'allons pas implorer le proviseur ou amadouer les membres de la commission, laissons-le se présenter seul face à ces adultes qui lui demandent des comptes. Cette occasion de répondre lui-même de ses agissements est une chance de repartir sur d'autres bases, ce serait dommage de la lui retirer. Mettons notre orgueil dans notre poche et faisons-lui confiance. Il en tirera une leçon. En croyant le protéger nous l'empêchons de rencontrer le mur vers lequel il se dirige. Le plus tôt il s'y cognera, le plus vite il en comprendra l'existence et pourra changer de direction. Il est mis à pied trois jours de son établissement ? Acceptons cette sentence sans la remettre en question. Cette mise au ban déplaisante est édifiante, pourquoi imaginer le changer d'établissement ?

Merci à tous ces professeurs, entraîneurs de sport, maîtres d'apprentissage, moniteurs et éducateurs de toutes sortes qui font office de parents de rattrapage. Ils parviennent parfois, contre vents et marées, à donner des repères à des jeunes qui n'en ont pas bénéficié. Leur implication inlassable et aimante a pu remettre à flot des embarcations bien mal construites. Merci à tous les adultes qui contribuent à redonner patiemment et positivement aux adolescents les repères dont ils ont tant besoin !

La période est au test des limites, c'est ainsi. Le but est de les expliquer et de les appliquer avec conviction, (quitte à les modifier si elles nous paraissent obsolètes). La fonction de gendarme est un aspect de notre rôle de parent à accepter. Sa mise en œuvre rapide et efficace rendra les verbalisations exceptionnelles. Le bénéfice est indiscutable pour tout le monde.

Conduites à risques.

Les « vérifications d'amour » ça ne s'arrête pas avec la petite enfance. Moi, bien que j'aie seize ans, je me pose encore souvent la question : est-ce que mes parents m'aiment vraiment ?

Alors, pour avoir une réponse, ce ne sont pas les moyens qui manquent. L'essentiel est de leur faire peur. Ce que je préfère c'est faire le coup du scooter ! Par contre, ça ne marche pas avec tous les parents.

J'ai un copain, il a essayé avec les siens, ça a été un bide. Il leur a dit : « Je veux un scooter ! » et aussitôt, ils lui ont répondu : « Pourquoi pas ! Tu en veux un de quelle couleur ? »

Le pauvre, il ne savait plus à quoi s'en tenir. Ses parents n'avaient même pas imaginé qu'il pouvait avoir un accident ! Une prochaine fois, il n'a plus qu'à essayer la fugue, pour être rassuré.

Par contre, avec les miens, le scooter est une solution idéale. Dès que je leur en demande un, ils me lancent : « Certainement pas. On a trop peur qu'il t'arrive quelque chose ! ! » C'est bon ! Vérification faite, je peux leur rétorquer : « Vous êtes des nuls ! » et m'enfermer deux jours dans ma chambre pour faire le plein en me disant « Je ne pensais pas qu'ils m'aimaient à ce point-là ! »

Au bout de quarante-huit heures, je pourrai renouveler l'exercice, et ainsi de suite jusqu'à ce que je sois définitivement assuré de leur amour. Mais ça peut être long, ça peut prendre un an ou deux, voire plus.

De toute façon, quand je n'aurai plus besoin de vérifier, je leur dirai en changeant simplement le style de mon message : « Vous ne vouliez pas m'en acheter un, eh bien je vais m'arranger avec un copain pour qu'il me prête le sien ! »

Là, l'effet sera assuré. Mes parents, conciliants, accepteront d'envisager que je possède un tel engin et, toutefois, se croiront obligés d'ajouter :

« ... mais tu mettras le casque et tu rentreras à l'heure ! »

Moi, je ferai semblant d'être d'accord avec leur proposition et, bien sûr, pour continuer la fameuse vérification, je roulerai sans casque et, régulièrement, je reviendrai très tard à la maison, sans leur téléphoner pour voir si, comme prévu, ils ont appelé la gendarmerie et l'hôpital pour savoir s'il n'y avait pas eu un accident sur la route !

L'adolescent a besoin de flirter avec ses peurs pour élargir son univers. Il doit vraiment se risquer dans le monde extérieur pour l'affronter, et cela passe immanquablement par des conduites à risques. Faire de l'auto-stop, dormir sur la plage, arrêter de manger, se percer la narine sont autant de tentatives pour apprivoiser ses peurs en les rencontrant. En se mettant en danger il met à l'épreuve l'amour que ses parents lui portent. Par ce biais provocateur, il vérifie simplement que l'on fait attention à lui. Gare à nous si nous n'avons pas remarqué le dauphin qu'elle s'est fait tatouer sur la nuque !

Éviter de le surprotéger

Les dangers existent, c'est certain, mais il est souhaitable qu'il se sente suffisamment fort pour les approcher. Gardons-nous d'une attitude excessivement protectrice et anxieuse qui inhiberait sa soif de découverte. Il a besoin de pouvoir oser, de se sentir capable de tenter une expérience un peu inquiétante. Une peur excessive de ses parents rendrait trop d'aventures impensables. Le vaste monde doit l'attirer, n'en faisons pas une jungle effrayante. Il veut aller en Espagne à bicyclette avec deux copains ? Respirons à fond et ravalons nos propres appréhensions, le pari est stimulant. Méfions-nous de notre propension à envisager tous les problèmes possibles ; s'il s'en imprègne, il sera tenté de rester enfermé dans son petit monde familier et rassurant. Vissé à son ordinateur magique, il ne trouvera qu'un succédané d'expérience. Faisons-lui confiance, il est déjà grand et saura se sortir d'un éventuel pétrin. Travaillons à nous en convaincre ou, tout du moins, à lui communiquer ce message encourageant. Que le plus serein des deux parents protège l'autre et l'incite à se détendre lorsque l'aventure est en cours. Plutôt que de guetter fébrilement, en pyjama, son retour, pourquoi ne pas en profiter pour faire une raclette avec des amis ?

Confiance et prudence

Autorisons-le à sortir... raisonnablement. Il n'est pas toujours apte à bien apprécier les risques de ses projets. Réfléchissons ensemble à cette idée sympathique de randonnée dans les Calanques. À combien partiraient-ils ? Dix jours, n'est-ce pas un peu long pour une première ? Soutenons la démarche en l'aidant à discerner les dangers. Combien de litres d'eau comptent-ils emporter ?

Ne le laissons pas, non plus, aller au-devant de dangers inconsidérés. Pas de spéléologie sans moniteur confirmé, pas de fête sans filtrage des entrées. Il a aussi un grand besoin d'être empêché de faire de vraies bêtises. Non, pas question de le laisser faire une croisière avec des jeunes gens qui ne savent pas naviguer non plus.

Sachons aussi entendre une demande d'attention derrière des comportements « inconscients ». Elle prend rendez-vous pour un casting fumeux dans une grande ville ? Il roule sans casque ? Ils attendent surtout qu'on fasse attention à eux et n'hésitent pas à se mettre en danger pour cela.

Les conduites dangereuses signent la capacité de l'adolescent à s'aventurer dans le monde. À nous de composer notre subtil mélange de confiance et de vigilance qui nous permettra de l'encourager sans l'abandonner par inconscience ou négligence.

T'as pas 20 euros ? Gérer son budget

L'argent est initialement virtuel aux yeux du jeune enfant. Vient ensuite le temps d'amasser les pièces jaunes et de tout claquer à la boulangerie. Mais avec l'adolescence, sonne l'heure de quitter cette innocence. L'enjeu est d'apprendre un rapport juste à l'argent qui contribuera considérablement à sa liberté. Comment le préparer à une relation constructive à l'argent ?

Nous ne sommes pas des distributeurs automatiques

N'instaurons pas un cercle vicieux de dépendance dans lequel il lui suffirait de tendre la main et de demander ce qu'il souhaite. Les montants dépasseraient l'inflation et cela pourrait tourner au dû, bien évidemment, mais aussi à la corruption. Dispensons-nous de régler nos problèmes avec des billets : « Prends ces 20 euros ! » (et laisse-moi tranquille !)

Avec l'avancée en âge, les besoins se multiplient et les sommes en jeu deviennent considérables.

Évitons le flou au profit d'une leçon de vie qui lui permettra d'avoir les pieds sur terre. Il doit savoir combien coûtent les leçons de conduite et un trimestre de cantine. Prenons ensemble la mesure des dépenses ordinaires et des extras dont il a envie. Combien coûte une Mobylette à l'achat ? L'assurance ? L'essence ? La révision ? Aidons-le à acquérir au plus vite le sens des réalités à son plus grand bénéfice.

Apprendre à gérer

Dépassons le temps de la tirelire pour initier celui d'une véritable gestion de ses consommations. Un budget proportionné à ses besoins et aux ressources de la famille posera les bases d'une petite comptabilité particulièrement formatrice. Donnons-lui la capacité d'anticiper en allouant une somme fixe, pour une période de temps non négligeable, comme le mois ou le trimestre. À lui, ensuite, de calculer ses dépenses en fonction de ses rentrées, de faire l'expérience des fins de mois difficiles et des limites de l'emprunt aux copains. Ne confisquons pas cet apprentissage fondamental en renflouant systématiquement le découvert bancaire ou en concédant à son enfant des dettes trop lourdes pour être jamais épongeables. Sauf circonstances graves, ne lui suspendons pas cet apport régulier d'argent qui crée un espace de « droit ». Cette confrontation avec la vie le fera vraiment grandir et préviendra bien des infortunes ultérieures.

Renonçons à la tentation de lui épargner des déceptions ou des peines. Il ne s'agit pas de lui déplaire mais de le laisser assumer ses responsabilités. Il veut aller faire du surf au Portugal ? À lui d'économiser et de parvenir à gagner l'argent nécessaire. Encourageons-le à chercher des baby-sittings, des boulots d'été. Le prix de la place de cinéma lui apparaîtra déjà sous un autre jour. Il ne parvient pas à rassembler le prix de son séjour à Tarifa ? Le projet devra certainement attendre l'année suivante. Sa saveur n'en sera que décuplée.

Mettons à profit ses nombreux besoins pour jeter les bases d'un rapport sain à l'argent. Sortons ensemble de l'enfermement dans la dépendance en lui donnant les moyens d'assumer la gestion de ses consommations. Il n'est d'ailleurs pas exclu qu'il s'arrange pour offrir fièrement quelque chose, « avec son argent ».

Un profond besoin d'ancrage

Les parents-copains

Moi, je suis un adolescent de quatre ans. Oui, vous avez bien lu : quatre ans ! Maintenant, les ados sont de plus en plus jeunes !

En fait, c'est pas vrai : je ne suis pas adolescent, mais je me prépare à l'idée de le devenir un jour. Alors, comme tous les enfants de mon âge, j'ai besoin d'avoir des adultes autour de moi pour me construire. Des vrais ! « Des » qui n'ont pas peur de dire non et qui, surtout, ne se prennent pas pour des enfants !

L'autre jour, mon père m'a proposé un jeu : dans l'allée du jardin, devant la maison, il fallait attraper des graviers avec une épuisette et leur inventer des noms de poissons.

C'est moi qui ai commencé.

Du premier coup, j'en ai pêché deux et j'ai crié : « C'est un requin et une baleine ! »

Papa était très fier de son idée. J'ai relancé l'épuisette et cette fois-ci, j'ai pris un seul poisson dans mon filet : « C'est une carpe ! »

Papa devenait de plus en plus fier, non seulement de son idée mais aussi de mon niveau de langage. Aussitôt, je lui ai passé l'épuisette, c'était son tour. J'avais bien senti qu'il allait se servir du jeu pour m'apprendre des mots nouveaux, histoire de me faire progresser et ça na pas raté.

En soulevant sa capture, il a lancé : « Moi, c'est un esturgeon ! ! ! »

Visiblement, il s'attendait à ce que je lui demande ce que ça voulait dire, mais j'ai fait beaucoup mieux ! Je lui ai dit : « Ça va pas la tête, toi, c'est un gravier ! ! ! »

Le pauvre, il ne savait plus quoi faire. J'espère au moins qu'il a compris mon message qui signifiait : « Moi, je suis un enfant, donc j'ai le droit de prendre les graviers pour des poissons. Toi, tu es un adulte, alors assume ! »

L'adolescence est à la charnière de l'enfance qu'elle va clore. Elle repose sur un véritable paradoxe car l'adolescent est, dans le même temps, enfant et adulte. La complexité de ce moment animé découle de ce que les parents se souviennent à cette occasion de leur adolescence. Tout d'un coup, voilà certains parents qui semblent rajeunir ! Ils se mettent parfois à parler comme leur adolescent, à imiter ses tenues vestimentaires, à envier sa jeunesse et sa fougue. Ils resteraient bien d'ailleurs pour danser un peu à la boum ou prendre un verre avec ses amis. Où sont les adultes ?

Donnons-lui le temps de grandir

Ne nous fions pas aux apparences, cette belle jeune fille n'est pas encore une adulte. Traitons-la en conséquence. La liberté qui lui est laissée doit être cadrée pour tenir compte du besoin profond d'ancrage et de repères de cette période. Elle a peut-être un petit ami mais ce n'est pas une raison pour la laisser gérer ses allées et venues à sa guise. Ne propulsons pas prématurément l'adolescent dans le monde adulte. L'heure n'est pas encore venue. L'adolescent n'a pas à être le confident des soucis d'argent et des peines de cœur de ses parents. Il s'agit de marquer la différence des places occupées. L'adolescent reste notre enfant et il doit pouvoir compter sur notre protection. Ne le laissons pas sortir sans préciser quand il rentre. Il a besoin de savoir qu'on se préoccupe de lui.

Le vrai risque est effectivement de s'imaginer qu'il a basculé dans le monde adulte. Cette tendance s'illustre chez les Lolitas, ces toutes jeunes filles que l'on habille en petites femmes. Rouge à lèvres et talons à onze ans ! Cet écrasement du temps de l'adolescence est profondément troublant car il greffe des signes de séduction adultes sur une enfant. Halte à la confusion des registres, les petites filles de neuf ans n'ont pas besoin de soutien-gorge.

Comportons-nous en adulte

Libérons l'espace de l'adolescence pour qu'il puisse se l'approprier. La concurrence sur le terrain de la mode est à éviter. À lui les baskets et les sacs à dos, les jeans troués et les keffiehs, les expressions « jeunes » Tout ce qui le distingue et le démarque de nous, les vieux. L'aspiration à le comprendre est illusoire. La curiosité sur son intimité n'est pas la bienvenue. Il n'apprécierait pas, non plus, qu'on lui tende un préservatif avec un air complice ! Il a besoin d'être radicalement différent de nous et de sentir un petit fossé. Le monde qu'il bâtit ne nous appartient plus. Ne soyons pas de « faux jeunes », il pourrait avoir envie de se transformer en authentique « jeune vieux ». L'insouciance doit rester son privilège, ne la confisquons pas pour oublier que la jeunesse n'est plus de notre côté. Ne lui donnons pas un pouvoir inapproprié dans les choix familiaux, il n'a pas à choisir la répartition des chambres dans la nouvelle maison ni le modèle de la voiture.

À nous d'assurer un ancrage solide, il partira d'autant plus volontiers à l'aventure qu'il sait qu'il peut et doit rentrer au bercail.

Soyons adultes pour qu'il puisse être adolescent en insistant sur la différence de générations qui nous sépare fondamentalement, en dépit d'apparences trompeuses. Ne succombons pas au reflet de notre ancienne jeunesse qu'il nous tend. La nostalgie est supportable et notre place d'adulte responsable a ses avantages. Montrons-le lui, la sortie de l'adolescence prendra tout son charme.

J'ai besoin que mes parents me donnent des conseils pour ne pas les suivre

Ces propos d'une adolescente malicieuse disent, on ne peut mieux, le paradoxe de l'adolescence. Sous ses dehors insouciants et révoltés, l'adolescent réclame de l'encadrement. Sa contestation n'est pas à prendre au pied de la lettre, son objectif est, non pas d'abattre le cadre mais de le repousser et, surtout, d'en éprouver la solidité. Il apprend à nager et prétend se débrouiller ? Ne le croyons pas sur parole, ce serait le larguer en pleine mer alors qu'il vient tout juste d'apprendre à se passer de sa bouée ! Il a encore besoin de nos conseils pour se perfectionner, il va trouver son style dans le grand bain d'une piscine surveillée, pour commencer !

Il ne nous écoute apparemment pas...

« Tiens-toi bien à table ! », « Sois à l'heure au collège », « Ne passe pas des heures devant la télévision ! »... La longue liste tourne à la rengaine éreintante. Pourquoi devoir répéter inlassablement ? Et si l'on laissait tomber ? Après tout, c'est son problème... Tous les parents ont cette tentation de baisser les bras car l'adolescent consacre beaucoup d'énergie à contester et à résister. Et c'est bien comme cela puisque c'est la condition de sa sortie de l'enfance. S'il suivait gentiment tous nos conseils, il ne resterait qu'« un gamin ». L'affirmation passe par l'opposition, le « non » est l'étape indispensable pour parvenir au « oui ». Tout l'enjeu est de parvenir à un oui personnel. Il n'y a guère de chance qu'il cesse de lui-même de regarder la télévision ! Mais il est bien plus agréable d'arrêter en râlant que de terminer la journée, mécontent de soi. Suivre les conseils des parents, de mauvaise grâce de préférence, a l'immense avantage de sauver la face. « Ouf ! Ils ne m'ont pas laissé traînailler toutes les vacances ou abandonner la musique ! »

... mais nous restons plus que jamais ses modèles

Il suffit de l'observer chez les autres et de saisir son regard sur ses camarades trop libres pour saisir à quel point ces conseils, ces rappels à l'ordre le sécurisent et le font réfléchir, au fond. Même s'il dit et prétend penser l'inverse, ses parents restent ses modèles, quitte à ne pas les suivre. Il prête une très grande attention à ce que nous disons, ce que nous faisons et, plus que tout, à ce que nous sommes. Tout est scrupuleusement passé au crible et gare aux incohérences ! L'occasion toute trouvée d'arrêter de fumer ?

Les adolescents livrés à eux-mêmes n'apprécient guère leur sort et se dirigent volontiers vers des lieux où ils trouveront des lignes directrices, une éducation. Certaines demandes de pensionnat inattendues ont en fait ce motif inavoué.

Il fait l'inverse de ce que nous lui conseillons ? La partie n'est pas à abandonner, nous sommes les parents « nuls »... dont il a tant besoin. Ne nous laissons pas berner par ses attitudes de rejet et de défi, il nous aime et il a besoin de nous. Et que personne d'autre que lui ne s'avise de nous critiquer un seul instant ! Parce que s'il a le droit, lui, de dénigrer son père et sa mère, si quelqu'un de son entourage disqualifie son « papa » et sa « maman », c'est bagarre assurée !

Passe ton bac d'abord ! ! !

Dans un mois, je vais passer un concours. C'est dur ! On est 2 000 candidats et ils n'en prennent que dix !

Mais je m'en fiche, parce que je sais que je serai le premier.

Du coup, je n'ai même pas besoin de réviser. C'est cool !

Il n'y a que mes parents qui n'y croient pas, alors, en me voyant jouer de la guitare toute la journée, ils en font une tête !

Ça va être une mégasurprise pour eux quand ils apprendront le résultat !

Enfin, je pense...

Certes, les temps ont changé, pourtant ce mot d'ordre à l'adresse de l'adolescent impatient de sortir des sentiers battus conserve toute son actualité. La rengaine n'a pas pris une ride, elle rappelle le bien-fondé et la nécessité de s'équiper avant de se lancer dans l'aventure de la vie.

Achever son parcours

Le baccalauréat n'a plus la même valeur qu'autrefois, il n'est plus un passeport assurant de « bons emplois » mais reste toutefois nécessaire, et plus que jamais, peut-être, à une époque où la course à la qualification passe par des études de plus en plus prolongées. Il garde aussi sa valeur de cap de maturité, à la fois rite initiatique vers l'âge adulte et terme de la première jeunesse.

L'important est de donner à l'adolescent pour objectif de clôturer la formation dans laquelle il est engagé, que ce soit ce fameux bachot, un CAP de peintre en bâtiment ou un diplôme de vétérinaire équin. Le choix d'une voie qui plaise à l'intéressé est donc la priorité. Croyons en ses capacités sans l'écraser de nos ambitions à nous. Soyons honnêtes, lucides et adroits pour ne pas le pousser vers des obstacles infranchissables, tout en l'incitant à faire de son mieux.

Quitter un parcours en cours de route sans atteindre un palier rend la suite moins logique et naturelle. L'idée d'aller au bout de ce qui est entrepris est précieuse, elle confère de la fluidité au parcours en épargnant la rupture, même si l'objectif visé est proche. Découpons les objectifs pour que le parcours se construise positivement comme une suite d'étapes franchies et, non comme un but raté. Certains parcours remarquables sont le résultat impressionnant et inespéré d'une suite de petites étapes.

Autoriser des désirs de formations rapides

Ne restons pas focalisés sur le bac lorsqu'un jeune manifeste un vrai penchant pour un métier. Il veut devenir boulanger ou horticulteur ? Réfléchissons à deux fois avant de laisser passer le premier embranchement, le second risque d'être bien plus tardif et il ne fait pas bon fréquenter une filière uniquement pour attendre l'âge requis pour la bifurcation suivante. Offrons-lui la chance de suivre sa voie dès que possible lorsque sa motivation et son choix le justifient. Le sentiment de réussite sera certainement d'autant plus vif qu'il aura atteint son but rapidement. La période intermédiaire n'aura pas non plus servi de terrain vague.

Il dit qu'il veut arrêter les études pour travailler ?

Son désir d'autonomie est louable. Donnons-nous le temps de creuser tranquillement avec lui ce projet qu'il brandit. Quelle est la part d'opposition ? A-t-il un métier précis en vue ? Skipper ? Créateur de jeux vidéo ? Chanteuse ?

Accompagnons sa démarche en l'invitant à se renseigner. Donnons un contenu concret à ce désir d'émancipation en l'incitant à aller lui-même rencontrer des professionnels du secteur visé. Il est probable qu'il en revienne ramené à l'évidence, son intérêt est de se doter d'un « bagage ». Les questions d'orientation professionnelle, si stratégiques, gagneront à être tenues à l'écart des conflits relationnels du moment. Décrocher du cursus scolaire pour faire sa « crise d'adolescence », c'est payer cher et longtemps son opposition.

Le cap du bac (et plus largement de tout diplôme achevant une formation) ne saurait être abandonné. Son enjeu dépasse l'ambition familiale puisqu'il s'agit d'embrasser son destin de membre de la société et de futur adulte. Le pari est de trouver, avec lui, les bases les plus solides et les plus authentiques de son parcours. Croyons dans son potentiel et aidons-le à trouver sa voie, l'obtention du diplôme sera son objectif, à lui.

Conquérir son autonomie

Une question dont la réponse est très compliquée :

Dans la « conduite accompagnée », quand le jeune est au volant, qui accompagne qui ?...

IX – Être adulte : Avoir résolu six équations...

Aboutissement d'un long parcours du combattant, comme nous venons de le voir, notre adolescent, accompagné par tous ceux qui l'auront entouré depuis le début de sa vie, va enfin pouvoir entrer dans cette « zone de croisière » nommée l'âge adulte.

À cet effet, ainsi que nous l'avions simplement évoqué au début de ce livre, il devra, dès sa petite enfance et au fil des années, franchir six étapes décisives.

Rappelons-en les noms et, en quelques phrases, commentons pour chacune les moyens à mettre en œuvre afin qu'elle se déroule avec sérénité :

— L'indépendance affective.

— La différenciation sexuelle.

— L'autonomie économique.

— L'acceptation de la frustration.

— La domination des peurs.

— L'établissement d'une identité propre, s'inscrivant dans un roman familial.

1- L'indépendance affective :

Cela signifie réussir pour soi-même, avec les autres, et non pas réussir pour les autres ou contre les autres.

Dans un premier temps, les parents vont inciter l'enfant à progresser pour leur faire plaisir à eux, voire le faire vivre par procuration ! (Une jeune maman rencontrée récemment me disait, à propos de sa fille : « Elle **m**'a fait une angine ! » ? ? !)

Cela sera momentanément un moteur pour son développement. Toutefois, le plus vite possible, il va devoir (estime de soi) apprendre à agir et à réussir pour lui-même, pas pour plaire aux adultes (parents, professeurs, ...).

2- La différenciation sexuelle :

Comme nous l'avons vu plus haut, cette différenciation commencera déjà à se construire chez le bébé qui apprend à dormir dans sa chambre. chez le jeune enfant qui réussit à dépasser le stade d'Œdipe, *etc.*

Ce sera le fruit de tout un travail qui s'inscrit dans la continuité et permet à l'enfant de bâtir, pour son compte, les fondements d'une vie personnelle dite « vie privée ».

3- L'autonomie économique :

Cette acquisition s'établit sur le fait d'avoir un projet professionnel, quel qu'il soit, mais bien en amont de cela, elle s'appuie sur des apprentissages de base qui permettent au loupiot de prendre conscience du « volet économique » de la vie, de la valeur de l'argent et de la responsabilité de chacun par rapport à cette question.

Quelques exemples d'actions à mener :

— Apprendre à l'enfant à savoir gérer son argent de poche et être garant économiquement de ce qu'il consomme (ex. téléphone portable, *etc.*)

— Plus concrètement encore (et cette affirmation de ma part pourra, dans un premier temps vous surprendre !) : faire comprendre à l'enfant que l'argent est réel et n'a rien de virtuel !

Je me souviens d'une enquête à laquelle j'ai participé, il y a quelques années, faite auprès d'enfants de 8 à 11 ans auxquels on posait la question suivante :

« D'où vient l'argent ? »

Au terme de ce sondage, près de 82 % des enfants interrogés nous avaient répondu : « Des murs ! »

Il s'agissait des distributeurs automatiques :

« Quand mes parents veulent de l'argent, ils tapent leur code sur la boîte et l'argent sort du mur ! »

Un tel constat mérite réflexion et autorise à penser que les nombreux organismes de crédit ont, hélas, de beaux jours devant eux !

4- L'acceptation de la frustration :

Pour ce point, un long commentaire serait inutile !

Tout est dit plus haut dans l'indispensable cohabitation acceptée par l'enfant, entre les deux principes contradictoires mais complémentaires, le principe de plaisir qui l'aidera à construire l'estime de soi et celui de réalité induisant la frustration inécessaire pour, une fois acquise, baliser sa vie sociale.

Je me permets de souligner au passage que, lorsque j'interviens au sein de collèges ou de lycées, cette incapacité d'accepter une quelconque frustration (interdits, règlement, sens de l'effort...) est la plus fréquente « pathologie » que je rencontre chez les jeunes !

5- La domination des peurs :

Une des caractéristiques de la petite enfance et de l'enfance en général est « la peur », ou, plus exactement, les multiples peurs qui, parfois, terrorisent les enfants au plus profond d'eux-mêmes.

Alors, pour devenir adultes, ils vont devoir s'en débarrasser au plus vite. Dans ce domaine, l'adolescence va jouer un très grand rôle. Nous en revenons au fameux adolescent qui « teste » !

Tout en aimant fortement la vie, de nombreux jeunes, afin d'apprivoiser leurs peurs, risquent de « flirter avec le danger » (sous forme de multiples conduites ou jeux à risques) avec parfois, des conséquences abominables qu'ils n'avaient aucunement soupçonnées.

D'où l'intérêt majeur d'échanger et de parler préventivement avec les jeunes de ces conduites à risques et de ce qu'elles peuvent entraîner, afin de les armer réellement contre le danger et, donc, contribuer à les rassurer !

6- L'établissement d'une identité propre :

Pour que notre enfant puisse, en tant qu'adulte, occuper sereinement et clairement sa place dans l'histoire de sa famille, cette histoire devra, dès sa plus petite enfance, lui être racontée de manière lisible et constructible.

Ce qui doit nous rendre vigilant à un double danger contradictoire : d'un côté, le maintenir, faute d'informations, dans une impression de secret ; de l'autre, trop lui en dire alors que, affectivement et intellectuellement, il n'est « qu'un enfant ».

Grâce aux récits familiaux, aux photos, cartes postales, conversations diverses entre les différentes générations qui l'entourent, notre enfant pourra construire ce que Irène Théry nomme « l'identité narrative », c'est-à-dire devenir pleinement adulte et, à son tour, s'engager plus avant sur la route...

En tout cas, une seule chose est certaine :
les parents sont les meilleurs parents du monde,
vu que les enfants n'en ont pas d'autres !

Alors, c'est avec eux qu'ils vont avoir
à se construire côte à côte en se faisant
grandir mutuellement.

Composition et mise en pages

NORD COMPO
multimédia

Cet ouvrage a été imprimé par

CPI
Firmin Didot

Mesnil-sur-l'Estrée

pour le compte des Éditions Flammarion
en septembre 2009

Imprimé en France
Dépôt légal : septembre 2009
N° d'édition : L.01EPMN000394.N001 – N° d'impression : 96521